KEY TECHNOLOGY OF
DESIGN AND CONSTRUCTION FOR
MALUANSHAN
EXTRA-LONG TUNNEL AND
DEEP SHAFT PROJECT

马峦山
特长隧道及深大竖井工程
设计与施工关键技术

罗　忠　陈福斌　刘建国　李桂强　等 编著

人民交通出版社股份有限公司

北　京

内 容 提 要

本书依托深圳市坪盐通道马峦山隧道及竖井工程,系统梳理总结了该项目实施过程中的研究成果,形成了特长隧道和深大竖井工程设计与施工的关键技术体系。本书共分为4篇12章,第1~3篇主要介绍了工程概况、工程设计与施工的关键技术和重难点等,第4篇重点介绍了特长隧道施工通风技术、深大竖井施工工法、深大竖井施工设备系统三项重点技术研究成果与施工应用情况。

本书可供从事隧道工程设计与施工的专业技术人员参考,亦可供高等院校相关专业师生学习使用。

图书在版编目(CIP)数据

马峦山特长隧道及深大竖井工程设计与施工关键技术/罗忠等编著. —北京:人民交通出版社股份有限公司,2021.12

ISBN 978-7-114-17665-4

Ⅰ.①马… Ⅱ.①罗… Ⅲ.①特长隧道—隧道施工—竖井施工—研究—深圳 Ⅳ.①U455.8

中国版本图书馆 CIP 数据核字(2021)第 211482 号

Maluanshan Techang Suidao ji Shenda Shujing Gongcheng Sheji yu Shigong Guanjian Jishu

书　　　名:	马峦山特长隧道及深大竖井工程设计与施工关键技术
著 作 者:	罗　忠　陈福斌　刘建国　李桂强　等
责任编辑:	李　梦
责任校对:	孙国靖　龙　雪
责任印制:	刘高彤
出版发行:	人民交通出版社股份有限公司
地　　　址:	(100011)北京市朝阳区安定门外外馆斜街 3 号
网　　　址:	http://www.ccpcl.com.cn
销售电话:	(010)59757973
总 经 销:	人民交通出版社股份有限公司发行部
经　　　销:	各地新华书店
印　　　刷:	北京虎彩文化传播有限公司
开　　　本:	787×1092　1/16
印　　　张:	17.5
字　　　数:	401 千
版　　　次:	2021 年 12 月　第 1 版
印　　　次:	2022 年 12 月　第 2 次印刷
书　　　号:	ISBN 978-7-114-17665-4
定　　　价:	98.00 元

(有印刷、装订质量问题的图书由本公司负责调换)

本书编委会

主　编

　　罗　忠　陈福斌

副主编

　　刘建国　李桂强

参加编写人员

　　胡风庚　边　江　黄夏寅　苏华军　吕中玉

　　祁恒远　龚义斌　宋艳卫　肖辉钦　陈泽波

　　孙运新　季　野　罗　毅　马　敏　马凯伦

　　王　河

前　言

进入21世纪以来,我国公路建设进入了前所未有的高速发展时期,公路隧道每年新增里程1000km以上。目前我国是世界上公路隧道规模最大、地质条件最复杂的国家之一,并建成了一些长度超过10km的特长公路隧道。特长隧道需要在中部设置通风竖井,排出带烟尘的污染空气、送入新鲜空气以满足隧道运营通风要求。在复杂地质条件下修建特长隧道和深大竖井时,富水断层带隧道、大断面隧道、超大纵坡隧道、长距离隧道施工通风、深大竖井出渣、竖井施工安全等是无法回避的重要难题。

深圳市坪盐通道马峦山隧道是连接坪山区和盐田区的双向六车道特长隧道,长度达7900m,是国内目前最长的市政隧道。线路由北向南穿越17条断层,断层穿过处多为岩石破碎带,且地下水丰富,隧道涌水量达$9867m^3/d$。马峦山隧道中部设有一个深194m的通风竖井,最大开挖直径17.4m,衬砌内径15.0m,为目前国内公路隧道最大直径竖井。距竖井底部50~80m位置有一断层带穿过,给竖井施工造成一定困难。本书根据马峦山隧道和竖井工程的特点,详细梳理总结了项目实施过程中的研究成果,形成了特长隧道和深大竖井工程设计与施工的关键技术体系,为马峦山隧道和竖井的施工安全提供了强有力的保障,直接经济效益显著。同时本书成果对国内其他类似特长隧道和深大竖井建设具有重要的参考价值以及一定的应用推广价值,并有助于提高我国复杂地质条件下的公路隧道工程建设水平。

本书作者多年来从事隧道设计与施工研究工作,完成了多项隧道修建技术的科研攻关任务,对复杂地质条件下隧道工程修建技术有较为深入的研究。本书主要介绍了马峦山特长隧道和深大竖井设计与施工两方面的关键技术,其中,"特长隧道施工通风技术""深大竖井施工工法""深大竖井施工设备系统"三个科研课题取得了预期的研究成果,并在施工过程中得到很好的应用。通过对隧道4000m独头通风技术的研究,并在精心策划和不断优化调整下取得了良好的通风效果,创造了良好的施工环境,经济效益和工期效益显著;深大竖井施工工法和设备系统研究为高效、安全施工提供了有力保障;防堵孔利器(轮胎孔塞)的发明很好地解决了反井法堵孔难题。

本书共分为4篇12章,由罗忠、陈福斌、刘建国、李桂强主持编写,参与本书编写的单位及人员有:深圳市市政设计研究院有限公司刘建国、黄夏寅、罗毅、马敏、马凯伦,中建国际建设发展(深圳)有限公司罗忠、龚义斌、宋艳卫、肖辉钦、陈泽波、孙运新,广西路桥工程集团有限公司苏华军、吕中玉、季野,深圳市交通公用设施建设中心陈福斌、李桂强、边江、祁恒远,深圳市交通工程试验检测中心有限公司胡风庚,深圳高速工程顾问有限公司王河等。本书具体编写分工如下:第1、2章由罗忠、陈福斌撰写;第3、4章由刘建国、黄夏寅、王河、罗毅、马凯伦撰写;第5章由刘建国、黄夏寅、马敏撰写;第6、7章由宋艳卫、陈福斌、胡风庚撰写;第8章由宋艳卫、李桂强、胡风庚、肖辉钦撰写;第9章由肖辉钦、祁恒远、边江撰写;第10章由罗忠、陈福斌、苏华军、陈泽波、孙运新撰写;第11章由罗忠、吕中玉、龚义斌、陈泽波撰写;第12章由罗忠、季野、李桂强、王河撰写。在此向所有编写人员的辛勤付出表示衷心的感谢!

限于作者水平,书中难免存在疏漏和不妥之处,敬请各位专家和读者不吝批评指正。

作 者

2021年5月

目 录

第1篇 引 言

第1章 绪论 ·· 3
1.1 我国特长公路隧道和深大竖井概况 ·· 3
1.2 我国特长隧道施工面临的挑战 ··· 6
1.3 我国深大竖井施工面临的挑战 ··· 9

第2章 马岙山隧道和竖井工程概况 ·· 11
2.1 工程简介 ··· 11
2.2 工程地质和水文地质条件 ·· 11
2.3 隧道设计概况 ··· 28
2.4 竖井设计概况 ··· 29

第2篇 工程设计

第3章 技术标准和设计规范 ··· 33
3.1 技术标准 ··· 33
3.2 设计规范 ··· 34

第4章 隧道设计技术 ·· 36
4.1 隧道建筑限界和内轮廓的确定 ·· 36
4.2 隧道开挖和衬砌结构设计 ·· 37
4.3 隧道通风和救援防灾设计 ·· 48
4.4 隧道通风设计 ··· 54
4.5 隧道防排水设计 ·· 66
4.6 隧道景观设计 ··· 66

4.7 隧道管理用房设计 ... 67

第5章 竖井设计技术 ... 70
5.1 竖井工程概况 ... 70
5.2 竖井设计技术 ... 71
5.3 竖井功能布置 ... 72

第3篇 工程施工

第6章 隧道施工策划与组织 ... 77
6.1 隧道施工概况 ... 77
6.2 隧道施工策划 ... 78
6.3 隧道施工进度安排 ... 79
6.4 隧道施工机械设备 ... 80
6.5 隧道施工用电 ... 81
6.6 隧道施工通风 ... 86

第7章 隧道主要施工技术 ... 87
7.1 隧道进洞施工 ... 87
7.2 隧道开挖与支护施工 ... 92
7.3 隧道衬砌施工 ... 94
7.4 隧道施工监控量测与检测验收 ... 106

第8章 隧道施工重难点 ... 115
8.1 隧道塌方处理方法 ... 115
8.2 竖井联络通道施工方法 ... 119

第9章 竖井施工技术 ... 127
9.1 竖井施工概况 ... 127
9.2 竖井施工组织管理 ... 130
9.3 竖井施工设备 ... 134
9.4 溜渣孔施工 ... 135
9.5 竖井扩孔开挖与初期支护 ... 140
9.6 衬砌施工 ... 148
9.7 竖井施工监控量测 ... 169
9.8 竖井设备安装 ... 175

第4篇　特长公路隧道及深大竖井技术研究

第10章　特长隧道施工通风技术研究……187
10.1　隧道施工通风方法概述……187
10.2　马峦山隧道工程概况……188
10.3　马峦山隧道通风方案的选择……189
10.4　马峦山隧道通风方案的实施……195
10.5　马峦山隧道通风降温的辅助措施……201
10.6　马峦山隧道通风管理……204
10.7　马峦山隧道通风技术总结……204

第11章　深大竖井施工工法研究……205
11.1　深大竖井施工方法选择的依据……205
11.2　马峦山隧道竖井工程概况……205
11.3　正井施工法与反井施工法比选……210
11.4　三种反井法比选……211
11.5　堵孔难题解决方案……213
11.6　深大竖井反井法研究……215
11.7　马峦山隧道竖井 $\phi1.4m$ 溜渣孔堵孔处理……226
11.8　深大竖井施工工法总结……228

第12章　深大竖井施工设备系统研究……229
12.1　深大竖井施工设备配套原则……229
12.2　深大竖井关键施工设备的选择……229
12.3　反井法施工设备配套方案……239
12.4　系统装置安全验算……240

参考文献……267

第1篇
引言

第1章 绪 论

1.1 我国特长公路隧道和深大竖井概况

1.1.1 我国公路特长隧道概况

截至2020年底,我国公路总里程已达520万km、高速公路达16.9万km,稳居世界第一。隧道具有改善公路技术状态、缩短运行距离、提高运输能力、减少事故、保护生态环境等优点,因此成为优选方案。据有关部门的初步统计,截至2020年,全国公路隧道共有17738处,长度达1724万m。进入21世纪以来,我国公路建设进入了一个前所未有的高速发展时期。近十年来,我国公路隧道每年新增里程1000km以上,是目前世界上公路隧道规模最大、数量最多、地质条件和结构形式最复杂、发展速度最快的国家,同时建成了一些长度超过10km的超长公路隧道。据不完全统计,截至2020年12月,我国已建、在建、规划中的10km以上特长公路隧道见表1-1。

我国10km以上特长公路隧道统计　　　表1-1

序号	隧道名称	隧道长度(m)	所在省(自治区、直辖市)	所在公路	建设状态
1	秦岭终南山隧道	18020	陕西	包茂高速公路	已建成通车
2	锦屏山隧道	17504	四川	锦屏一、二级水电站连接线	已建成通车
3	米仓山隧道	13833	四川	陕西巴陕高速公路	已建成通车
4	西山隧道	13654	山西	太古高速公路	已建成通车
5	新二郎山隧道	13459	四川	雅康高速公路	已建成通车
6	虹梯关隧道	13100	山西	长平高速公路	已建成通车
7	麦积山隧道	12290	甘肃	连霍高速公路	已建成通车
8	云山隧道	11387	山西	和汾高速公路	已建成通车
9	包家山隧道	11200	陕西	包茂高速公路	已建成通车
10	宝塔山隧道	10480	山西	东吕高速公路	已建成通车
11	泥巴山隧道	10007	四川	京昆高速公路	已建成通车
12	天山胜利隧道	21975	新疆	G0711高速公路乌鲁木齐—尉犁段	在建
13	秦岭天台山隧道	15560	陕西	G85高速公路宝鸡—坪坎段	在建
14	木寨岭隧道	15221	甘肃	G75高速公路渭源—武都段	在建

续上表

序号	隧道名称	隧道长度（m）	所在省（自治区、直辖市）	所在公路	建设状态
15	狮子坪隧道	13156	四川	G4217 高速公路汶川县—马尔康段	在建
16	黄土柔（白马）隧道	13013	四川	G8513 高速公路九寨沟（川甘界）—绵阳段	
17	圭嘎拉隧道	12798	西藏	S5 拉萨至泽当快速路	
18	高楼山隧道	12272	甘肃	G8513 高速公路平凉—绵阳段	
19	大峡谷隧道	12146	四川	S66 高速公路乐山市—雅安市汉源县段	
20	东天山隧道	11775	新疆	G575 高速公路巴里坤—哈密公路段	
21	老营隧道	11520	云南	G5613 高速公路保山—泸水段	
22	城开隧道	11489	重庆	G69 银百高速公路	
23	营盘山隧道	11306	云南	G4216 蓉丽高速公路	
24	莲峰隧道	11216	云南	大关至永善高速公路	
25	大万山隧道	10490	山西	S48 静兴高速公路	
26	太湖隧道	10790	江苏	苏锡常南部高速公路	
27	翠屏隧道	10127	云南	G7611 都香高速公路	
28	哀牢山隧道	17850	云南	G5615 高速公路玉溪—临沧段	规划中
29	大凉山 1 号隧道	15346	四川	乐山—西昌高速公路	
30	大巴山隧道	13600	重庆、陕西	G69 高速公路城口—岚皋段	
31	贡觉高山隧道	13515	四川	G7611 高速公路西昌—昭通段	
32	小高山隧道	12985	四川	G7611 高速公路西昌—香格里拉段	
33	金阳隧道	11095	四川	G7611 高速公路西昌—昭通段	
34	高楼山隧道	10785	甘肃	212 国道	

深圳市坪盐通道的马峦山隧道是连接坪山区、盐田区的特长隧道，长 7900m，是国内目前最长的市政隧道，线路由北向南贯穿马峦山山体，为分离式独立双洞，基本线间距 37m，双向六车道，隧道最大埋深 337m。

特长隧道往往伴随着一系列的技术、经济、环保等方面的难题，山岭隧道在穿越地层时不可避免地会遇到断层破碎带、局部高水压等不良地质状况，可能会出现隧道围岩稳定、支护结构受力、开挖安全、工程造价等方面的问题，必须综合考虑各种要素之间的关系，在解决问题过程中提高我国隧道工程修建技术的水平。

经过近 30 年的快速发展，我国的山岭隧道修建技术取得了举世瞩目的进步，采用了许多新工艺、新技术、新施工机械。例如，喷射混凝土采用了先进的湿喷工艺，成功地解决了喷射混凝土回弹问题；凿岩台车的使用提高了隧道开挖的安全性，防排水设计与施工工艺等问题也得到了较好地解决；新的支护手段不断改进；采用多种通风形式解决施工通风难题。在隧道建设盾构施工技术方面，深圳春风隧道已成功采用了直径为 15.8m 的巨型泥水平衡盾构机掘进，以及直径为11.93m的全断面硬岩隧道掘进机(TBM)进行公路隧道施工。

1.1.2 我国公路深大竖井概况

随着我国经济的高速发展,高速公路建设得到了快速发展,修建的特长隧道也越来越多。为使特长隧道满足运营时的通风要求,需要在中部设置竖井,竖井的功能是排出带烟尘的污染空气、送入新鲜空气。因此,通风竖井是一些特长隧道必不可少的构筑物。相对于隧道施工而言,竖井施工难度大得多,它不仅需要投入大量的提升设备,而且施工安全要求高,制约因素多,进度慢。

竖井在我国矿业和水电系统被广泛使用,机械化程度较高,但在特长交通隧道中竖井的使用起步较晚,现有的竖井工程修建通常参考矿业和水电行业施工技术,并结合矿业和水利行业施工经验。随着我国特长公路隧道数量的增加,深大竖井的施工也成为近些年来隧道施工关注的重点,其中秦岭终南山公路隧道2号竖井深662m,成井直径为11.2m,采用正井法施工。深圳坪盐通道马峦山隧道竖井深195m,成井直径为15m,采用反井法施工,马峦山隧道竖井是目前直径最大的隧道竖井,目前我国深大竖井统计见表1-2。

我国深大竖井统计　　　　　　表1-2

序号	竖井名称	深度(m)	成井直径(m)	开挖方式	所在工程
1	马峦山隧道竖井	195	15.0	反井法	深圳坪盐通道工程
2	终南山隧道1号竖井	165.7	10.8	反井法	包茂高速公路
3	终南山隧道2号竖井	662.2	11.2	正井法	包茂高速公路
4	终南山隧道3号竖井	395.5	11.5	正井法	包茂高速公路
5	华蓥山隧道竖井	335.73	8.0	正井法	南大梁高速公路
6	洞宫山隧道竖井	144.5	6.6	反井法	宁德至武夷山高速公路
7	分水关隧道竖井	221.1	7.0	反井法	宁德至武夷山高速公路
8	油车岭隧道竖井	393	6.84	反井法	沈海高速公路复线
9	官田隧道竖井	340	6.4	反井法	漳州至永安高速公路
10	牛岩山隧道竖井	368.2	7.2	反井法	福州市京台高速公路
11	戴云山隧道竖井	96.6	4.6	反井法	厦沙高速公路(泉州德化段)
12	罗岩山隧道竖井	316	7.2	反井法	厦沙高速公路(三明沙县段)
13	明堂山隧道通风竖井	340	7.2	反井法	岳西至武汉高速公路
14	九连山隧道竖井	118.14	6.5	反井法	广东省仁博高速公路
15	标金门隧道竖井	195	8.4	反井法	广东省龙怀高速公路
16	石峡隧道竖井	210	8200/11000(上小下大)	反井法	北京兴延高速公路
17	镜岭隧道竖井	224.6	6.0	反井法	浙江绍兴市杭绍台高速公路
18	三家村隧道竖井	255	9.2	正井法	云南保山昌保高速公路
19	大亮山隧道竖井	472	8.0	正井法	云县至临沧高速公路

注:以上深大竖井为不完全统计。

竖井掘进方法分正井施工法和反井施工法两大类。正井法是用人工或机械凿岩爆破的方法从竖井顶部开始进行竖井掘进，渣土提升至井口地面，从上往下逐节开挖支护至井底。反井法是先从竖井口打设一个导孔，在竖井底部从隧道中安装反井扩孔钻头，反向钻进扩孔，扩成的孔作为溜渣孔，然后从上往下钻爆开挖到井底的成井工艺。两种方法最大的区别在于出渣方式的不同，正井法是渣土提升至井口，反井法是通过溜渣孔从井底出渣。

我国公路隧道竖井施工多采用正井法成孔，自上而下的全断面法施工，开挖、初期支护、二次衬砌单行作业。钻井施工仍以手持凿岩机钻眼爆破法为主，采用毫秒雷管、火雷管、导爆索、导爆管相结合的浅孔光面爆破技术，装渣采用人工、抓岩机或小型挖掘机装渣，吊桶提升，手持喷射混凝土机进行锚喷初期支护，竖井开挖及初期支护完成后进行竖井衬砌，衬砌采用液压滑模从井底向上浇筑，人工振捣密实。

近年来竖井施工技术有了很大的发展，施工装备逐渐完善，机械化水平不断提高，大功率反井钻机技术的成熟促进反井法施工成为主流。反井法进行施工比传统的正井施工方法具有显著优点，渣土从溜渣孔自然下落，减少了施工安全风险，提高了施工效率，不必增加施工出渣便道，有效保障了施工安全，降低了施工对周围环境的影响。公路隧道反井法施工一般分4个工序，如图1-1所示。

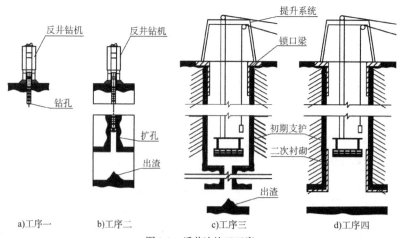

图1-1　反井法施工工序

深大竖井施工需要大量的高空吊装作业，井下作业与吊装作业交叉进行，由于隧道竖井断面有限，交叉作业施工安全风险较大，施工安全是竖井施工的一大难题。近几年，随着机械化程度的不断提高，采用机械化配套施工在减少井下作业人员、提高施工效率的同时也减少了安全风险。

1.2　我国特长隧道施工面临的挑战

我国高速公路经过近些年的快速发展，隧道施工技术取得了长足进步，在特长隧道施工方面有了很大的突破，但也存在较多的困难，如特长隧道施工中的大断面隧道施工、大纵坡隧道施工、高压富水断层带隧道施工、长距离施工通风、长距离施工用电等，是特长隧道施工中典型的技术难题。

1.2.1 大断面隧道施工技术难点

大断面隧道开挖及支护是隧道施工的难点之一,当地质条件差时难度尤其大。马峦山隧道港湾加宽段开挖断面面积达 185m² (图 1-2),左线竖井排风道最大跨度 24m (图 1-3),部分大断面隧道位于断裂破碎带,围岩等级为 V 级。

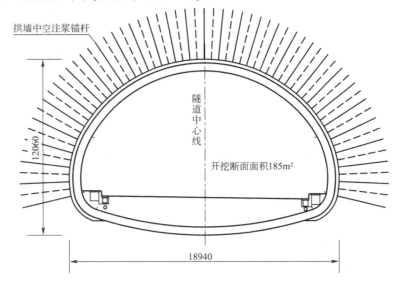

图 1-2 马峦山隧道港湾加宽段开挖初期支护图(尺寸单位:mm)

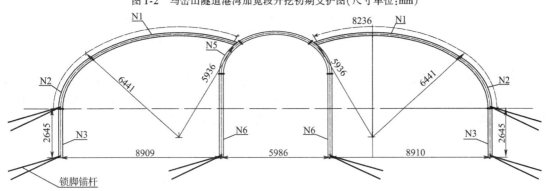

图 1-3 马峦山隧道左线竖井排风道初期支护钢架图(尺寸单位:mm)

马峦山隧道施工中采取了一系列技术措施控制施工风险,如采用双侧壁导坑法+上下台阶法等方法,并坚持采用"明地质、管超前、短进尺、弱爆破、强支护、早成环、勤量测"的原则控制风险。

1.2.2 富水断层带隧道施工技术难点

隧道穿越富水断层带时,由于围岩破碎、软弱,稳定性差,通常出现大量的渗水或者涌水,使得施工极其困难,开挖支护作业安全性差,掘进速度慢,工程质量难以保证。目前,对穿越富水断层带的山岭隧道通常采取"以堵为主,限量排放"的防排水设计准则。

"以堵为主,限量排放"是指通过在衬砌外围采取注浆堵水技术,以求达到减少地下水流向衬砌背后的效果,同时,通过布设隧道排水系统排出部分水,以减小衬砌背后的水压力。在减小衬砌背后水压力的同时,又不会因无限量地排放地下水对环境造成破坏。如果限量排放控制措施不当,易引发隧道穿越区域环境问题,地下水排放过少,地下水头升高,当衬砌背后的地下水量超过排水能力时,将导致衬砌外水压力上升,最终对隧道结构安全产生不利影响,如何控制"限量排放"是设计与施工中的难题。

马峦山隧道区域内自北向南分布断裂带共13条,伴生二级断裂带8条,共21条断裂带,部分断裂带较富水,且有较高的承压性。隧道穿越上坪水库、上下肚水库,水库与断裂带有水力联系。上下肚水库与隧道的最小水平距离约为180m,隧道在水库底160m以下。上坪水库位于隧洞东侧,隧道左线从水库西南角下穿,该段隧道路面高程为79.8m,隧道结构在水库底130m以下。

1.2.3　超大纵坡隧道施工技术难点

马峦山隧道与竖井连接风道有两条纵坡较大,右线送风道坡度达30°,长度15m,左线排风道坡度达18°,长度48m。如此大纵坡,施工机械爬坡困难且难于立稳,施工人员亦需要辅助措施才能站在坡面操作,给施工带来很大困难。隧道施工过程中,在开挖形成的隧道坡面上,大型机械和施工人员难于站立,给打孔、立拱架、支设二次衬砌模架、浇筑二次衬砌混凝土、材料运输等工序造成极大困难,需采取措施解决这些问题,保证施工过程中的安全。

1.2.4　长距离施工通风技术难点

马峦山隧道单端掘进长度4000m,为双洞双线六车道,断面的开挖高度为9.74m,开挖宽度为16.04m,开挖断面面积为132m^2,钻爆法独头掘进,无轨运输,长距离施工通风是难点之一。

目前,根据国内外隧道施工经验,长大隧道通风施工多采用顶部增加排烟竖井与洞内压入式结合通风排烟,马峦山隧道没有条件设计顶部排烟竖井,施工烟尘只能从两端洞排出,因此,前期施工采用独头轴流通风机压入为主,中后期增加射流风机将洞内废气加速形成通路排出洞外。

1.2.5　长距离施工用电技术难点

因为电路压力损耗,电压随着输电线路的增长而下降。隧道施工通常的做法是作业地段动力线使用380V绝缘橡胶电缆,照明用电使用220V。为了安全,洞内作业面照明应使用36V。洞内施工用电当工作面进洞1500～2000m后,高压进洞,双回路供电,采用移动变压器供电。洞内动力线及照明线路安装布置在洞内右壁,分层架设,其原则是:高压在上,低压在下,主线在上,支线在下;动力线在上,照明线在下。电缆的终端应装有密闭和绝缘性能良好的接线盒,并安装保护控制开关,洞内外输电线应按规定设置接地保护装置。

高压(10000V)进洞线路复杂、成本较高,同时也带来高压电进洞的系列安全问题以及变压器置于洞内的电量散发高温问题。马峦山隧道施工采取了一项新技术,即高压电不进洞,洞内采取增压技术,很好地解决了长距离隧道施工用电问题。

1.3 我国深大竖井施工面临的挑战

公路隧道深大竖井的施工方法多借鉴矿山竖井施工技术,开挖方法分为正井法和反井法,衬砌施工分为翻模、爬模和滑模法三种。正井法施工从井口机械起吊出渣,对于超大直径竖井出渣量大、工效低。超大直径竖井多采用反井法,反井法从井底自然掉落出渣,但面临深孔钻进容易卡钻、成孔难度大,自然溜渣容易堵孔等技术难题。正井法开挖,竖井衬砌采用翻模、爬模或滑模法施工均在井口布置升降机、井架、门式起重机、绞车等垂直升降设备,如何利用先进的、安全性高的机械达到快速施工的目的,是竖井施工中必须解决的难题。

1.3.1 正井法机械起吊出渣问题

竖井掘进方法分正井施工法和反井施工法两大类,正井法施工技术成熟,适用于各种复杂的地质条件,工程实例较多,但是,工艺工序复杂,频繁的吊装高空作业,存在诸多安全隐患。安全管理要求高,施工进度慢,出渣效率低,因此,适合于深度较小、直径不太大的竖井。

马峦山隧道竖井在Ⅲ、Ⅳ、Ⅴ级围岩开挖直径分别为16.8m、17.2m、17.4m,深度为194m,开挖量4.6万m^3。如此巨大开挖量,若采用正井法施工,开挖产生的渣土全部提升到井口,平均吊装提升高度97m,井内作业空间有限,单次吊装量有限,采用目前国内现有吊装机械出渣占用时间较长,施工效率较低,工期无法满足要求。

因此,需选用溜渣孔方式的反井法,大大提高了出渣速度,无须装渣、起吊出渣。

1.3.2 反井法自然溜渣堵孔问题

我国公路隧道竖井绝大多数直径在10m以内,通常采用机械反井钻机施工,溜渣孔直径为1.4~2.0m,开挖过程中经常发生堵孔,特别是深度超过150m以上的竖井,一旦发生堵孔,处理难度极大,且处理过程中容易发生安全事故。国内大多数的公路隧道竖井均发生过堵孔现象,处理堵孔时间少则3~5个月,多则6~12个月,如何解决堵孔问题是反井法的一大难题。

马峦山隧道竖井最大直径达17.4m,溜渣量是直径10m竖井的3倍,堵孔问题更加严峻。堵孔问题应从溜渣孔直径大小、爆破而成的块石大小、地质及地下水条件、钻孔质量、施工管理等方面分析解决,采取预防控制措施防止堵孔。

1.3.3 二次衬砌施工混凝土输送问题

深大竖井二次衬砌混凝土浇筑有两种方法,从井底泵送达或者从井口管道输送。从井底泵送达,容易发生堵管问题,一旦堵管处理难度很大。从井口管道输送,依靠混凝土自重滑落到浇筑平台,需采取技术措施控制混凝土离析,以保证混凝土浇筑质量。

1.3.4 竖井施工井下安全问题

竖井爆破开挖反井法施工过程中,开挖、支护、衬砌等各个环节均需人工辅助,技术人员也需下至井内作业面,竖井内有限空间作业存在诸多安全问题。人员上下、材料吊装、通风管、施工用水管、施工电缆、混凝土下料管、井内操作平台等都是随着下挖移动,因此需要设计一套系统装置。

  为保证开挖超大、超深竖井施工安全,必须设计一系列的机械设备系统,包括门式起重机、塔架、井字架、稳盘、罐笼、风水料管和锁口盘等,为竖井内人员上下、机械材料运输、工作平台、转换平台、风水管悬吊、安全防护等提供安全保障。

第2章 马峦山隧道和竖井工程概况

2.1 工程简介

坪盐通道工程位于深圳市东部地区,基本呈北东—南西走向,连接坪山新区与盐田区,是坪山新区未来南向重要的对外通道,也是坪山新区与市中心区、盐田区之间的一条快速联系通道。项目工程范围跨越坪山、盐田两区,北起坪山新区现状锦龙大道——中山大道交叉口,南至盐田区盐坝高速公路,路线全长约11.24km。采用城市快速路标准,设计速度80km/h,双向六车道。全线共设大型互通式立交2座,特长隧道1座(马峦山隧道),桥梁15座。

马峦山隧道坪山端(北端)进洞口于黄竹坑采石场东北约500m处进入马峦山山体,下穿马峦山郊野公园、三洲田森林公园及东部华侨城,在盐田端(南端)大水坑盐坝高速公路以北出洞,为分离式独立双洞,间距为40m。左线ZK2+590～ZK10+489(左线隧道长7.899km),右线YK2+581～YK10+485(右线隧道长7.904km),属城市道路特长隧道,设竖井1座以及若干横通道。项目为城市主干道,工程重要性等级为一级,场地复杂程度等级为一级,地基复杂程度等级为一级。隧道穿越的地质断层带如图2-1所示。

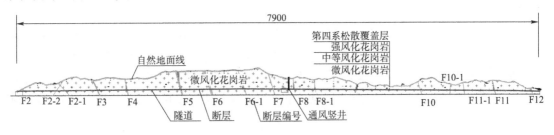

图2-1 马峦山隧道地质纵断面图(尺寸单位:m)

2.2 工程地质和水文地质条件

2.2.1 沿线环境

坪盐通道于坪山端(北端)上跨南坪快速路设锦龙立交,向南以隧道形式穿越马峦山山体,在盐田端(南端)盐坝高速公路以北大水坑东侧采石场出洞。隧道为分离式独立双洞,隧道基本线间距37m,隧道长度约7.9km。坪山端洞口距南坪快速路约440m,距锦龙立交匝道约250m。盐田端洞口距盐坝高速公路约770m,距盐港东立交匝道约520m。

线路沿线自坪山端依次穿越黄竹坑采石场东侧、上下肚水库(图2-2)西侧、上坪水库(图2-3)西侧、东部华侨城至盐田端大水坑东侧采石场(图2-4)。

图 2-2　上下肚水库(ZK3+680~ZK3+780,至隧洞左线水平距离180m)

图 2-3　上坪水库(ZK7+020~ZK7+180,左线下穿水库)

图 2-4　盐田大水坑采石场(ZK10+280~360,距隧道左线水平距离为25m)

2.2.2　自然地理条件

深圳市地势东南高,西北低,大部分为低山丘陵区,间以平缓的台地;西部为滨海平原。境内最高山峰为梧桐山,海拔943.7m。坪盐通道工程位于深圳市东部地区,线路大致呈北东—南西走向连接坪山新区与盐田区,项目工程范围跨越坪山、盐田两区,北起坪山新区现状锦龙大道——中山大道交叉路口北侧、坪山河南岸,南至盐田区盐坝高速公路、盐港东立交。

马峦山隧道工程进洞口位于黄竹坑采石场东北约500m处马峦山山体,在盐田端(南端)大水坑盐坝高速公路以北出洞,线址原始地貌为丘陵,局部人工改造成居住区、景区(东部华侨城景区和马峦山公园)以及采石场,山体植被发育、树木茂盛。沿线地形起伏较大,高程在60~412m之间变化。

深圳市地处北回归线以南,属亚热带海洋性季风气候。由于受海陆分布和地形等因素的影响,春季常出现阴雨天气;初夏常有雷暴雨;盛夏会出现晴热天气,台风也频频影响;初秋台风仍较活跃,常有冷空气入侵,气温明显下降;秋末天气清爽,晴天较多;冬暖而时有阵寒。全年气候温和湿暖,夏长冬短,雨量充沛,日照充足,干、湿分明。

2.2.3　区域地质构造

深圳市在大地构造上位于华南褶皱系(一级单元),粤北、粤东北—粤中坳陷(三级单元)的紫金—惠阳凹褶断束(四级单元)莲花山断裂带中,是在加里东褶皱基底的背景上发展起来的晚古生代凹陷,其后被中、新生代构造叠加、改造,形成以北东向断裂为主,北西及东西向断裂次之,加里东期混合岩入侵及燕山期花岗岩大面积侵入的格局。由于受到多次断裂和岩浆作用的破坏,褶皱构造展布形式已难以确定,区域构造复杂。

燕山运动规模较大,活动性较强,对区域构造格局的形成、影响尤为深远。主要特点是:北东向断裂规模宏大,东西向断裂再次复活,沿海地区出现北西向断裂。沿断裂走向有多次大面积岩浆侵入和喷发,动力变质作用分布普遍。构造运动形成的大断裂基本上控制了大地构造格局,有些断裂至今仍有不同程度的活动。

深圳市处在广东省主要构造高要—惠来东西向断裂带南侧、北东向莲花山断裂带的南西段,并且是莲花山断裂带北西支五华—深圳断裂带南西段的展布区,如图2-5所示。

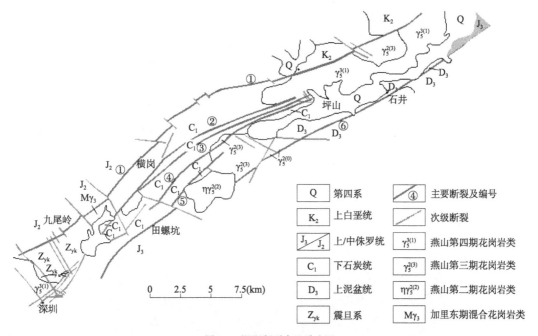

图2-5 深圳断裂束地质略图
①企吓岭—九尾岭断裂;②横岗—罗湖断裂;③清风岭—烂寨顶断裂;④炮台山—横岗断裂;⑤田螺坑断裂;⑥石井岭—黄竹坑断裂

莲花山断裂带属中国东南沿海的政和大埔断裂带的西南段,其北东端从福建省进入广东省大埔、梅县,然后沿着莲花山脉向西南延至海丰、惠东和深圳一带,并通过香港的元朗、屯门伸入南海,如图2-6所示。断裂带在陆地部分总长约370km,宽20~40km。该断裂带由百余条大小断裂组成,它们集中形成两个强大而密集的平行亚带。位于北西一侧的称为五华—深圳断裂亚带,带中单个断裂呈雁行排列,断面倾向北西,倾角为45°~80°;位于南东一侧的称为大埔—海丰断裂亚带,其中的断裂也大致呈雁行排列,倾向南东,倾角为40°~70°。该断裂延至惠东一带时,由于与高要—惠东东西向构造带联合,因而走向向东偏转而呈北东东,形成向南东突出的弧形,大埔—海丰断裂亚带的部分断裂向西延伸与五华—深圳断裂带合并而进入深圳。上述两个断裂亚带走向平行,但倾向相背,断裂性质以压性为主,在剖面上形成了典型的"对冲"结构。

勘察区地质构造比较复杂,在区域构造上紧邻莲花山断裂带,处于莲花山断裂的南西段,受地质构造影响,如图2-7所示,场地内基岩节理裂隙发育,岩体较破碎,风化带厚度大,基岩面起伏较大。在区域构造应力作用下,本区以北东向断裂为主干构造,其次为北西向断裂。深圳断裂、清林径—南澳断裂带、暗山—田头山断裂带以及横岗—盐田断裂带是区内的主导构造,控制着区内的地质构造和地貌发育。勘察区内断裂分述如下。

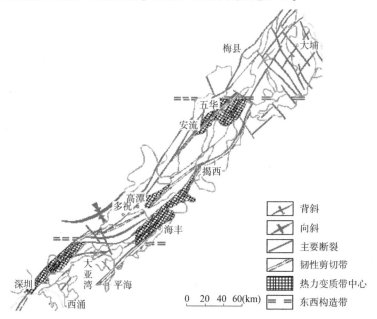

图2-6 莲花山断裂构造带地质略图

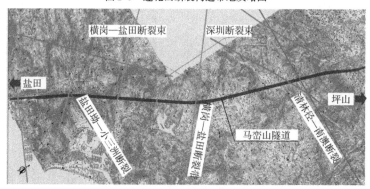

图2-7 马峦山隧道区域地质构造示意图

(1)深圳断裂(束)。这是本区北东向断裂带规模最大、作用最强的断裂构造。宽度为10~24km,中心区位于深圳—横岗—坪山一带,区内连续延伸近40km,属于莲花山断裂带的北带,五华—深圳大断裂带的南西段。该断裂也是深圳主要地貌单元的界线。该断裂带由4个次一级密集排列的断裂带组成,由北向南为:布吉—松子坑断裂带,笋岗—坪山断裂带,莲塘山—田心山断裂带,沙头角—园墩断裂带。深圳断裂带总体走向为北东60°,斜贯全区,空间上呈舒缓波状,中间收敛,两头撒开,断裂带具有明显多期次活动特征,发育时间较长,断裂带内挤压片里化、糜棱岩化极其发育,局部出现动力变质。

(2)清林径—南澳断裂带。断裂带规模巨大,区内断续延伸达45km左右,由一系列平行排列断裂组成,断裂规模较大,多数为10~20km,走向呈北西310°~330°,地貌特征明显,控制水系、沟谷及泉群分布,断裂作用较强。该断裂主要发育于下石炭系、泥盆系、侏罗系地层及燕山期花岗岩中,对龙岗盆地、坪山盆地及葵涌盆地第四系下覆石灰岩、大理岩的分布及岩溶发育均起到了一定控制作用。该断裂带为区内规模最大的北西向断裂带。

(3)暗山—田头山断裂带。断裂带规模相对较大,延伸达25km,由几组近于平行的断裂组成。北侧有水祖坑、田头山断裂,发育于泥盆系地层中,其中水祖坑断裂对第四系沉积有明显的控制作用,中部有暗山断裂,碧岭—赤澳断裂,规模较大,对地层及岩石分布有明显控制作用,暗山断裂控制侏罗系地层的沉积,碧岭—赤澳断裂为红花岭岩体的北缘边界断裂。

(4)横岗—盐田断裂带(束)。东南段发育于燕山期花岗岩中,北西段发育于石炭系地层中,断裂带区内长10余公里,向北延伸出区外,向南延伸入海,总体走向为北西310°~320°。

(5)盐田坳—小三洲断裂带。断裂带连续性较差。断续分布,单个断裂长1~3km,规模较小,分布于红花岭岩体及泥盆系地层中。

断裂性质:根据《深圳市区域稳定性评价报告》(1991年)结论,勘察区北东向断裂为压扭性,北西向断裂性质早期为张性,晚期为压扭性,具反扭特征,断裂在平面上微呈S形舒缓波状分布延伸。东西向断裂以压性为主兼有扭性力学性质。

2.2.4 地层分布

1)人工填土(Q^{ml})

(1)人工填土,地层编号为$①_1$,呈褐黄、褐红、灰黑等色,主要由黏性土、碎石、砾砂组成,碎石等硬杂质含量约30%,块径2~5cm,结构松散。主要分布于隧道出口段、黄竹坑采石场段,层厚3.70~7.80m,为Ⅱ级普通土。

(2)人工填石,地层编号为$①_2$,呈青灰、灰白色,主要由粗粒花岗岩块石、碎石及少量黏性土、砾砂组成,块石含量为55%~65%,其余为角砾及黏性土充填,结构松散~稍密。钻孔中岩芯节长为10~30cm,呈块状、柱状。主要分布于隧道出口浅埋段,层厚0.5~18.7m,为Ⅳ级软石。

2)第四系中更新统残积层(Q_2^{el})

砂质黏性土,地层编号为⑧,呈褐红、灰黄等色,由下伏粗粒花岗岩残积而成,原岩结构可辨,硬塑,含10%左右石英砾。稍光滑,摇振反应无,干强度中等,韧性高。主要分布在山体表层,层厚0.80~16.0m。为Ⅱ级普通土。

3)燕山期侵入岩(γ_5^3)

粗粒花岗岩,系场地内下伏基岩,粗粒结构,块状构造。主要矿物成分为石英、长石、黑云母等。局部地段见闪长岩脉,灰绿色。在勘探深度内,根据其风化程度及裂隙发育程度的差异,可将其划分为以下4个层(带):

(1)全风化带(地层编号$⑨_1$)。褐黄、肉红夹褐黑色,原岩结构基本破坏,尚可辨认,裂隙极发育,除石英外长石等矿物风化成土状,岩芯呈坚硬土状,手捏可碎,浸水可捏成团,局部夹有强风化岩块。本次勘察少量钻孔可见,为Ⅱ级普通土。层厚0.5~6.7m。

(2)强风化带(地层编号$⑨_2$)。褐黄、肉红夹褐黑色,风化剧烈,裂隙发育,斜长石已风化成土状,钾长石矿物尚存,手捏可碎。岩芯多呈坚硬土状,局部夹碎块状,碎块用手可折断,遇水易软化。为Ⅲ级硬土或Ⅳ级软石。此次勘察大部分钻孔揭露层厚0.5~25.0m,层顶高程在

69.19~371.10m之间。

(3) 中等风化带(地层编号⑨$_3$)。褐黄、灰白色等,裂隙发育,裂隙面具铁染。岩芯多呈块状,锤击易碎,合金钻钻进较难。较硬岩,岩体基本质量等级为Ⅳ级,为Ⅴ级次坚石。此次勘察大部分钻孔揭露层厚0.5~13.70m,层顶高程在54.39~366.01m之间。

(4) 微风化带(地层编号⑨$_4$)。白色、灰绿色夹肉红色,粗粒结构,块状构造。裂隙稍发育,裂隙多呈闭合状。岩芯多呈碎块~柱状,岩石锤击声脆。坚硬岩,岩体基本质量等级为Ⅲ级,为Ⅵ级坚石。此次勘察所有钻孔未钻穿,揭露层厚1.00~204.07m,层顶高程在49.51~357.81m之间。

4) 构造破碎带(F)

(1) 碎裂岩。灰白、灰绿色,局部褐黄色,受断裂构造影响岩石裂隙极发育,强烈破碎,呈角砾状,见有硅化、绿泥石化现象,局部可见石英岩脉、少量断层泥,强度相当于中等风化岩。围岩级别为Ⅴ级。工程分级为Ⅳ级软石。

(2) 糜棱岩。灰绿、褐红色、褐黄色,受断裂构造影响,构造裂隙发育,岩芯呈糜棱岩化砂状,局部岩芯表现为断层泥,强度相当于强风化岩,局部夹中等风化岩块。围岩级别为Ⅴ级。工程分级为Ⅲ级硬土或Ⅳ级软石。

2.2.5 构造特征

马峦山隧道区域内自北向南分布断裂共13条,编号F1~F13,伴生二级断裂8条,编号F2-1、F2-2、F10-1、F6-1、F8-1、F11-1、F13-1、F13-2。

1) 断裂F1(属深圳断裂带)

F1走向北东60°,倾向北西,倾角35°,与坪盐通道YK1+950附近(桥梁)相交,于隧道进口西侧采石场经过,与隧洞无相交,与隧道最近距离在385m以上。对隧道工程无影响。

2) 断裂F2(黄竹坑断裂带)

(1) F2主断裂

F2在隧道右线YK2+723、左线ZK2+692处相交成52°。物探高密度电法视电阻率成像对该断裂有揭示,如图2-8所示。对隧道东侧黄竹坑采石场基岩露头进行分析,其分布的构造裂隙反映出了F2的影响程度。

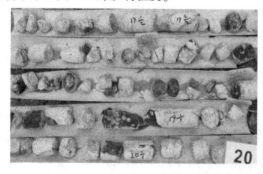 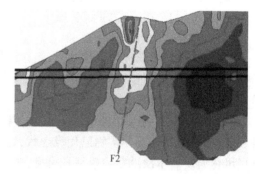

图2-8 高密度电法揭示F2及钻孔揭露F2

F2近东西走向,倾角约为78°,压扭性,断面呈陡倾舒缓波状,断裂带主要为碎裂岩及糜棱岩,其影响宽度为10~15m。对线路线位无影响,对隧道围岩影响较大,其影响范围内隧道围岩级别将大幅降低。

(2)伴生断裂 F2-1(图 2-9、图 2-10)、F2-2(黄竹坑断裂带)

F2-1、F2-2 属 F2 伴生断裂。F2-1 与隧道右线 YK3+180、左线 ZK3+220 相交,成 46°角,走向北西,倾向南西,倾角为 56°,宽约 1.5m,断裂构造岩主要为糜棱岩极碎裂岩。F2-2 与隧道右线 YK3+281、左线 ZK3+29 相交,成 52°夹角。为地质调绘地表露头断裂,近东西走向,倾向北,倾角 55°,宽约 1m,主要为碎裂岩,断裂带可见石英、黑云母二次结晶岩,如图 2-11、图 2-12 所示。

图 2-9　断裂 F2-1 露头

图 2-10　断裂 F2-1 碎裂岩

图 2-11　F2-2 碎裂岩露头

图 2-12　F2-2 断裂内黑云母结晶

F2-1、F2-2 属于压扭性断裂,呈 X 形交叉分布,产状稳定,延伸较远,断层面可见擦痕,其与隧道轴线夹角、倾角较小,影响宽度大于 50m,对该区段范围内岩体稳定性影响较大。

3)断裂 F3(暗山—田头山断裂带)

F3 与隧道右线 YK3+760、左线 ZK3+740 相交成 68°夹角,宽 2~5m,近东西走向,倾向南,倾角约 70°,其影响宽度为 10~15m。本次勘察物探、钻探对其均有揭示,如图 2-13~图 2-16 所示。

该断层走向与隧道轴线成 68°夹角,断面较陡,对隧道工程平面影响范围较小,对断层影响宽度内隧道围岩级别影响大。

4)断裂 F4(暗山—田头山断裂带)

F4 与隧道右线 YK4+265、左线 ZK4+218 相交,宽 3~8m,走向北东 60°,倾向南东,倾角约 75°,其影响宽度为 15~20m。本次勘察物探、钻探对其均有揭示,如图 2-17、图 2-18 所示。

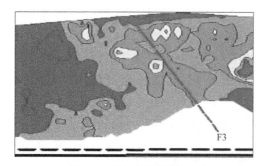

图 2-13　高密度电法揭露 F3

图 2-14　PY1-SD-9 岩芯破碎带

图 2-15　钻孔揭露 F3（1）

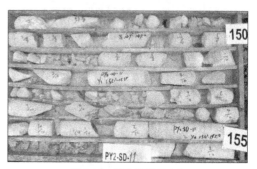

图 2-16　钻孔揭露 F3（2）

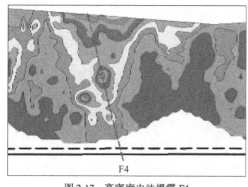

图 2-17　高密度电法揭露 F4

图 2-18　钻孔岩芯破碎带

该断裂走向与隧道轴线成 49°夹角，断面较陡，对隧道工程平面影响范围较小，对断层影响宽度内隧道围岩级别影响大。

5）断裂 F5（横岗—盐田断裂带）

F5 与隧道右线 YK5+010、左线 ZK4+990 相交，宽 1~3m，近东西走向，倾向南，倾角约 76°。其影响宽度在 10~25m。本次勘察物探、钻探对其均有揭露，该断层在不同深度均有呈现，如图 2-19、图 2-20 所示。

该断层走向与隧道轴线成 59°夹角，断面陡，对隧道工程平面影响范围小，对断层影响宽度内隧道围岩级别影响大。断裂带内碎裂岩（二次胶结）强度相当于强风化岩，具有遇水软化、崩解等特征。

6）断裂 F6、F6-1（横岗—盐田断裂带）

F6 与隧道右线 YK5+448、左线 ZK5+396 相交，宽 5~10m，走向北东 60°，倾向南东，倾角约为70°,其影响宽度为20~35m。F6-1为F6的二级断裂,产状与其一致,与线路YK5+980、ZK5+930相交,本次勘察物探、钻探对其均有揭露,该断层在不同深度均有呈现,如图2-21、图2-22所示。

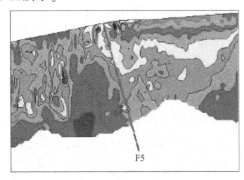

图2-19　高密度电法揭露F5

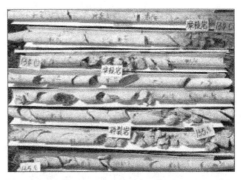

图2-20　岩芯破碎带

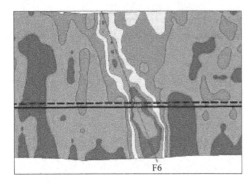

图2-21　大地电磁频率测深法揭露F6

图2-22　钻孔岩芯糜棱岩

该断裂走向与隧道轴线成36°夹角,断面较陡,对隧道工程平面影响范围较小,对断层影响宽度内隧道围岩级别影响大。

7) 断裂F7(崎兴岭断裂)

F7与隧道右线YK6+382、左线ZK6+388相交成85°夹角,宽8~15m,走向北西,倾向南西,倾角约73°,本次勘察物探、钻探对其均有揭露,如图2-23、图2-24所示。

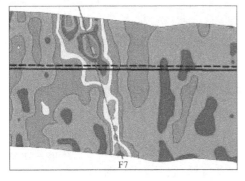

图2-23　大地电磁频率测深法揭露F7

图2-24　岩芯破碎带

该断裂走向与隧道轴线接近垂直,断面较陡,对隧道工程平面影响范围较小,对断层影响宽度内隧道围岩级别影响大。

8）断裂 F8、F8-1（深圳断裂带）

F8 与隧洞右线 YK6+712、左线 ZK6+751 相交成 68°夹角。断裂视厚度约 15m，宽 2～5m，走向北西，倾向南，倾角约 82°。F8-1 为 F8 二级断裂，产状一致，与线路 YK7+020、ZK7+054 相交，成 68°夹角，其影响宽度为 8～15m。本次勘察物探、钻探对其均有揭露，如图 2-25、图 2-26 所示。

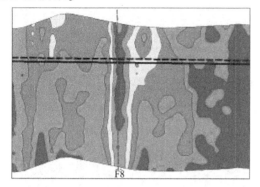

图 2-25　大地电磁频率测深法揭露 F8

图 2-26　钻孔揭露 F8-1

该断裂走向与隧道轴线成 68°夹角，断面陡，对隧道工程平面影响范围较小，对断层影响宽度内隧道围岩级别（糜棱岩、断层泥）影响大。

9）断裂 F9（横岗—盐田断裂带）

F9 与隧道在右线 YK7+670、与左线 ZK7+710 相交，宽 3～7m，走向北西 30°，倾向近东，倾角约 75°，其影响宽度为 10～20m。本次勘察钻探、物探对其均有揭露，如图 2-27、图 2-28 所示。

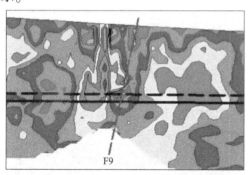

图 2-27　高密度电法揭露 F9

图 2-28　钻孔揭露 F9

该断裂走向与隧道轴线成 49°夹角，断面较陡，对隧道工程平面影响范围较小，对断层影响宽度内隧道围岩级别影响大。

10）断裂 F10（横岗—盐田断裂带）

F10 与隧道右线 YK8+615、左线 ZK8+626 相交，成 90°夹角，断裂宽 5～10m，走向北西，倾向南西，倾角约 70°。本次勘察钻探、物探对其均有揭露，如图 2-29、图 2-30 所示。

该断裂走向与隧道轴线垂直，断面较陡，对隧道工程平面影响范围较小，对断层影响宽度内隧道围岩级别影响大。

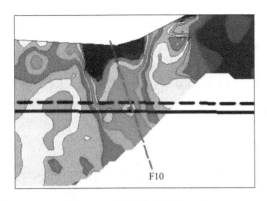

图 2-29　高密度电法揭露 F10

图 2-30　钻孔揭露 F10

11) 断裂 F10-1 (横岗—盐田断裂带)

F10-1 属于 F10 伴生小断裂,走向与 F10 一致,与隧道在右线 YK9+120、左线 ZK9+131 相交,成 89°夹角,宽 3~5m,倾向北东,倾角约 87°,其影响宽度为 10~15m。本次勘察物探对其有揭露,如图 2-31、图 2-32 所示。

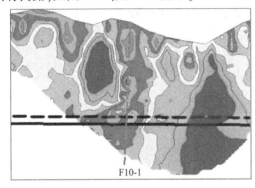

图 2-31　高密度电法揭露 F10-1

图 2-32　钻孔揭露 F10-1

该断裂走向与隧道轴线垂直,断面陡,对隧道工程平面影响范围较小,对断层影响宽度内隧道围岩级别影响较大。

12) 梅沙尖断裂 F11 (横岗—盐田断裂带)

F11 与隧道右线 YK9+721、左线 ZK9+752 相交,宽 3~5m,走向北西,倾向南西,倾角约 75°,其影响宽度为 10~15m。本次勘察钻探、物探(高密度电法、孔内电视成像及超声波成像)对其均有揭露,如图 2-33 所示。

图 2-33　详勘揭露 F11 断裂破碎带

综合钻探、物探成果可知,该断层走向与隧道轴线成63°夹角,断面较陡,对隧道工程平面影响范围较小,对断层影响宽度内隧道围岩级别影响大。

13)断裂F11-1(横岗—盐田断裂带)

F11-1为F11伴生断裂,与隧道右线YK9+321、左线ZK9+320相交成71°夹角,宽3~8m,走向北西60°,倾向南西,倾角约82°,其影响宽度为10~20m。本次勘察物探、钻探对其均有揭露,如图2-34、图2-35所示。

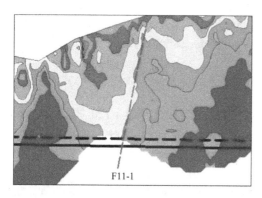

图2-34 高密度电法揭露F11-1

图2-35 断层镜面擦痕

该断裂走向与隧道轴线大角度相交,断面较陡,对隧道工程平面影响范围较小,对断层影响宽度内隧道围岩级别影响大。

14)田坑断裂F12(横岗—盐田断裂带)

F12与隧道在右线YK10+367、左线ZK10+370相交成90°夹角,宽2~3m,近东西走向,倾向南西,倾角约73°,其影响宽度为35~50m。本次勘察物探及地质调绘(露头)均揭露其存在,如图2-36、图2-37所示。

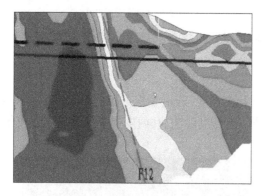

图2-36 高密度电法揭露F12

图2-37 盐田大水坑采石场露头

物探推测与调绘所得F12的产状基本一致,该断层走向与隧道轴线垂直,断面较陡,对隧道工程平面影响范围较小,对断层影响宽度内隧道围岩级别影响大。

15)断裂F13、F13-1、F13-2

F13位于隧洞西侧,YK8+640~YK10+485段,与隧洞走向平行,平面距隧洞最小距离为138~223m,走向北东,倾向及倾角为131°∠70°,延伸长度为1.85km,发育于花岗岩体内,表现为碎裂岩,断裂带同向节理密集发育,地形为沟谷。

F13-1、F13-2 根据其产状特征、空间位置判断,隶属于 F13 伴生小断层,其规模、影响范围均小于 F13,地质成因、形成时间与 F13 一致。F13-1 位于隧道左线 ZK10+220~ZK10+370 段平行并紧贴隧道轮廓线,走向北东,倾向及倾角为 300°∠75°,地表露头长度约 75m,宽度 0.5~1.0m,断层表现为碎裂岩。F13-2 与隧道走向平行,平面距隧洞最小距离为 100~162m,地质调绘地表露头断裂,走向北东,倾向及倾角为 130°∠69°,地表露头长约 50m,宽度 1.5~2.5m,断层表现为碎裂岩,地形为沟谷。

鉴于该断裂带与线路平行,对隧道线位影响大,为了查明 F13 的具体位置及规模走向,本次勘察采用钻探、物探及地质调绘等综合勘察方法对其进行了查探、验证。下面按根据具体工法依次说明。

（1）高密度电法

根据 F13 在原区域地质资料显示位置,本次勘探布置了 8 条与隧道轴线垂直高密度电法测线,从高密度电法测线视电阻率成像图分析,在 DH1~DH6 测线上都有较明显反映,但到 DH7、DH8 测线上则没反映,或不明显,推测 F13 断层在 DH5~DH6 之间尖灭,如图 2-38~图 2-40 所示。

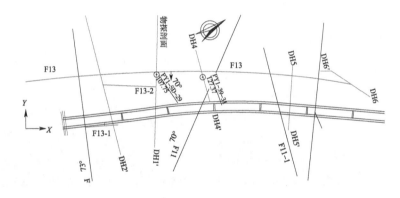

图 2-38 断裂 F13 物探线布置图

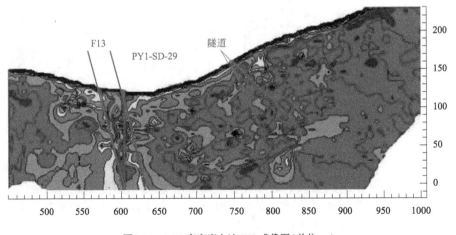

图 2-39 DH1 高密度电法 F13 成像图（单位:m）

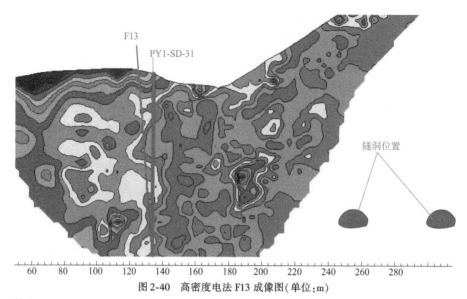

图 2-40　高密度电法 F13 成像图(单位:m)

(2)钻探

根据 F13 物探成果,针对性布置了三个钻孔(PY1-SD-29、PY1-SD-30、PY1-SD-31)进行验证,如图 2-41、图 2-42 所示。

图 2-41　岩芯揭示 F13 破碎带

图 2-42　岩芯揭示 F13 破碎带

由于钻孔 PY1-SD-31 位置距离 F11 约 54m、距离 F13 约 30m,所以该钻孔构造裂隙产状同时体现了北西向断层 F11 及北东向断层 F13 的特征。由于 F11 对隧洞工程影响小,所以对北东向构造裂隙与 F13 产状做如下统计对比可看出,钻孔 PY1-SD-31 断裂带采集北东向裂隙产状与高密度电法得出的 F13 断层产状一致。

共统计北东向裂隙38条,倾角为67°~85°,平均为70.9°。由上图可知断裂F13、F13-1、F13-2走向基本一致。F13-1、F13-2属于F13二级小断裂,F13-2与F13产状完全一致。F13-1倾向西北,与F13及F13-2倾向相反。在详细勘察阶段针对F13布置钻孔PY2-SD-21、PY2-SD-43、PY2-SD-45对其空间状态进一步验证,结论与初步勘察阶段一致。

综合物探、勘探成果,从图"高密度电法视电阻率成像图(F13与隧道相对位置)"可看出,断裂F13从隧道线路下(路面高程下大于100m)穿过,对隧道平面线位影响不大,但该段隧道围岩级别影响较大,尤其是与其伴生的小断裂F13-1对该区段隧洞围岩级别影响大。

2.2.6 水文地质条件

1) 地表水

马峦山隧道所处地势较高,隧道沿线没有大、中型河流,受地形控制,地表水体主要为山间溪流、水库、塘,地表水部分向较低洼的沟谷、水库汇集,一部分汇聚后流出区外。在隧道工程范围内对隧道影响较大的地表水体有上坪水库、上下水肚水库及盐田采石场(出口段)积水塘。

上下肚水库位于马峦山郊野公园,隧道ZK3+680~ZK3+780东南侧,面积为58799.6m^2,水库底高程为239.20~243.35m,水位高程约为260.19m(2013年12月10日测),与隧道(左线)水平距离最小约为180m,该段隧道路面高程约为77.8m,隧道在水库底160m以下。

上坪水库分布于隧洞东侧、左线里程ZK7+020~ZK7+180附近,建成于1993年5月份,集雨面积2.13km^2,总库容221万m^3,主坝为均质土坝,最大坝高23m。水库底高程为213.29~222.0m,水面高程为225.65~226.31m(2013年11月5—10日测)。隧道左线从水库西南角下穿。该段隧道路面高程为79.8m,隧道结构在水库底130m以下。

盐田大水坑采石场位于出口段隧道线位东侧,隧道左线里程为ZK10+280~ZK10+360,面积约为5274.12m^2,塘底高程为81.06~83.6m,水位高程约为81.18m(2013年11月13日测),与隧道左线的水平距离约为25m,该段隧道路面高程为47.4m,隧道在塘底31.6m以下。

隧道结构与上下肚水库、上坪水库的水平距离大于32m,隧道与水库库底的垂直距离大于130m。

根据地下水岩土体渗透特征,本区段岩体为微~弱透水,该两水库水对隧道影响较小,勘察期间(初步勘察、详细勘察),未发现水库水与钻孔间有水力联系。盐田大水坑采石场鱼塘虽距隧道较近,但其属于临时鱼塘,存水量小,该区域位于地铁8号线车辆段范围,后期势必做填埋处理,所以对隧道结构无影响。

2) 地下水

马峦山隧道穿越地貌单元为丘陵、低山,由于本区段受断层影响,山体间冲沟、沟谷发育,地下水情况存在一定的差异。勘察期间,大部分钻孔见地下水。本工程沿线主要含水层有三类:覆盖层潜水,基岩裂隙水,构造裂隙水。隧道沿线区以基岩裂隙水及构造裂隙水地为主。

从水文试验成果看出,线路基岩本身透水性较差,随着试验段裂隙发育程度不同而不同,即岩体的透水性主要受断层及其构造组成的发育程度控制。各断裂带(或影响带)的透水性及富水性也不尽相同,同一断裂影响带透水性具有各向异性(具有非均质性),勘察区岩土体渗透特征如下:

(1) 岩体较完整(裂隙稍发育,Ⅱ~Ⅲ级围岩)段微风化花岗岩岩体渗透系数为4.5×

$10^{-4} \sim 4.6 \times 10^{-3}$ m/d,基本为不透水,隧洞身地下水状态为:全洞地段以潮湿为主。

(2)岩体较破碎(断裂影响带,Ⅳ级围岩)段微风化花岗岩岩体渗透系数为 $4.6 \times 10^{-3} \sim 4.7 \times 10^{-2}$ m/d,为弱~微透水性,隧洞身地下水状态为:全洞地段以潮湿、滴水为主。

(3)岩体极破碎(断裂带,Ⅴ级围岩)风化花岗岩岩体渗透系数为 $1.1 \times 10^{-1} \sim 1.47$ m/d,为弱~中等透水性。隧洞身地下水状态为:全洞地段滴水为主,在断裂带及其附近岩体可能出现股状流水。

3)地下水、地表水的化学特征

根据《坪盐通道工程勘察(第一标段)详勘勘察阶段岩土工程勘察实施大纲》,共采取10个水试样进行水质分析,按《公路工程地质勘察规范》(JTG C20—2011)中相关规定综合判定:勘察区岩体渗透性为微~中透水性,地下水水质对混凝土具微腐蚀,对钢筋混凝土中的钢筋具微腐蚀。地表水(HCO_3^-)在直接临水或强透水地层中对混凝土具有中腐蚀性,故本工程不考虑地表水腐蚀性。

4)隧道涌水量

针对本隧洞断裂分布情况及岩体渗透特征分段采用裘布依理论式预测隧道正常涌水量。

考虑左右线补给范围、影响半径的重叠对涌水量的相互影响,根据当地经验及地下水空间渗流特征,双线总涌水量按1.5倍的右线总涌水量考虑。隧道(全线)线总涌水量为 $6578 \times 1.5 = 9867 \text{m}^3/\text{d}$。

分析隧洞身地下水状态为:全洞地段(Ⅱ、Ⅲ级围岩)以潮湿、滴水为主,但局部地质构造发育、断层破碎带及断裂影响带(Ⅳ、Ⅴ级围岩)的区段,由于断裂导通和富水作用,隧道段施工时,地下水可能出现线状流水或股状流水现象。

2.2.7 不良地质及场地稳定性

1)不良地质及特殊性岩土

据沿线地质条件分析,区内基岩为非可溶性岩石,未见地面塌陷及土洞、岩溶现象。原始自然地形坡度一般在10°~50°之间,边坡稳定。沿线花岗岩中~微风化球体发育,花岗岩微风化球体最大直径可达5m,仅对进口边坡的施工有影响。另外,隧洞出口处及其浅埋段场地曾辟为采石场(盐田大水坑采石场),分布有较厚的填石层0.5~18.7m,对隧洞进出口段边坡稳定性影响较大。

2)场地稳定性

深圳地区现今活动量微弱,处于地质构造活动相对微弱,稳定~较稳定地质环境,地壳相对基本稳定。至目前尚未发现明显的应力和能量集中迹象,近期可排除突发性活动的可能性,区域地壳稳定性为基本稳定。根据区域地质资料和区内工程地质资料,本项目勘察区历史上无大的地震灾害记录,无明显的新构造活动迹象,勘察区构造现今活动性较弱,属于较稳定区。根据《深圳市区域稳定性评价报告》(1991年)等技术资料分析:隧道穿越的各断层均为非活动性断裂,适宜工程建设。

根据《深圳市区域稳定性评价报告》(1991年),本区有历史记载的强震,深圳地区地震影响烈度从未超过Ⅵ度。根据历史积累的资料(1067—1969年)和通过深圳微震台网的监测结果表明,陆地强震及近场浅震,使深圳地震影响烈度超过Ⅵ度的可能性较小。根据《深圳市地震烈度区划图》,按《建筑抗震设计规范》(GB 50011—2010)划分本区为地震烈度Ⅶ度区,地震动峰值加速度为 0.10g(g 为重力加速度)。区域地壳稳定性为基本稳定。

从整体上看,深圳地区现代地震活动多以微震和弱震为主,具有频率高、烈度小、震源浅等特征。从区域地质及地震的角度来看,评估区地震活动水平较低,断裂活动性较弱,未发现全新世以来的深大活动断裂,不具备形成中、强地震危险地段的地质背景。

3)断裂带对隧道工程的影响评价

现根据断裂产状、分布位置及与隧洞轴线平面关系分三种情况汇总评价分析,详见表 2-1。

断裂倾角与隧道轴线夹角统计表　　　　　表 2-1

序　号	断裂编号	与隧道轴线夹角(°)	倾角(°)	序　号	断裂编号	与隧道轴线夹角(°)	倾角(°)
1	F2	52	78	11	F8-1	68	82
2	F2-1	46	56	12	F9	49	75
3	F2-2	52	55	13	F10	90	70
4	F3	68	70	14	F10-1	89	87
5	F4	49	75	15	F11	63	75
6	F5	59	76	16	F11-1	71	60
7	F6	36	70	17	F12	90	89
8	F6-1	36	70	18	最小值	36	55
9	F7	85	75	19	最大值	90	89
10	F8	68	82	20	平均值	64	73

断裂走向与隧道线位不相交、不平行(不在隧道工程范围内):F1 在黄竹坑采石场西侧通过,与坪盐通道在 K2+372(桥梁段)附近相交,走向北东,倾向北西,与隧洞不相交,与隧道最近距离在 385m 以上,对隧道工程影响较小。

断裂面走向与隧道轴线成大角度相交:勘察区断裂 F2～F12、伴生断裂 F2-1、F2-2、F6-1、F8-1、F10-1、F11-1 共计 17 条断裂均属此类情况。

从表 2-1 可以看出,上述断裂结构面与隧道轴线夹角平均值大于 60°,断裂结构面与隧道轴线关系具有"夹角大、倾角陡"的特点。对隧道工程而言,断裂带与隧道夹角越大、断面越陡,则在空间上(水平、垂直)断裂带对隧道工程围岩影响范围越小。上述断裂对隧道线位平面影响范围较小,但对断裂与隧洞交叉段隧道围岩级别影响大,断裂带内按Ⅴ级围岩划分。

断裂走向与隧道轴线平行或成小角度:断裂 F13、F13-1、F13-2 走向与隧道线接近平行。F13 倾向及倾角为 131°∠70°,延伸长度为 1.85km。F13-1 倾向及倾角为 300°∠75°,地表露头长约 100m。F13-2 与隧道走向平行,平面距隧洞最小距离为 100～162m,倾向及倾角为 130°∠69°。

F13 主断裂带(包括伴生二级断裂 F13-2)从隧道结构下(路面高程下大于 100m)穿过,即对隧道线位稳定影响较小。详细勘察钻孔也揭露了与其产状接近裂隙破碎带,说明由于 F13 的存在,对该段隧道工程围岩稳定性存在一定影响,比如与其伴生二级断裂 F13-1 对该区段隧洞围岩级别影响较大,该段隧道围岩级别应适当降低。

2.2.8 隧道围岩分级

根据隧道围岩的物理力学性质,包括岩石的饱和单轴抗压、抗剪强度,岩体受断裂构造的影响程度,岩体的结构及完整性,裂隙发育程度,风化程度及地形地貌等特征,按《公路隧道设计规范》(JTJ D70—2004),结合《工程岩体分级标准》(GB/T 50218—2014)中围岩分级标准,依据岩石力学强度、岩体结构与完整状态、地下水状态、主要软弱结构面产状,并结合考虑岩体纵波波速,对围岩进行定量划分,将隧道围岩划分为Ⅱ、Ⅲ、Ⅳ、Ⅴ级,详见表2-2。

隧道左右线围岩分级统计表   表2-2

隧道部分	围岩等级	总长度(m)	长度(m)	所占比例(%)
隧道左线	Ⅱ	7899	460	5.8
	Ⅲ		4701	59.5
	Ⅳ		1756	22.2
	Ⅴ		956	12.1
	明洞		26	0.3
隧道右线	Ⅱ	7904	431	5.5
	Ⅲ		4938	62.5
	Ⅳ		1633	20.7
	Ⅴ		880	11.1
	明洞		22	0.3

2.3 隧道设计概况

2.3.1 隧道平面和纵断面

马峦山隧道坪山端洞口位于直线段,依次设左转曲线(右线半径2100m,左线半径2500m)后穿越黄竹坑采石场东侧、上下肚水库西侧,设右转曲线(半径4000m)后穿越上坪水库西侧、东部华侨城,设左转曲线后至盐田端大水坑东侧的采石场。

隧道坪山端洞口高出盐田端洞口约25.5m,隧道纵坡设计为人字坡,北段坡度0.5%,南段坡度0.66%,变坡点位于北洞口以内约2919m处,隧道路面最大埋深约337m。隧道中段设通风竖井一座,深度为194m,竖井位于第4标段范围。

2.3.2 建筑限界及衬砌内轮廓断面

(1)正洞(单洞)

单洞车行道宽:3.5 + 2×3.75m = 11m;路缘带宽:左右侧各0.5m;单洞路面宽度:0.5 + 11 + 0.5 = 12.0m;检修道宽:双侧各0.75m。单洞建筑限界总宽:0.75 + 12 + 0.75 = 13.5m;限高5m。

隧道内轮廓断面设计除符合隧道建筑限界的规定外,还考虑了照明、排水、防灾、运营管理等设备安装及装修所需要的空间,同时力求使结构受力条件好,达到安全、经济、合理。

隧道内轮廓为圆弧连接的三心圆，Ⅴ级、Ⅳ级围岩地段均采用有仰拱断面，Ⅲ级、Ⅱ级围岩地段采用无仰拱断面，部分Ⅲ级围岩地段采用有仰拱断面。路面采用1.5%的单面横坡。

(2) 应急停车港湾断面

应急停车港湾是为故障车辆临时停放而设置，沿正洞右侧纵向间隔设置，该断面较正洞标准断面向右侧加宽3m，高度适当加大。应急停车港湾总长40m，包括过渡段5m+有效长度30m+过渡段5m。

(3) 天然岩洞景观段

为缓解驾驶员疲劳，达到通行舒适安全，隧道内设天然岩洞景观段。该断面较正洞标准断面向两侧各加宽约0.8m，高度略有加大。左右线隧道天然岩洞景观段长度均为100m。

(4) 横通道

人车共用横通道建筑限界净宽5.5m，净高5.0m。拟定内轮廓断面为宽6.47m、高6.02m的三心圆拱曲边墙断面。

人行横通道建筑限界净宽2.0m，净高2.5m。拟定内轮廓断面为宽2.5m、高3.2m的单心圆拱直边墙断面。

人行横通道与地下变电所合建衬砌内轮廓断面，主要考虑了设备尺寸和操作空间，变电所与人行通道间设隔墙。拟定内轮廓断面为宽9.14m、高5.41m的三心圆拱曲边墙断面。

2.4 竖井设计概况

马峦山隧道通风竖井深194m、内径15m，为目前国内汽车隧道直径最大的竖井。竖井内用十字形中隔墙分为4个仓，分别为隧道左、右线的2个送风道、2个排风道，竖井中心还设有1个电缆井，作为隧道供电电缆敷设通道。排风道及电缆井通过5条通道与隧道主洞连通，如图2-43、图2-44所示。

图2-43　马峦山隧道通风竖井、风道、电缆井分布效果图

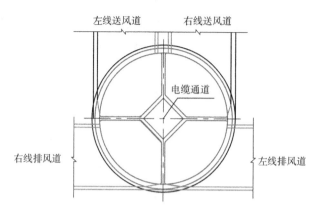

图 2-44 马峦山隧道通风竖井横剖面图

第2篇

工程设计

第3章 技术标准和设计规范

3.1 技术标准

3.1.1 市政技术标准

(1)《建筑结构荷载规范》(GB 50009—2012)。
(2)《混凝土结构设计规范》(GB 50010—2010)。
(3)《混凝土结构耐久性设计规范》(GB/T 50476—2008)。
(4)《岩土锚杆与喷射混凝土支护工程技术规范》(GB 50086—2015)。

3.1.2 公路技术标准

(1)《公路隧道设计规范》(JTG D70—2004)。
(2)《公路隧道设计细则》(JTG/T D70—2010)。
(3)《公路隧道施工技术规范》(JTG F60—2009)。
(4)《铁路隧道设计规范》(TB 10003—2016)。

3.1.3 主要技术标准

(1)道路等级:城市快速路。
(2)设计速度:80km/h。
(3)隧道建筑限界。
①行车道宽度:3.5m + 2×3.75m;路缘带宽度:左右侧各0.5m。
②净高:5m(考虑大型双层公交车通行及高速衔接)。
③检修道宽度:双侧各0.75m;净高2.5m。
(4)路面荷载等级:城-A级。
(5)隧道结构安全等级:一级。
(6)隧道主体结构防水等级:二级;重要机电设备集中区域防水等级:一级。
(7)隧道主体结构设计应满足使用年限100年的要求。
(8)结构设计按七度地震烈度进行抗震验算,并采取相应抗震构造措施。
(9)隧道内环境卫生标准见表3-1。

隧道内环境卫生标准　　　　　　表3-1

指　标	正常交通	交通阻滞
CO 设计浓度(ppm)	100	150
烟雾设计浓度 $K(m^{-1})$	0.0065	0.009

(10)隧道洞口空气质量见表3-2。

隧道洞口空气质量　　　　表3-2

空气成分	每小时平均值（mg/m³）	日平均值（mg/m³）
CO	10	4
NO_2	0.2	0.08

3.2 设计规范

3.2.1 道路设计规范

(1)《城市道路工程设计规范》(2016年版)(CJJ 37—2012)。
(2)《城市快速路设计规程》(CJJ 129—2009)。
(3)《城市道路路线设计规范》(CJJ 193—2012)。
(4)《城市道路路基设计规范》(CJJ 194—2013)。
(5)《城镇道路路面设计规范》(CJJ 169—2012)。
(6)《城市道路交叉口设计规程》(CJJ 152—2010)。
(7)《城市道路交叉口规划规范》(GB 50647—2011)。
(8)《公路路线设计规范》(JTG D20—2006)。
(9)《公路沥青玛蹄脂碎石路面技术指南》(SHC F40-01—2002)。
(10)《公路隧道设计规范》(JTG D70—2004)。
(11)《公路隧道设计细则》(JTG/T D70—2010)。
(12)《公路隧道施工技术规范》(JTG F60—2009)。
(13)《铁路隧道设计规范》(TB 10003—2016)。
(14)《道路交通标志和标线》(GB 5678—2009)。
(15)《无障碍设计规范》(GB 50763—2012)。

3.2.2 给排水设计规范

(1)《深圳市城市规划标准与准则》(2013年)。
(2)《室外给水设计规范》(GB 50013—2006)。
(3)《室外排水设计规范》(2016年版)(GB 50014—2006)。
(4)《城市防洪工程设计规范》(GB/T 50805—2012)。
(5)《城市工程管线综合规划规范》(GB 50289—2016)。
(6)《建筑与小区雨水利用工程技术规范》(GB 50400—2006)。
(7)《城市污水再生利用 景观环境用水水质》(GB/T 18921—2002)。

3.2.3 电气设计规范

(1)《电力工程电缆设计标准》(GB 50217—2007)。

(2)《城市电力电缆线路设计技术规定》(DL/T 5221—2005)。
(3)《供配电系统设计规范》(GB 50052—2009)。
(4)《低压配电设计规范》(GB 50054—2011)。
(5)《LED 道路照明工程技术规范》(DB44/T 1898—2016)。
(6)《城市道路照明设计标准》(CJJ 45—2006)。
(7)《城市工程管线综合规划规范》(GB 50289—2016)。
(8)《汽车隧道 LED 照明设计标准》(DB44/T 1338—2014)。

3.2.4 绿化设计规范

(1)《城市绿地设计规范》(GB 50420—2007)。
(2)《城市道路绿化规划与设计规范》(CJJ 75—1997)。

第4章 隧道设计技术

4.1 隧道建筑限界和内轮廓的确定

(1) 正洞（单洞）

隧道建筑限界及衬砌内轮廓如图4-1所示，类似工程对照表见表4-1。

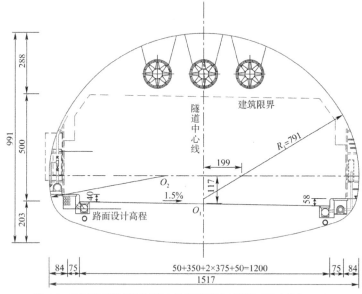

图4-1 正洞建筑限界及衬砌内轮廓断面图（单洞）（尺寸单位：cm）

类似工程对照表　　　　　　　　　　　　　　　　　　表4-1

序号	隧道名称	长度（km）	开挖工法	车道	速度（km/h）	车行道宽度（m）	检修道宽度（m）	限界宽度（m）
1	青岛胶州湾隧道	7.8	矿山法	单洞三车道（禁货车）	快速路 80	2×3.5+3.75	2×0.75	13.5
2	厦门翔安隧道	6.05	矿山法	单洞三车道	高速公路 80	3×3.75	左0.75 右0.25	13.5
3	上海长江隧道	8.9	盾构法	单洞三车道	高速公路 80	3×3.75	防撞墩 2×0.25	12.75
4	秦岭终南山隧道	18.02	矿山法	单洞两车道	高速公路 80	2×3.75	2×0.75	10
5	马峦山隧道	7.89	矿山法	单洞三车道	快速路 80	3.5+2×3.75	2×0.75	13.5

(2) 横通道

人车共用横通道、人行横通道建筑限界及衬砌内轮廓典型断面图如图4-2所示，人行横通道与地下变电所合建衬砌内轮廓断面图如图4-3所示。

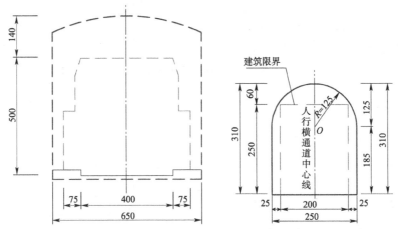

图4-2 人车共用横通道、人行横通道建筑限界及衬砌内轮廓典型断面图(尺寸单位:cm)

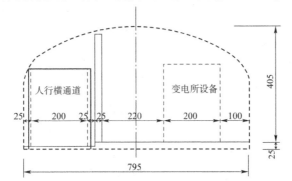

图4-3 人行横通道与地下变电所合建衬砌内轮廓断面图(尺寸单位:cm)

4.2 隧道开挖和衬砌结构设计

4.2.1 衬砌设计的主要原则与参数

1)衬砌设计的主要原则

(1)暗挖隧道依据新奥法原理设计,采用复合式衬砌结构。初期支护由喷射混凝土、钢架、锚杆、钢筋网组成。二次模注衬砌采用钢筋混凝土结构,初期支护和二次衬砌间设防水层防水。

(2)为确保支护衬砌设计参数的合理性、安全性、经济性,复合式衬砌采用工程类比法进行设计,通过理论分析进行验算,并在施工中根据现场围岩监控量测信息对设计支护参数进行必要的调整。

(3)考虑围岩及初期支护的变形,预留适当的变形量:Ⅴ级围岩15cm,Ⅳ级围岩10cm,Ⅲ级围岩7cm,Ⅱ级围岩4cm。

(4)隧道二次衬砌变形缝设置原则:洞口内25m处设变形缝,暗挖隧道与明洞分界处设变形缝,特殊地段设置诱导缝。

(5)根据《建筑设计防火规范》(GB 50016—2014)等要求,在左、右线隧道间设车行横通道和人行横通道,横通道均采用直边墙断面复合式衬砌结构。

2)正洞复合式衬砌主要支护参数。

复合式衬砌主要支护参数见表4-2。

复合式衬砌主要支护参数表　　　　表4-2

围岩级别	初期支护						二次衬砌	
	喷射混凝土厚度(cm)		锚杆			钢架	拱墙厚度(cm)	仰拱厚度(cm)
	拱墙	仰拱	部位	长度(m)	间距(m)	间距(cm)		
Ⅴ级	31	31	拱墙	4.0	0.8×1.0	型钢、格栅50	65	65
Ⅳ级	22	22	拱墙	4.0	0.8×1.0	格栅钢架75	50	50
Ⅲ级	20	20	拱墙	3.5	1.0×1.0		45	45
Ⅱ级	10	10	局部	3			40(素混凝土)	
明洞							80	80

3)应急停车港湾断面衬砌

应急停车港湾是为故障车辆临时停放而设置,沿正洞外侧纵向1500~2000m间距设一处,该断面较正洞标准断面向右侧加宽3m。

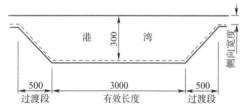

图4-4　应急停车港湾布置图(尺寸单位:mm)

应急停车港湾断面衬砌支护参数相对正洞适当加大,初期支护采用纵向渐变加宽,二次衬砌突变加宽,如图4-4所示。

4)路面铺装

路面铺装应具有足够的强度和平整度,以及耐久、抗滑、耐磨等性能。宜采用复合式路面结构,由沥青混凝土面层和水泥混凝土找坡层等结构层组成。本次设计隧道底部回填采用C15素混凝土,路面面层采用温拌阻燃改性沥青玛蹄脂碎石混合料(WMASMA-13)加阻燃剂。

4.2.2　隧道二次衬砌结构计算

1)基本条件和参数

(1)二次衬砌采用钢筋混凝土结构,混凝土强度等级为C30,重度为25kN/m³,混凝土轴心抗压强度设计值为$f_{cd}=15$MPa,轴心抗拉强度设计值为$f_t=1.47$MPa,混凝土弹性模量为30GPa,泊松比取0.25。

(2)隧道主筋采用HRB400钢筋,构造钢筋采用HPB300钢筋,二次衬砌混凝土保护层厚度均为40mm。

(3)Ⅳ级、Ⅴ级围岩弹性抗力系数分别取为250MPa/m和100MPa/m。

(4)结构安全等级为一级,结构按设计使用年限100年的要求进行耐久性设计,结构重要性系数为1.1。

(5)裂缝控制:最大裂缝宽度允许值背土面为0.3mm、迎土面为0.2mm。

(6)结构按四周与弹性地基接触的连续梁进行内力分析。

2)荷载取值与组合

考虑永久荷载和可变荷载(含结构自重):

(1)结构自重:重度为25kN/m³,自重荷载由程序计算。

(2)围岩压力:按《公路隧道设计规范》(JTG D70—2004)相关规定计算。

(3)水压力:由于采用半包防水,且二次衬砌背后为盲管排水,忽略水压力的影响。

荷载组合考虑承载力极限状态和正常使用状态,分别采用基本组合和标准组合进行计算,荷载组合见表4-3。

荷 载 组 合 表   表4-3

组 合	永久荷载	可变荷载	人防荷载	地震荷载
组合1(基本)	1.35	1.4	0	0
组合2(标准)	1.0	1.0	0	0

3)计算方法和程序

结构计算采用荷载—结构模型,取纵向每延米为计算单元,按平面应变问题采用ANSYS软件进行计算。根据复合式衬砌的受力特点,二次衬砌承受的荷载主要为围岩压力。由于隧道采用半包防水形式,计算时忽略水压力的影响。

根据《公路隧道设计规范》(JTG D70—2004)规定,Ⅲ级围岩以上公路隧道的二次衬砌结构作为安全储备,按照构造要求确定尺寸,不用进行验算。结合复合衬砌特点,本计算选取Ⅳ级、Ⅴ级复合衬砌和明洞段衬砌三种断面进行计算,分别考虑了承载力极限状态和正常使用状态下结构的内力。三种断面图如图4-5~图4-7所示。

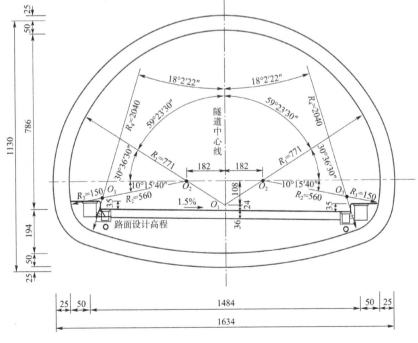

图4-5 Ⅳ级围岩隧道复合衬砌断面图(尺寸单位:cm)

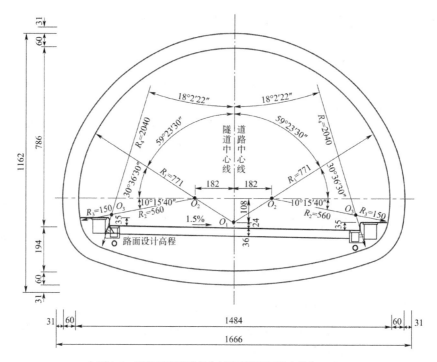

图 4-6 Ⅴ级围岩隧道复合衬砌断面图(尺寸单位:cm)

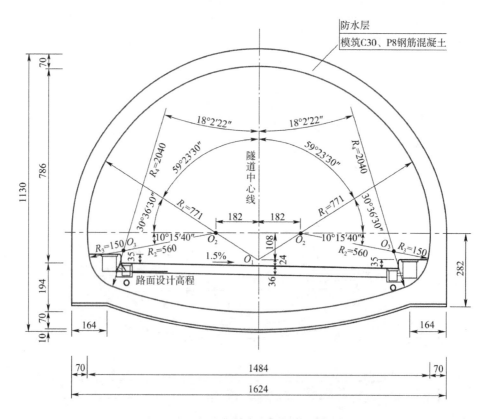

图 4-7 明洞段复合衬砌断面图(尺寸单位:cm)

4)计算结果分析

(1)Ⅳ级复合衬砌计算结果

加载模型图如图4-8所示。

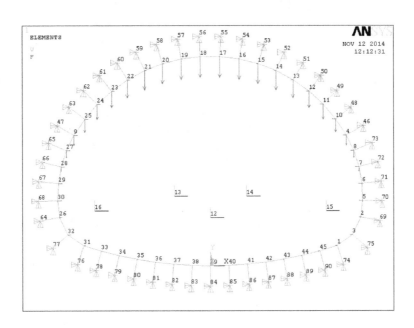

图4-8 加载模型图

基本组合(承载力极限状态)弯矩图、轴力图、剪力图分别如图4-9~图4-11所示。

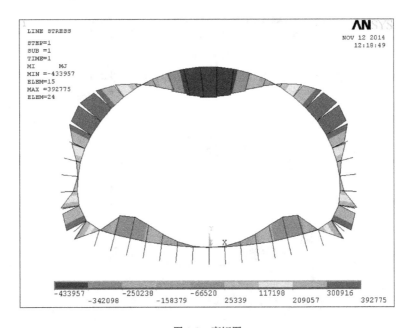

图4-9 弯矩图

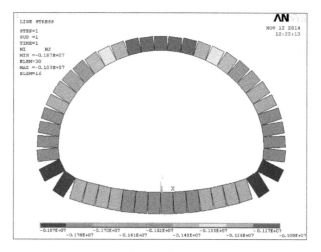

图 4-10 轴力图

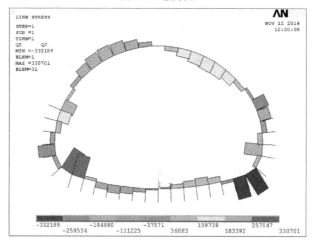

图 4-11 剪力图

标准组合(正常使用状态)弯矩图、轴力图、剪力图分别如图 4-12～图 4-14 所示。

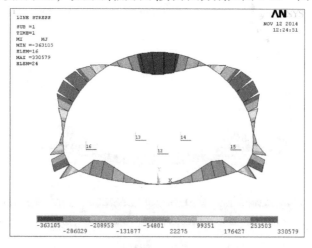

图 4-12 弯矩图

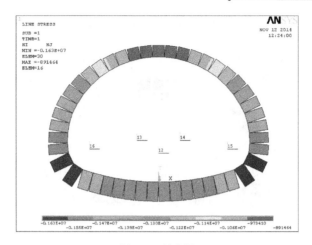

图 4-13 轴力图

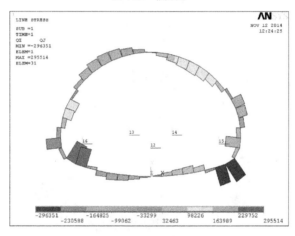

图 4-14 剪力图

(2) V级复合衬砌计算结果

加载模型如图 4-15 所示。

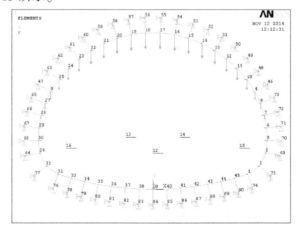

图 4-15 加载模型图

基本组合(承载力极限状态)弯矩图、轴力图、剪力图分别如图 4-16～图 4-18 所示。

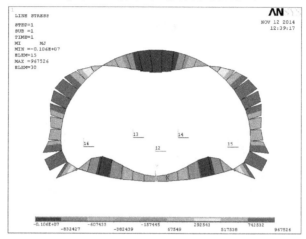

图 4-16 弯矩图

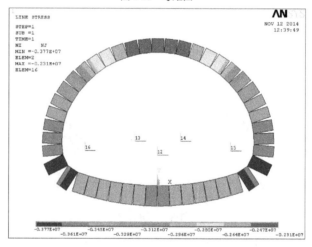

图 4-17 轴力图

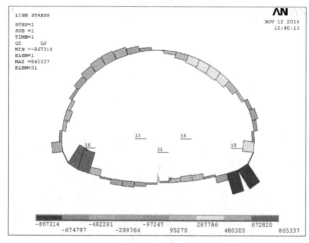

图 4-18 剪力图

标准组合(正常使用状态)弯矩图、轴力图、剪力图分别如图 4-19 ~ 图 4-21 所示。

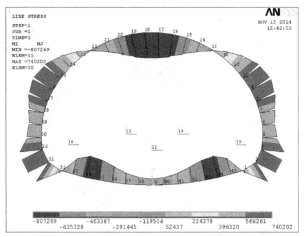

图 4-19 弯矩图

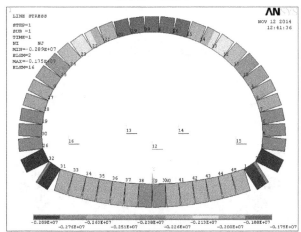

图 4-20 轴力图

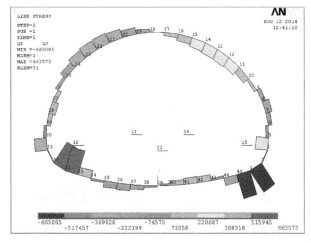

图 4-21 剪力图

(3)明洞段衬砌计算结果

基本组合(承载力极限状态)弯矩图、轴力图、剪力图分别如图 4-22 ~ 图 4-24 所示。

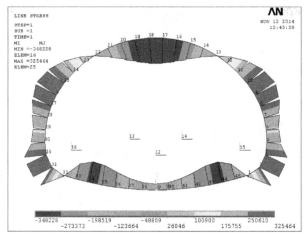

图 4-22 弯矩图

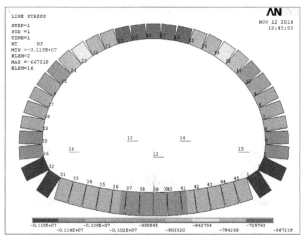

图 4-23 轴力图

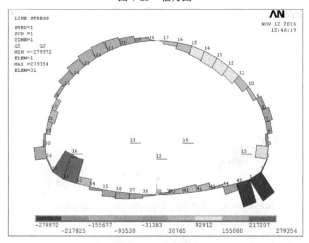

图 4-24 剪力图

标准组合(正常使用状态)弯矩图、轴力图、剪力图分别如图4-25～图4-27所示。

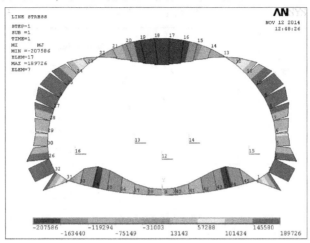

图 4-25　弯矩图

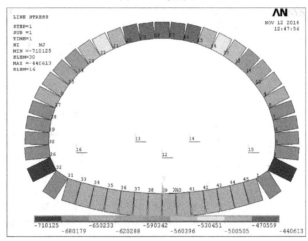

图 4-26　轴力图

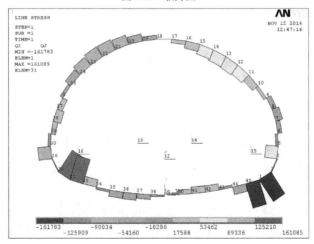

图 4-27　剪力图

(4)配筋计算结果见表4-4。

配 筋 计 算 结 果　　　　　　　表 4-4

衬砌类型	受力截面	截面高度(mm)	弯矩计算值(kN·m)	弯矩标准值(kN·m)	计算配筋面积 A_s (mm²)	实际配筋参数 配筋面积 A'_s (mm²)	实际配筋参数 规格	配筋率(%)	最大裂缝宽度 w_{max} (mm)
Ⅳ级复合衬砌	拱顶	500	-434.0	-321.5	2765	3801	⌀22@200(受拉侧) ⌀22@200(受压侧)	0.76	0.15
Ⅳ级复合衬砌	拱肩	500	392.8	291.0	2490	3801	⌀22@200(受拉侧) ⌀22@200(受压侧)	0.76	0.13
Ⅳ级复合衬砌	拱脚	500	392.8	291.0	2490	3801	⌀22@200(受拉侧) ⌀22@200(受压侧)	0.76	0.13
Ⅴ级复合衬砌	拱顶	600	-1053.4	-780.3	4693	7363	⌀25@200 + ⌀25@200(受拉侧) ⌀25@200(受压侧)	1.23	0.18
Ⅴ级复合衬砌	拱肩	600	967.5	716.7	4269	4909	⌀25@200(受拉侧) ⌀25@200(受压侧)	0.82	0.19
Ⅴ级复合衬砌	拱脚	600	967.5	716.7	4269	4909	⌀25@200(受拉侧) ⌀25@200(受压侧)	0.82	0.19
明洞复合衬砌	拱顶	700	-348.2	-257.9	1486	4909	⌀25@200(受拉侧) ⌀25@200(受压侧)	0.70	0.03
明洞复合衬砌	拱肩	700	325.5	241.1	1386	4909	⌀25@200(受拉侧) ⌀25@200(受压侧)	0.70	0.02
明洞复合衬砌	拱脚	700	325.5	241.1	1386	4909	⌀25@200(受拉侧) ⌀25@200(受压侧)	0.70	0.02

4.3 隧道通风和救援防灾设计

4.3.1 防灾设计原则

马峦山隧道防灾以"预防为主,防消结合"为设计原则,并注重树立"大消防"理念,创建智能化综合防灾体系,隧道通风排烟、灭火技术、疏散通道设置、消防救援等协同配合,达到"防灾、减灾、救灾"的目的。

隧道防灾设计主要考虑防火灾,同一条隧道同一时间内按发生一次火灾考虑。综合防灾体系包括:疏散通道、车辆控制、消防给水及灭火设备、防排烟与事故通风、防灾通信、防灾用电与应急照明、火灾自动报警及消防联动系统。

4.3.2 建筑防火

(1)隧道主体结构的耐火等级为一级。
(2)车行横通道、人行横通道两端分别设置防火卷帘、甲级防火门。
(3)附属用房的防火等级不低于二级。

4.3.3 疏散通道及疏散标志

(1)正洞隧道间以车行横通道和人行横通道连通。
(2)人行横通道间距250~300m;车行横通道间距约500m,兼作人行横通道。
(3)疏散指示标志布置于双侧下方,间距50m。

4.3.4 车辆控制

(1)交通信息检测、指示、发布

车辆检测器布设在隧道内,实现隧道内的交通情况监测,为制订交通方案提供依据。高清视频摄像机布设间距为150m,主要用于监视交通状况,确认报警信息。

车道指示器布设在隧道内道路正上方,用于指示隧道内各车道交通,控制、指引车辆在隧道中的行车路径。

电子可变信息屏布设在隧道内和洞口,以图文形式向行驶车辆发布交通信息,起提醒、引导或告诫车辆通行的作用。

(2)防灾功能

完善高效的综合监控系统能够合理控制进入隧道内的车辆,并避免长距离交通阻滞和拥堵。通过车辆检测器、交通视频收集交通量、车型类别及比例、平均车速、饱和度等。根据检测到的交通流数据,通过管控中心中央计算机系统自动判断和预报可能发生的交通阻滞。通过场外设备向隧道内发出控制命令,诱导车辆按最佳方式行驶。

4.3.5 消防给水及灭火设备

本工程隧道消防系统包括洞内、外消防系统。洞内消防系统包括泡沫—水喷雾联用灭火系统、室内消火栓系统、配置灭火器,洞外消防系统包括设置室外消火栓及水泵接合器等。

(1)消防设备箱

消防设备箱是以灭火为目的的放水设备,要求既能喷水,也能喷泡沫,还可作为给水栓为消防人员进行灭火作业时供水。一般要求一个人就可操作,在构造和操作上必须简便易行。

箱内配备内衬胶麻质水龙带、水枪、单管双头双栓消火栓,每个消火栓须带有标准消防接口(可为消防车加水)。

消火栓箱设于隧道车行方向右侧装饰板内,每个消防配水管采用内外热镀锌钢管,卡箍连接。消防设备箱配水管与隧道内消防干管连接,为每个消防设备箱灭火时供水。

(2)隧道专用泡沫—水喷雾控制阀箱

每组泡沫—水喷雾系统设有1套隧道专用泡沫—水喷雾控制阀箱,每只箱内设有1只组合式雨淋阀,用以开启每组喷雾系统,同时并设两只信号蝶阀(为常开状态)、泡沫液比例混合器、泡沫液止回阀、泡沫液球阀、泡沫液电磁阀、排水球阀等。每组泡沫—水喷雾联用系统与相应的消防探测报警系统的分区一一对应,以使火灾发生后在中控室能直接发现着火点位置。

(3)灭火器箱

作为小规模初期火灾灭火工具,可采用扑灭 A、B、C 类和电器火灾的干粉灭火器,设置在隧道两侧装饰板内的消防设备箱及灭火器箱内。

(4)隧道专用泡沫水喷雾喷头

隧道专用泡沫水喷雾喷头,由远程喷头、接头和近程喷头组成。接头的一端连接远程喷头,另一端连接近程喷头。通过隧道专用泡沫—水喷雾喷头向隧道内喷洒泡沫水雾,雾化效果好,能有效扑灭隧道火灾。

(5)消防给水干管

左、右线隧道沿隧道车行方向右侧管沟中各敷设一路消防干管,通过隧道端头及两线隧道间的车行横通道敷设管道与消防干管相接,形成保障有力的供水管网。消防干管与山上消防水池通过球墨铸铁管相接供隧道消防用水。

左、右线隧道沿隧道车行方向左侧装饰板内各敷设一路水喷雾给水干管,用水由坪山、盐田端的山上消防水池供应,形成保障有力的供水管网。

(6)消防水池

在隧道坪山端洞口附近设三座山上水池,一座供隧道内消火栓用水,一座供隧道洞口室外消火栓用水,一座提供北段泡沫—水喷雾联用系统消防用水。在盐田端洞口附近山上同样设置两座消防水池,一座供南段泡沫—水喷雾联用系统消防用水,一座提供南端洞口附近的室外消防用水。消防水池高程根据各系统在设计流量下,保证最不利着火点所需水压计算,并根据实际地形情况确定消防水池设置位置。为确保洞内消防供水安全可靠,水池的出水管采用双管路。

4.3.6 防排烟与事故通风

(1)隧道火灾规模确定

火灾规模通常根据隧道内通行车辆的种类确定。本隧道为城市道路隧道,以客车为主。根据美国国家防火协会(NFPA)、国际道路协会隧道委员会(PIARC)的相关推荐值,以及国内以客运为主的城市道路隧道选用火灾规模的调查结果,设计选用 50MW 的火灾热释放率作为设计标准,其规模大约相当于两辆集装箱车碰撞着火。排烟风速取 4.5m/s。

(2)隧道防排烟方案选择

根据本隧道通风系统设置情况、隧道内防灾救援设施的设置及交通状况,分析阻塞工况下发生火灾的概率和人员疏散,设计采用纵向排烟方案。

在隧道发生火灾后,应首先降低隧道内的风速,防止火源迅速扩大;然后启动一定数量的射流风机和轴流风机,为隧道提供一定的纵向风速(略大于临界风速),使烟气顺车流方向流动。火灾点前方的车辆可以继续行驶顺利离开隧道;火灾点后方的车辆处于新风流中,可以安全撤离。隧道火灾通风及人员疏散典型示意图如图 4-28 所示。

4.3.7 防灾通信

(1)通信各子系统应具有监测维护功能,能及时发现故障,进行维护。

(2)隧道监控中心设置可以直拨"119"的防灾电话、监视器和控制键盘,供工作人员监视用。

(3)隧道通信系统的设计,应具备火灾时能迅速转换为防灾通信的功能。

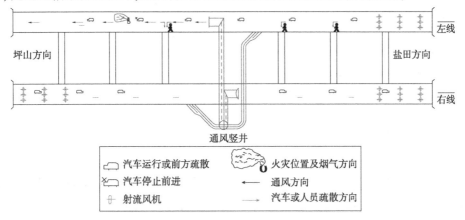

图4-28　隧道火灾通风及人员疏散典型示意图

4.3.8　防灾用电与应急照明

(1)防灾用电

与防灾有关的电力负荷,包括隧道应急照明、隧道交通工程电源、排烟风机、消防水泵等为一级负荷。

与防灾有关的设备的供电方式采用从变电所的两段母线分别馈出两路电源,在末端的配电箱自动切换。

所有电缆、电线均选用低烟、无卤、阻燃型,火灾时仍需运行的设备电源电线、电缆选用耐火型。

(2)应急照明

应急照明采用消防应急电源(EPS电源)供电,是当今重要建筑物中为了电力保障和消防安全而采用的一种应急电源。EPS正常电源由变电所两段不同母线供电,EPS蓄电池供电时间不小于3h。

在隧道内设置应急照明,应急照明作为正常照明的一部分,应急照明标准不低于基本段亮度的1/8,确保灾害情况下人员顺利安全疏散。隧道内每隔20m设置一套疏散指示灯,在车行横通道和人行横通道处设置出口指示灯。

(3)接地和防雷

配电系统均采用TN-S保护系统,所有配电设备及金属构件、支架的外露可导电部分、装置外可导电部分,均应与接地保护线(PE线)可靠连接。

隧道设置综合接地系统,利用结构主筋作为接地体,综合接地电阻不大于1Ω,如实测不足时,应在隧道外补打人工接地极。

4.3.9　火灾自动报警及消防联动系统

(1)火灾报警系统是隧道监控系统的一个重要子系统,它与其他子系统集成到中控系统,为其提供火灾信息。根据项目的特点,本隧道采用感温光纤加双波段火焰探测器的方式,并考虑结合感温光纤的温度信息,通过环境与设备监控对隧道内风机的启、停进行控制,以达到节能的目的。

(2)当火灾发生时,系统能及时反映出火灾的具体位置及联动以下相关设备:

①启动相应隧道风机模式。

②启动应急照明。

③启动相应的交通控制诱导系统模式。

④启动消防泵。

⑤将视频监控转入相应的火灾模式。

⑥启动应急广播。

4.3.10 火灾应急控制程序

隧道火灾预防贯彻"以防为主、防消结合"的原则,集中考虑人员的生命安全、财产保护及隧道使用的连续性三方面的防火安全设计要求。为了在火灾发生时及时联动相关系统,组织相关部门进行灾情救助,需要建立以下有效的火灾应急控制程序:

(1)当隧道内火灾探测器、手动报警按钮、紧急电话发出火灾报警信号时,闭路电视监视系统将监测画面自动切换至相应的摄像机监测区段进行火灾验证并录像,当确认发生火灾后,立即向管控中心"防灾救援办公室"报告火灾案情,请求执行火灾预案,得到授权后,监控中心值班人员立即执行相应的火灾预案,即隧道控制系统由正常情况下的系统控制方式转入相应火灾情况下的系统控制预案,进行通风、照明、交通监控系统联动控制。同时报告火警(119)、交警(110)、急救(120)等相关单位,并请求相关单位派专业人员到现场负责指挥、调度以及进行人员救援和火灾灭火工作,尽可能地在火灾形成前疏散出隧道内人员,并将火灾扑灭。

(2)关闭隧道及两端立交,禁止车辆继续驶入隧道,并发布火灾信息。

(3)开启风机,开启隧道内所有的照明系统,便于救火及人员的疏散。

(4)非火灾隧道车道控制器改为双向交通模式。

(5)开启上游所有人行及车行横通道防火门。

(6)广播系统进行广播,引导人员进行疏散。

(7)组织相关人员进行灭火控制火势,等待专业消防队进行灭火。

(8)灭火后,由交警等部门进行现场勘察。

隧道救援执行流程如图4-29所示。

4.3.11 交通事故应急控制程序

当道路设施发出事故报警信号时,交通视频监控系统将大屏幕画面自动切换至相应的摄像机实时视频画面,并进行录像,确认发生重大紧急事故后,启动该程序。

控制流程如下:

(1)监控中心值班人员向"防灾救援办公室"报告,得到授权后启用预案,进行通风、照明、广播、交通监控系统联动控制。

(2)系统自动告警交警110、急救120等相关单位,请求专业人员紧急支援。

(3)事故点云平台摄像机跟踪事故现场,控制室大屏幕自动切换至事故点云平台摄像机采集的视频,提供第一手信息。

(4)关闭隧道及两端立交,禁止车辆继续驶入隧道。
(5)开启隧道入口处紧急掉头通道,隧道前信号灯亮左转"<--"信号灯;对侧道路内侧通道指示灯亮红色"X"。
(6)隧道口电子可变信息系统自动发布警示信息,禁止车辆通行。
(7)事故侧道路所有电子诱导信息板以图文形式发布警示信息,禁止车辆通行。
(8)其他专业配合机制。
(9)尽可能地控制事故现场,并疏散出隧道内人员。

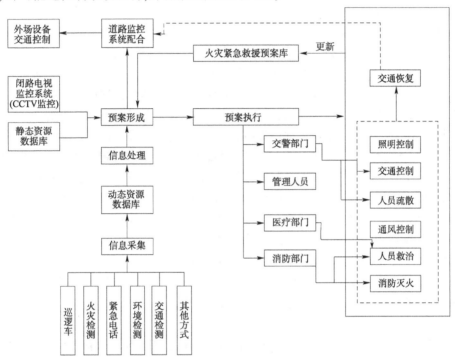

图 4-29　隧道救援执行流程

4.3.12　防灾救援管理

(1)管控中心设防灾救援办公室,配置专门人员值班,负责防灾救援的指挥调度。
(2)防灾救援办公室设紧急电话和广播系统。
(3)隧道消防组织方案。
考虑到隧道内发生火灾的情况一般为汽车自燃或者汽车碰撞起火燃烧,具有火势大、蔓延快的特点,消防组织方案如下。
隧道的消防组织由三个梯队构成,见表4-5。

隧道消防组织　　　　　　　　　表4-5

梯　队	救　援	优　点	缺　点
第一梯队	司机、乘客	第一时间	不熟悉消防设备,限扑救小型火灾

续上表

梯 队	救 援	优 点	缺 点
第二梯队	管控中心救援	3~5min到达,比较熟练使用灭火设备	缺乏实战经验和专业技能,难以处理复杂灾情
第三梯队	附近专业消防队	装备齐全、专业技能,可以处理复杂灾情	10~15min到达

第一梯队:由隧道公众组成,包括司机及乘客。利用隧道的水成膜泡沫枪及干粉灭火器,第一时间对小型火灾进行扑救。

第二梯队:管控中心的消防值班人员。他们将在火灾发生一段时间后到达现场,具有专门的灭火技能,能熟练使用灭火设备。该消防队可在隧道洞口两端总共配备四辆三轮消防摩托车及6~8名消防值班人员。消防摩托车内可配置泡沫灭火器、泡沫罐、泡沫水枪、消防水龙带、防毒面具、防火服等。当接到火警后,值班消防人员立刻报告市内消防指挥中心,并从洞口立刻驱车前往火灾发生地点,进行人员疏散、交通管制、控火、扑救,同时等待就近的消防支队支援扑救。

第三梯队:附近的专业消防队。他们设备齐全,是灭火的最强力量,但往往是三个梯队中最后一个到达现场,因此需及时通知他们。第三梯队要求在接到火灾报警后的8min内到达火灾现场(坪山端洞口10km范围内有深圳市公安局消防支队坪山大队、深圳市公安消防特勤大队二中队,盐田端洞口10km范围内有深圳市消防公安分局盐田大队,到达火场的时间不能满足要求)。

除灭火力量组织外,还需组织救护力量。在坪山端洞口附近有坪山医院,盐田端洞口附近有梅沙医院,均能在10~15min到达火灾现场,参与救援。

(4)关于"隧道两端设置专业消防队或应急消防队"的建议。

分析:隧道洞口与立交相连,道路情况比较复杂,且经调查离隧道最近的消防队到达着火点用时为10~15min,而火灾救援黄金时间在8min以内。

建议:

①在洞口附近设专业消防队或应急消防队,确保在短时间内到达着火点救援。可以简化自动灭火系统。

②专业消防队或应急消防队可以同时负责马峦山隧道和南坪三期大山陂隧道群的救援。

类似工程对照见表4-6。

类似工程对照表　　　　表4-6

工程名称	车辆管理	专业消防队	自动灭火
青岛胶州湾隧道工程	仅通行客车,禁止货车、危险品车辆通行	两端驻有消防中队	未设置
秦岭终南山隧道工程	危险品车辆通行,须由管理中心指引消防车跟随	两端驻有消防大队,中部设摩托车救援	自动喷水(简化)

4.4 隧道通风设计

4.4.1 通风方式的选择

本隧道左、右线封闭段分别长7899m、7900m,属于一类隧道,根据《建筑设计防火规范》

（GB 50016—2014），本隧道需设置机械排烟。根据《公路隧道通风照明设计规范》（JTJ 026.1—1999），本隧道需设置机械通风。

(1) 隧道排烟方案比选

隧道排烟分横向排烟和纵向排烟两种方式。采用横向排烟，对火灾区域的控制性好，人员疏散有利。但需在主隧道内设置排烟风道，增加土建造价，本工程采用横向排烟时需在主隧道内设置 $11m^2$ 的排烟风道；采用纵向排烟时，可利用主隧道断面进行排烟，但烟气流经距离不宜过长，否则会对人员疏散造成不利影响。专用排烟道隧道断面对比示意图如图 4-30 所示。

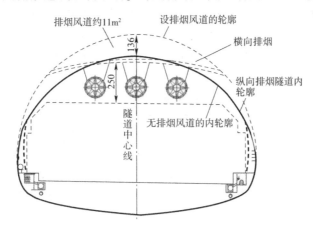

图 4-30　专用排烟道隧道断面对比示意图(尺寸单位：cm)

采用横向排烟时，由于设置专用排烟风道会使隧道内轮廓断面积增加 16.6%，内轮廓周长增加 5.6%，土建费用比纵向排烟增加约 10%（约 2.5 亿元）。

四种排烟方案的对比见表 4-7。

隧道排烟方案对比表　　　　　　表 4-7

方案序号	方案名称	土建费用	排烟效果	工程实例
1	全纵向排烟	隧道通风断面 $92.3m^2$，费用低	一般受长度限制	分界梁隧道（长度5070.5m）、彩虹岭隧道（长度5068m）
2	分段纵向排烟	隧道通风断面 $92.3m^2$，增加竖井面积 $20m^2$ 及风道，费用比方案1高	一般不受长度限制	秦岭终南山隧道（长度18020m）、龙潭隧道（长度8657m）、胶州湾海底隧道（长度7800m）
3	半横向排烟	隧道断面 $100m^2$，增加主隧道断面积 11%，费用比方案2高	比方案1、2好	上海长江隧道（长度8000m）
4	全横向排烟	隧道断面 $110m^2$，增加主隧道断面积 22%，费用比方案3高	比方案3好	特长隧道无应用

本隧道属于特长城市隧道，作为坪山连接深圳市区之间的主要交通道路，车流密度大，发生火灾的危害性大。采用全纵向排烟模式，使隧道内烟气流经距离长，人员及车辆疏散不利，

防灾效果差,对隧道破坏范围大。为缩短火灾烟气的影响范围,减少危害,结合隧道顶部山体高程相对低点以及山顶道路情况,设置中间通风竖井。使隧道内排烟距离不超过5km,最大限度减少火灾的危害范围。

综上所述,本工程推荐采用分段纵向排烟模式。

(2)隧道通风方案比选

①隧道远期需风量:左线923m³/s,右线791m³/s。

②隧道远期洞内设计风速:左线10.2m/s,右线8.6m/s。

隧道主洞内风速接近或超过了《公路隧道通风照明设计规范》(JTJ 026.1—1999)关于"单向交通隧道设计风速不宜大于10m/s"的规定,故不宜采用全射流纵向通风。

因此本隧道的通风方式可设置分段纵向式(即竖井送排式纵向式)、横向式和半横向式三种模式。三种通风方案的对比见表4-8。

隧道通风方案对比表　　　　表4-8

方案序号	方案名称	土建费用	设备费用	空气质量	运营费用
1	分段纵向通风	低	少	合格	低
2	半横向通风	比方案1高,增加主隧道断面30m²	比方案1多	比方案1好	比方案1高
3	全横向通风	比方案1高,增加主隧道断面60m²	比方案2多	比方案2好	比方案2高

根据表中3种通风方式分析,半横向通风与全横向通风这两种通风方式能有效控制隧道空气质量,但其土建费用较纵向式通风高出30%~60%,造价昂贵。同时根据调研,近20年来,国内特长公路隧道主要为分段纵向式通风。

综上所述,本工程推荐采用分段纵向通风模式。

(3)通风排烟方案选择

通过上述分析,并根据本隧道的施工特点,综合考虑造价、安全、运营费用等因素。本工程推荐采用分段纵向通风、排烟方案。

4.4.2 通风排烟方案设计

《公路隧道通风照明设计规范》(JTJ 026.1—1999)第4.1.5条规定:当采用通风井送排风纵向通风且隧道长度5000m<L≤8000m时,可设置一座通风井。根据隧道上方区域内的土地权属、房屋建筑、环境保护及现有道路情况,并结合隧道长度,于隧道YK6+600处设置1座中间通风竖井,如图4-31所示。

(1)通风参数计算

隧道通风量是计算稀释车辆在隧道内排出的CO和烟雾达到允许浓度的需风量,同时考虑隧道内的换气频率及换气风速,选其中最大值作为隧道设计通风量。火灾时应保证隧道内风速大于临界风速且不宜过高。

隧道于YK6+600处设置1座中间竖井,将左、右线隧道各分为两段,左线长度为4010m、

3889m,右线长度为4015m、3885m。计算结果见表4-9。

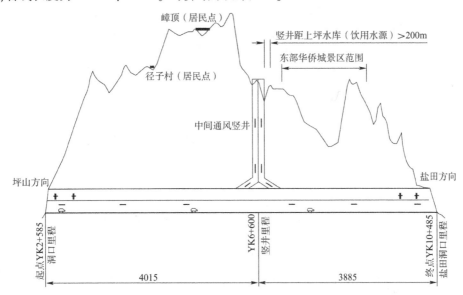

图4-31 中间通风竖井示意图(尺寸单位:m)

隧道通风参数计算结果表　　　　表4-9

项　目	右　　线		左　　线	
通风区段	通风区段1	通风区段2	通风区段1	通风区段2
长度(m)	4015	3885	3889	4010
需风量(m³/s)	550	340	547	517
隧道设计风量(m³/s)	600	403	600	592
隧道设计风速(m/s)	6.5	4.4	6.5	6.4
排烟风量(m³/s)	325	325	325	325
竖井排风量(m³/s)	550		547	
竖井送风量(m³/s)	353		538	
竖井设计风速(m/s)	14		14	

计算结果表明,洞内控制风速较为合理,满足《公路隧道通风设计细则》(JTG/T D70/2-02—2014)要求;只设一处中间通风竖井,土建投资少,便于实施。

隧道需风量计算见表4-10、表4-11。

左线隧道需风量计算表　　　　表4-10

交通工况	特征年份	设计车速(km/h)	按CO浓度计算的需风量 Q_{co}(m³/s)	按不同车速烟尘浓度计算的需风量 Q_{vi}(m³/s)
正常	2020	80	160.6	568.8
		60	213.0	441.4
		55	234.3	485.5
		40	319.5	492.2

续上表

交通工况	特征年份	设计车速(km/h)	按CO浓度计算的需风量 Q_{co} (m³/s)	按不同车速烟尘浓度计算的需风量 Q_{vi}(m³/s)
正常	2040	80	280.0	913.3
		60	371.5	708.6
		55	408.6	779.5
		40	557.2	790.2
阻塞	2020	10	365.5	574.8
	2040	10	637.3	922.8
火灾				50MW 临界风速 4.5m/s 条件下 415.4
换气				3次/h,606.5

右线隧道需风量计算表 表4-11

交通工况	特征年份	设计车速(km/h)	按CO浓度计算的需风量 Q_{co} (m³/s)	按不同车速烟尘浓度计算的需风量 Q_{vi}(m³/s)
正常	2020	80	160.2	383.1
		60	213.0	346.1
		55	234.3	380.7
		40	319.5	412.6
	2040	80	280.0	615.1
		60	371.5	555.7
		55	408.6	611.3
		40	557.2	662.4
阻塞	2020	10	365.4	492.3
	2040	10	637.3	790.3
火灾				50MW 临界风速 4.5m/s 条件下 415.4
换气				3次/h,606.5

从目前全国已投入运营公路隧道运营状况来看,长大隧道内均设有完善的交通监控系统,当隧道内出现交通阻滞时,完全可以通过交通管制来限制进洞车辆数。本设计阻滞工况时,采用1km阻滞长度设置通风系统。

根据《城市道路工程设计规范》(CJJ 37—2012)中关于快速路服务水平分级,本隧道远期服务水平可以达到三级,车速≥55km/h。由于隧道担负疏港交通,集装箱货柜车比重大。综合考虑,隧道发生交通阻滞时,需风量按阻滞段平均车速为10km/h,非阻滞段平均车速为40km/h计算。隧道近期与远期需风量计算见表4-12。

隧道近期与远期需风量计算　　　　　表4-12

项　目	近期需风量(m³/s)	远期需风量(m³/s)
线路左线	606.5	922.8
线路右线	606.5	790.3

(2)风井、机房

通风竖井距离上坪水库库尾约300m,距离私家住宅约700m,所处地势海拔高度比现状混凝土道路低约70m。总体满足对周边环境的距离要求,可在现状混凝土道路东侧修建约1300m管养便道,如图4-32所示。

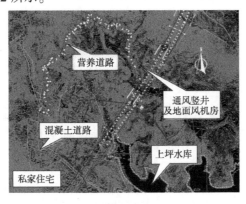

图4-32　通风竖井周边位置示意图

对于风机房的位置,有地面风机房和地下风机房两种方案。从工程造价、施工安全、管养便利等方面对两个方案进行综合比较,比选出最佳方案。比选情况见图4-33、表4-13、表4-14。

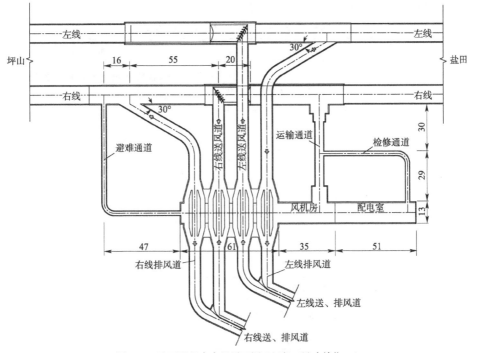

图4-33　地下风机房布置平面图(比选)(尺寸单位:m)

地面风机房与地下风机房方案经济比选表 表 4-13

项　目	地面风机房	地下风机房	建安费差价(万元)
道路	管养道路长 1300m、宽 4.5m； 混凝土路面厚 24cm； 建安费 651 万元	施工便道长 1300m、宽 3m； 简易路面； 建安费 300 万元	+351
地面场平	面积 80m×50m； 建安费 20 万元	面积 30m×30m； 建安费 1.5 万元	+18.5
风机房	地面建筑面积 1800m²； 建安费 468 万元	矿山法面积 2190m²； 建安费 2000 万元	-1532
变电所	地面建筑面积 695m²； 建安费 180 万元	矿山法面积 666m²； 建安费 594 万元	-414
管廊	增加强弱电缆管廊 220m； 建安费 330 万元	无	+330
运输通道、 避难通道、 检修通道	无	避难通道长 114m、宽 2.5m，建安费 171 万元； 运输通道长 72m、宽 5.0m，建安费 288 万元； 检修通道长 82m、宽 2.5m，建安费 123 万元	-582
以上建安费合计	1649 万元	3478 万元	-1828

注：建筑安装工程费简称建安费。

地面风机房与地下风机房方案综合比选表 表 4-14

项　目	地面风机房	地下风机房
适用条件	竖井口附近地面交通较方便，气象条件较好	竖井口附近地面交通不便，气象条件差，而竖井底附近地质条件较好
风道	简单	增加大断面风机房、地下配电房，及相应的搬运通道、避难通道等
土建造价	小	增加 1828 万元
施工难度	小	较大
施工风险	很小	较大，若井底地质条件比预估的差，将给施工带来较大困难
防潮、防尘	无要求	须专门除尘
设备安全	风机距离火场远，排烟气流温度低	风机距离火场近，排烟气流温度高
管养	增加强、弱电管廊；管控中心至地面风机房距离远	管控中心至地下风机房距离近，方便
结果	推荐	—

中间竖井风机房设置在地下时,供电、管理方便,但增加了暗挖设备房面积及其他附属通道的工程量,土建费用高,风道复杂,实施难度大。

中间竖井风机房设置在地上时,机房周边地面有现状道路,且路况良好,方便风机房设备及人员进出;风机房选址避开东部华侨城红线,对周边的规划无影响;并距上坪水库库尾区域较远,对环境影响较小。

综合比较,推荐采用地面风机房。风井连接风道示意图及地面风机房平面示意图分别如图4-34、图4-35所示。

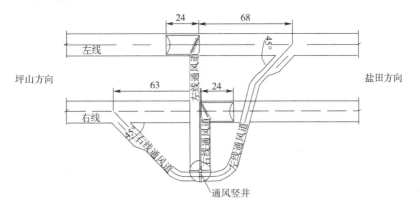

图4-34 风井连接风道示意图(尺寸单位:m)

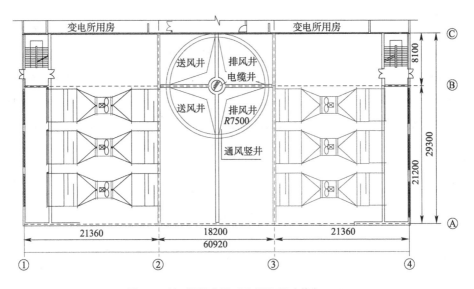

图4-35 地面风机房平面示意图(尺寸单位:mm)

机房采用双层布置,每层布置6台大型轴流风机,为防止送、排风口短路,将轴流送、排风机分别布置在通风竖井两侧。并在每层设置起吊装置,为设备前期安装、后期运营维护提供条件。

(3)设备选型

根据计算,中间竖井负担隧道正常运营、阻塞、火灾工况,安装轴流风机12台。盐田端左、右线隧道洞口通风区段分别安装射流风机27台、15台,辅助隧道升压;坪山端左、右线隧道洞口通风区段分别安装射流风机27台、15台,辅助隧道升压。射流风机每3台为一组,距洞口100m处开始布置,间隔180m,射流风机直接悬挂在隧道顶部,构成串、并联运行。

轴流排烟风机在火灾情况下满足250℃/h运行的要求。射流风机采用具有消音装置的隧道专用可逆射流风机,在火灾情况下满足250℃/h运行的要求。设备参数见表4-15。

通风设备参数表 表4-15

序号	隧道位置	名称	设备型号	设备规格	单位	数量	备注
1	地面风机房	右线轴流送风机	DTF-26-8P	风量:130m³/s 风压:1550Pa 功率:280kW	台	3	并联、变频 一级负荷
2	地面风机房	右线轴流排风机	DTF-28-8P	风量:200m³/s 风压:1050Pa 功率:400kW	台	3	耐高温250℃1h 并联、变频 一级负荷
3	地面风机房	左线轴流送风机	DTF-28-8P	风量:200m³/s 风压:1900Pa 功率:560kW	台	3	并联、变频 一级负荷
4	地面风机房	左线轴流排风机	DTF-28-8P	风量:200m³/s 风压:1050Pa 功率:400kW	台	3	耐高温250℃1h 并联、变频 一级负荷
5	左线坪山洞口隧道区域	射流风机		叶轮直径:1250mm 出口风速:30.3m/s 推力:1335N 功率:37kW	台	27	每组3台,每组间距180m 一级负荷
6	左线盐田洞口隧道区域	射流风机		叶轮直径:1250mm 出口风速:30.3m/s 推力:1335N 功率:37kW	台	27	每组3台,每组间距180m 一级负荷
7	右线坪山洞口隧道区域	射流风机		叶轮直径:1250mm 出口风速:30.3m/s 推力:1335N 功率:37kW	台	15	每组3台,每组间距180m 一级负荷
8	右线盐田洞口隧道区域	射流风机		叶轮直径:1250mm 出口风速:30.3m/s 推力:1335N 功率:37kW	台	15	每组3台,每组间距180m 一级负荷
9	地面风机房	电动组合风阀		尺寸:6000×5000 功率:1.1kW	台	9	宽(mm)×高(mm) 一级负荷

续上表

序号	隧道位置	名称	设备型号	设备规格	单位	数量	备注
10	地面风机房	电动组合风阀		尺寸:5000×5000 功率:1.1kW	台	3	宽(mm)×高(mm) 一级负荷
11	地面风机房	消声器		尺寸:5000×6500×3000	台	18	宽(mm)×高(mm)×长(mm)
12	地面风机房	消声器		尺寸:5000×4500×3000	台	6	宽(mm)×高(mm)×长(mm)
13	地面风机房	电动单梁桥式起重机		起重量:5t 跨度:20m	台	4	地面操纵

4.4.3 通风工艺控制

隧道通风工艺控制按正常、阻滞和火灾三种工况分别设计。

(1)正常工况。隧道在设计速度状况下运营时,其交通风力可以满足隧道CO浓度、烟雾浓度、排除异味的换气次数要求。

(2)阻滞工况。该工况下,交通风力几近于零,甚至是负值,根据监测隧道内CO、烟雾浓度的情况优先开启射流风机,采用全纵向通风;当无法满足隧道内空气设计值时再开启轴流风机,采用分段纵向通风,以满足隧道CO浓度、烟雾浓度、排除异味的换气次数要求。

(3)火灾工况。根据火灾发生位置,确定启动轴流风机、射流风机的位置及台数;确定排烟模式,达到排出隧道内烟气的目的。

4.4.4 水喷雾系统

水喷雾系统具备的功能:降温、除尘、减排、改善驾乘环境。

(1)本隧道交通量大,大型车、柴油车比例高,隧道水喷雾降温系统可除尘、减排、改善驾乘环境。

(2)隧道内温升达到42~45℃,应考虑排除余热。考虑到围岩蓄热、阻滞工况温升幅度、超出温度控制值的范围(42~45℃)等因素,有必要设置水喷雾降温系统。

隧道降温可采用冷风降温、通风降温、水喷雾降温等方式。

冷风降温:需设置制冷机房并设在隧道内,降温系统初投资及运行费用高。

通风降温:排除隧道余热的需风量,远超过隧道阻塞时稀释烟雾的需风量,致使运行费用增加。本隧道采用全纵向通风满足CO浓度、烟雾浓度、排除异味的换气次数要求,但无法满足隧道降温的需风量要求,会导致隧道内风速超标,只能采用分段纵向通风。

水喷雾降温:隧道内的热空气与水雾直接接触,利用水汽化潜热量大的特点,进行有效降温。

隧道降温方案比较见表4-16。

隧道降温方案对比表 表 4-16

方案名称	水喷雾降温	通风降温	冷风降温
设备	水泵及辅材	轴流风机	制冷机及末端
总装机容量(kW)	单独设置 220	与通风系统合用 4920	单独设置 6000
年运行电量(万 kW·h)	8	179	800

采用分段纵向通风,隧道温度能满足设计要求,但根据已建成隧道的考察,发现运行费用高,主要的原因是大功率轴流风机的耗电量大。因此从降低运营费用、减少能耗角度考虑设置隧道降温系统,在运营期间减少轴流风机的开启。

通过表 4-16 中比较可知,采用水喷雾降温,系统投资及运行费用低,经济可行,因此本工程推荐采用水喷雾降温方案。

本隧道控制温度按 42℃计算,单洞隧道需要喷水量 331L/min。单洞隧道内间隔设置 3 段(Ⅰ段、Ⅱ段、Ⅲ段),分别为 15 组、12 组、9 组喷头,共 36 个喷雾断面,喷雾断面间距暂定 90m,每断面 5 个喷嘴。水喷雾降温泵房与消防泵房合建,两端洞口分别设置 1 个。

水喷雾降温系统根据隧道内监测温湿度数据进行自动控制,降温系统参数见表 4-17。

水喷雾降温系统设备材料参数表 表 4-17

序号	隧道位置	设备及材料名称	型号及规格	单位	数量	备注
1	洞口泵房	变频水喷雾泵组	高压泵:5 台(4 用 1 备);总流量:331L/min;压力:16MPa;单台功率:20kW	套	2	含泵、水箱、机架球阀、过滤器、电磁阀等阀配件
2	洞口泵房	水喷雾变频控制柜		套	2	
3	隧道内	水喷雾喷嘴	流量:1.75L/min;精度:60μm;压力:10MPa	只	372	SUS304
4	隧道内	喷嘴专用接头	管径:DN8;压力:16MPa	台	360	SUS316
5	隧道内	区域控制阀箱	管径:DN25	只	24	宽(550mm)×高(900mm)×厚(280mm)
6	隧道内	区域阀组高压电磁阀	管径:DN25	台	25	SUS316
7	隧道内	区域阀组高压球阀	管径:DN25;压力:16MPa	台	25	SUS316
8	隧道内	区域阀组防震径向压力表	量程 0~25MPa;Y60,25MPa	台	48	精度≥1.5 级
9	隧道内	区域阀组压力开关	最大工作压力 15MPa,动作压力 0.2MPa	台	24	
10	隧道内	压力传感器	普通输出信号 4~20mA,响应时间<4ms,供电电压 10~30V(直流电),电流限制 28mA	套	4	最大工作压力 25MPa

续上表

序号	隧道位置	设备及材料名称	型号及规格	单位	数量	备注
11	洞口泵房	过滤器	DN25,16MPa,80目/in	只	24	不锈钢材质,不锈钢滤网
12	洞口泵房	水处理设备	处理水量:22m³/h;过滤精度:1μm;功率:6kW	套	2	组合件
13	隧道内	法兰高压不锈钢球阀	管径:DN50;压力:16MPa	个	20	SUS316
14	隧道内	金属软管	管径:DN50;压力:16MPa;长≥1m,法兰连接	根	100	SUS316
15	隧道内	系统放开阀	管径:DN25;压力:16MPa	个	2	SUS316
16	隧道内	高压排气阀	管径:DN25;压力:16MPa	个	10	SUS316
17	隧道内	高压法兰	管径:DN50;压力:16MPa	个	300	SUS316
18	隧道内	高压法兰	管径:DN40;压力:16MPa	个	300	SUS316
19	隧道内	不锈钢无缝钢管	管径:DN80;压力:16MPa	m	4000	SUS316
20	隧道内	不锈钢无缝钢管	管径:DN65;压力:16MPa	m	8000	SUS316
21	隧道内	不锈钢无缝钢管	管径:DN50;压力:16MPa	m	3000	SUS316
22	隧道内	不锈钢无缝钢管	管径:DN40;压力:16MPa	m	2000	SUS316
23	隧道内	不锈钢无缝钢管	管径:DN32;压力:16MPa	m	2000	SUS316
24	隧道内	不锈钢无缝钢管	管径:DN25;压力:16MPa	m	1000	SUS316
25	隧道内	不锈钢无缝钢管	管径:DN15;压力:16MPa	m	1000	SUS316

注:1in = 0.0254m。

4.4.5 洞内变电所通风空调

隧道洞内沿线共设7座横洞式变电所,变电所包括高压开关柜室、低压开关柜室、控制室,单个变电所内供配电设备发热量在35~50kW之间。为保证设备正常工作温度和事故工况通风要求,变电所内应设置机械通风装置,见表4-18、表4-19。

变电所各类房间设计标准 表4-18

序号	房间名称	环境参数	设计标准
1	控制室	温度	26~28℃(夏季),18~20℃(冬季)
		相对湿度	不大于70%
2	高压开关柜室	温度	-5~+40℃
		相对湿度	日平均值不大于95%
3	低压开关柜室	温度	-5~+40℃
		相对湿度	日平均值不大于95%

变电所各类房间的通风空调措施   表 4-19

序号	房间名称	通风空调措施	设备
1	控制室	空调冷风降温	直接蒸发式空调器
2	高压开关柜室	通风降温	轴流风机
3	低压开关柜室	通风降温	轴流风机

风管、出风口应避免布置在变电所设备的上方,由于洞内变电所与人行横通道合建,通道与隧道间有防火门,控制室内空调器的散热会使人行通道温度升高,因此,人行横通道也设置机械通风。

4.5 隧道防排水设计

隧道防排水遵循"防、排、截、堵相结合,因地制宜,综合治理"的原则,隧道内按地下水和运营清洗废水、消防废水分离排放的原则设计排水系统,达到防水可靠、排水通畅、经济合理、施工方便的目的。

隧道主体结构防水等级为二级,设计要达到以下标准:洞内衬砌无渗透漏水,安装设备的孔眼不渗水,洞内路面不渗水、不积水。

(1) 防水措施:在初期支护与衬砌之间沿隧道全长范围铺设防水层防水;模注衬砌采用防水混凝土自防水;环向、纵向施工缝采用止水胶条防水;变形缝设中置式橡胶止水带防水;二次衬砌预留注浆孔进行二次注浆,确保初期支护与衬砌间密贴。

(2) 排水措施:沿隧道环向设软式透水管,沿隧道两侧墙底设纵向软式透水管,环向盲管与纵向盲管连通,渗漏水由横向聚氯乙烯管(PVC 管)排入洞内盲沟;洞内路面设 1.5% 的横向坡,在路面两侧的路缘带下设纵向排水钢管,以排除路面的清洗废水和消防废水。

4.6 隧道景观设计

1) 设计原则

(1) 整体性:注重景观规划设计的整体性,总体上简洁明快,局部设计在遵循整体风格统一的基础上求变化。

(2) 舒适性:遵循"以人为本"的现代设计理念,整体上采用大色块的设计手法,减少跳跃感;细部处理则提供适宜人体尺度、丰富的景观层次,并配合材质和形式的变化。

(3) 适用性:景观设计需与周边环境相结合,使之融入当地的环境中,使道路环境不仅可观且可使用。

(4) 空间感:根据现有的地域形态,配合竖向多层次的景观元素,塑造道路环境的多元空间感。

(5) 视觉化:充分运用景观设计的各类元素,在构图、材料、质感、植物形态及色彩、平面等各个方面相配合,强化建筑和道路的视觉美感。

2) 设计内容

在方案设计的基础上,进行坪山端与盐田端 2 个洞口及洞内 4 个景观段的景观初步设计。

设计图纸略。

3) 隧道口景观设计说明

隧道洞口景观作为室外与室内的转换,作为隧道的标志,在景观处理上具有很重要的识别性与标志性。

功能方面,因隧道长车速快,为缓解驾驶员进出洞口时视觉上对明暗环境突然转变的不适应,一般有两种处理手法:其一是在洞口内部靠近出口的位置加强人工照明,其二是在洞口外部设置减光棚。因此洞口景观设计有两种设计方向与趋势。

本设计采用常规简约的"削竹式"处理,将洞口范围绿化景观设计与园林绿化融合。"削竹式"洞门简洁、明快,力线清晰。相比之下,繁冗复杂的洞口减光棚如修建在洞口外的狭小空间内,不但达不到景观效果,还会在功能上遮蔽驾驶员的视线范围,影响行车。坪山端及盐田端洞口景观效果如图 4-36、图 4-37 所示。

图 4-36　坪山端洞口景观效果图

图 4-37　盐田端洞口景观效果图

国内外已建山岭隧道案例(图 4-38、图 4-39)中,隧道口景观处理基本采用较为简洁的"削竹式"处理方式,简约大气。

图 4-38　日本某公路隧道口景观

图 4-39　我国秦岭终南山公路隧道口景观

综上所述,洞口本身做常规简约的"削竹式"处理,将洞口范围绿化景观设计与园林绿化融合,应作为优先选择。

4.7　隧道管理用房设计

1) 管控中心总平面设计

(1) 总体布置

马峦山隧道坪山端洞口外为隧道施工的弃渣场地。管控中心布置在该废渣区内,基本避开了高压电缆下方和隧道洞口废气集中排放的影响范围。

通过对场地的解读与分析，规划将用地划分为办公区、后勤服务生活用地、抢险材料器械服务用地、抢修停车场及消防维修车辆用地等。按照其相互间的空间组合、功能属性、组织结构，对管控中心设施进行总体布置。

现用一体化设计理念将综合楼与宿舍区密切联系在一起，无缝连接。一层与二层均可快速到达办公区域，使建筑的使用效率最大化。

(2)主要建筑

主要建筑包括综合楼、宿舍楼及平台与廊道、保安亭等。

综合楼：建筑单体分为三部分，其中南向端头部分为监控中心及防灾救援指挥沙盘区，共两层。主体部分分为四层，一层为核心设备用房及抢险用小件材料库房，二层为监控中心的专用设备用房及专业维修管理人员办公用房，三层及四层为管理办公用房，总建筑面积为$4209.65m^2$，总占地面积为$1408.05m^2$。

宿舍楼：按128人需求设计，建筑单体由两部分组成，其中职工食堂为一层布置，职工宿舍南北布置为两层。总建筑面积为$1256.04m^2$，其中宿舍$765.21m^2$，食堂$490.83m^2$。

(3)用地规模及总体布局

①综合楼建筑总占地面积为$1408.05m^2$。

②宿舍楼总占地面积为$1007.21m^2$。

③根据马峦山隧道的消防与管理要求，需配备专用消防摩托车4辆，抢险车4辆，工程指挥车1辆，冲洗车1辆，警车3辆，拖车2辆，高架维修车3辆，办公车2辆，共计20辆；另外需要满足6台轴流分机的停放场地1处。

④消防车及工程检修车辆停车场及大型设备存放场地用地面积为$2040.75m^2$。

⑤消防车道与广场占地面积$5375.86m^2$。

⑥文体运动占地面积$608.00m^2$。

⑦职工配套车辆按128人配25个车位。停车位占地面积$519.50m^2$。

⑧砂石、水泥等抢险材料堆放场地$1159.7m^2$。

根据规划要求绿地面积要大于或等于总用地面积的30%，即$4482.58m^2$，扣除屋顶绿化面积$1659.70m^2$，地面绿化用地面积为$2822.88m^2$。上述用地面积合计为$14941.94m^2$。

综合楼设在用地南面，宿舍与食堂设在用地北面，形成一个围合的空间形态。在用地东侧设有一个双车道主出入口，南侧设有一个双车道出入口，围绕建筑红线设环形消防道路与外部道路相连，消防道路宽7m，车辆流线顺畅。

景观绿化采用公共绿化与独立绿化相结合的布置方式，充分利用用地中的空间，以玻璃材料将建筑与场地融合在一起，有效提升办公建筑的环境；并设置屋顶绿化降低能耗，推行绿色环保建筑。

2)建筑设计

本项目为一个现代化办公建筑，具有其独特性与唯一性，所以南面办公区立面设计以现代设计风格为主，强调体块形体的穿插，体块虚实对比。一层为实面的设备用房，2～4层为休息与办公区，以虚面双层玻璃幕为主。位于东面的管控中心为一个独立的竖条窗实面形象，空间设计以一体化为设计理念，通过廊道、平台可最快地到达目的地，体现现代社会快与捷的人性化设计。设计中强调人在场所中的重要性，提供了多处可休息、娱乐的屋顶花园与空中平台。

宿舍为两层的建筑，靠近入口广场的南面有一个3m宽的景观楼梯直通2楼，与办公区遥相呼应，以休闲、快捷、轻松的理念进行建设，一层以外走廊与食堂相连，食堂又通过桥与办公区相连。宿舍2层与食堂屋面有0.9m的高差，通过楼梯解决高差直通食堂屋面，充分发挥食堂屋顶的空间，最大化地利用屋面空间与周边的景色，将宿舍、食堂、办公区连为一体。宿舍立面材料主要以涂料为主。

食堂为宿舍与办公区的桥梁及对话的平台，同样为整个规划区的中心，将宿舍与办公区紧密地联系在一起。立面处理手法东面内广场区以大面积的玻璃幕为主，西面考虑西晒以竖条窗为主，形成很好的空间对比。

第5章 竖井设计技术

5.1 竖井工程概况

1) 工程简介

马峦山隧道通风设计采用分段纵向通风排烟方式,在靠近隧道中部设置一座双洞共用通风竖井,山顶设有风机房。隧道竖井布置如图5-1所示。

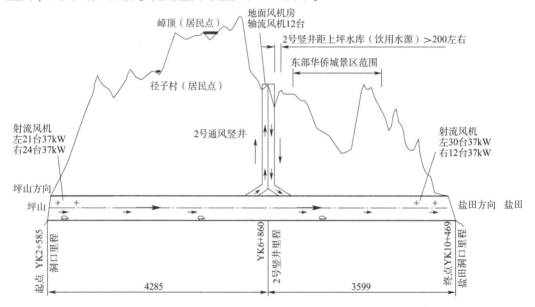

图5-1 马峦山隧道通风竖井布置示意图(尺寸单位:m)

马峦山隧道通风竖井深194m、内径为15m,竖井内用十字形中隔墙分为四个仓,分别为隧道左、右线的2个送风道、2个排风道,竖井中心设1个电缆井,作为隧道供电电缆敷设通道。竖井内部结构布置如图5-2所示。排风道及电缆井通过5条通道与隧道主洞连通。

2) 地质勘察情况

根据设计方案在上坪水库以北约400m处,线路里程YK6+580~YK6+620段线路西侧(右线线位上)设置通风竖井(风机房),深约194m,开挖直径约16.7m。

根据《坪盐通道工程勘察(第一标段)详勘阶段岩土工程勘察实施大纲》,在本阶段针对竖井布置钻孔PY2-SD-40,地面高程约为271m,现场地势缓坡状,地表植被较发育。根据钻探揭露该段主要地层为地表植物层0.0~2.0m,强风化花岗岩2.0~25.0m,中等风化花岗岩25~35m,微风化花岗岩35~196.45m,其中71.0~91.0m为构造破碎带(受附近断裂带F8影响)。

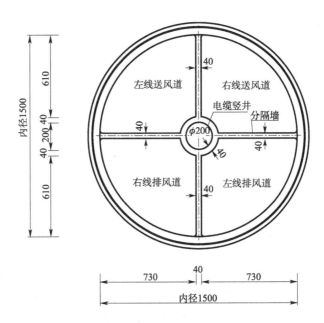

图 5-2　马峦山隧道通风竖井横剖面图(尺寸单位:cm)

5.2 竖井设计技术

竖井为运营通风排烟竖井,内径 15m 加设内支撑。结构采用复合式衬砌,初期支护采用锚、网、喷联合支护形式,二次衬砌采用现浇混凝土或钢筋混凝土并设置壁座。风道结构采用复合式衬砌,初期支护采用锚、网、喷联合支护形式,二次衬砌采用现浇混凝土或钢筋混凝土,钻爆法施工。

目前国内外汽车交通隧道竖井施工方法大部分采用自上而下全断面开挖法(俗称"正井法"),大量弃渣需要提升至井口,再通过施工便道外运,施工进度慢、成本高,并且竖井井口大量弃渣堆放占地及外运,对区域自然环境影响较大。

马峦山隧道通风竖井位于深圳东部华侨城景区内,并临近上坪水库,周边环境极为敏感,对环境保护要求极高,同时施工周期也较为紧张,因此隧道通风竖井施工应考虑选用一种简单、高效、经济、环保、安全的施工工法,以确保施工安全和进度,保护施工区域的自然环境,并可提高施工单位的经济效益。

反井法(图 5-3)是一种高效、安全、经济的凿井施工方法,广泛应用于煤矿、冶金、水电等工程领域。"反井法"施工可避免大量弃渣提升至井口外运,减少井口弃渣占用土地,对施工便道要求低,有利环境保护。因此,鉴于"反井法"在施工安全、进度、成本及环保方面均优于"正井法",马峦山隧道通风竖井采用"反井法"进行施工。

竖井采用"钻机反井正向扩大法"施工:①地面钻机自上而下钻导向孔至井底风道顶;②更换刀盘后反向自下而上扩孔形成直径为 2.0~2.5m 的泄渣孔;③自上而下钻爆法开挖并施作初期支护;④自下而上现浇井身衬砌结构。施工示意图如图 5-3 所示。

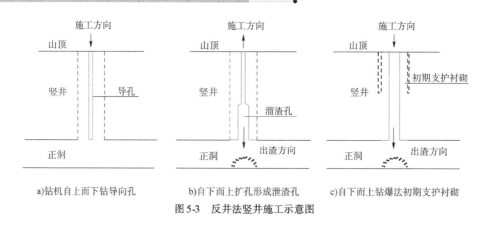

图 5-3 反井法竖井施工示意图

5.3 竖井功能布置

一般的山岭隧道,设置通风竖井时,左右线各设一个通风竖井,竖井尺寸较小,实施比较容易。但该方式需设两个施工点,地面占地多,风机房位于地面时管理不便捷。

马峦山隧道竖井采用"五井合一"(图 5-4),将隧道左、右线的 2 个送风道、2 个排风道与 1 个电缆通道合并。竖井地面设置 1 座风机房,运营与维护极其便利。

竖井内布置电缆通道,按电力部门要求定期巡检,其人员检修通道的设置是关键。

原方案考虑在通风竖井中间设置直径为 2m 的电缆竖井,并在井内设置电梯供安装检修使用。隧道供电开展施工图设计,组织专家对电缆竖井方案进行内部评审,认为电缆井空间小,无条件设疏散通道,设置电梯不能满足消防要求;同时认为山岭隧道设置电梯难以管养到位,易年久失修,存在安全隐患。建议改为爬梯。

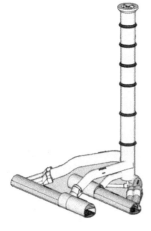

图 5-4 竖井与风道、电缆通道关系示意图

后续优化方案设计,电缆竖井内重点考虑以下因素:

(1)南方电网公司《中低压配电运行管理标准》巡检要求"电缆竖井内的电缆,每半年至少一次"。因此,巡检路由必须安全可靠、相对便捷。

(2)参照《建筑设计防火规范》(GB 50016—2014)中"当设置 10kV 及以上的高压电缆时,应采用耐火极限不低于 2.0h 的防火分隔体与其他区域分隔"的规定,两路 10kV 分别设防火分隔。

(3)参考《固定式钢梯及平台安全要求 第 3 部分:工业防护栏杆及钢平台》(GB 4053.3—2009)中"单段梯高宜不大于 10m,攀登高度大于 10m 时宜采用多段梯,梯段水平交错布置,并设梯间平台,平台的垂直间距宜为 6m"的规定,电缆竖井设置平台适当考虑舒适性,按 5m 一层布置。

(4)巡检过程中,一些较重的仪器设备可快速送达。

综合以上各因素,电缆竖井方案优化为边长为 3m 的正方形,内设倾斜爬梯,竖向每隔 5m 设置一层板,并预留物料垂直升降空间(图 5-5、图 5-6)。该方案满足消防要求,并保证了电缆检修的安全性与舒适性。

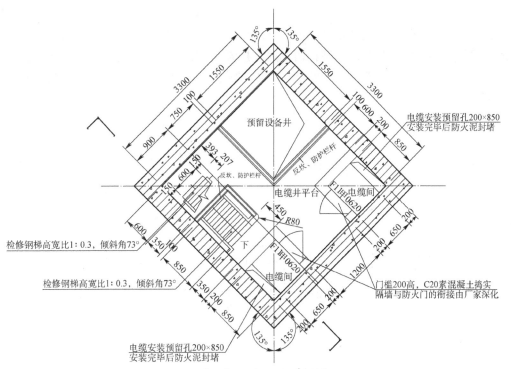

图 5-5 电缆通道平面布置图(尺寸单位:mm)

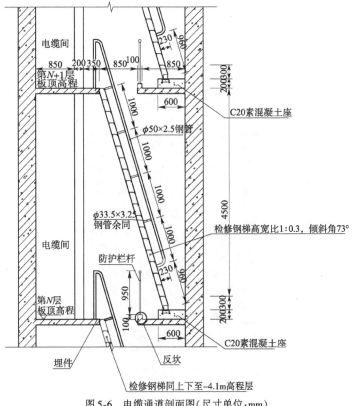

图 5-6 电缆通道剖面图(尺寸单位:mm)

电缆通道的层板经多方研讨,以降低安全风险、减小对隧道竖井工期的影响为目标,优化设计,改用预制层板方案,电缆竖井内的层板、爬梯、防火门等设施与通风竖井土建关系密切,混凝土层板需要在电缆竖井的侧壁预留钢筋连接装置(图 5-7)。实施阶段,侧墙预埋接驳器、层板底部设置钢牛腿托架,预制板与竖井壁之间预留 150mm 后浇带,完成后效果良好(图 5-8)。

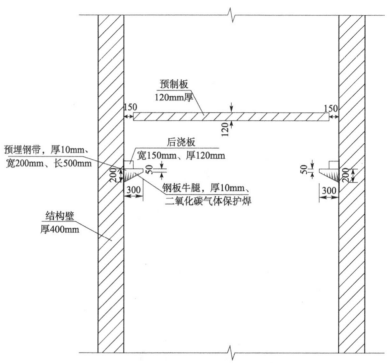

图 5-7 电缆通道土建剖面图(尺寸单位:mm)

图 5-8 电缆通道层板现场图

第3篇
工程施工

第6章 隧道施工策划与组织

6.1 隧道施工概况

6.1.1 工程概况

马峦山隧道为分离式独立双洞,隧道基本线间距37m,洞口段受洞外接线和地形限制净距适当减小,隧道长度约为7.9km。线路坪山端洞口位于直线段,依次设左转曲线(右线半径2100m,左线半径2500m)后穿越黄竹坑采石场东侧、上下肚水库西侧,设右转曲线(半径4000m)后穿越上坪水库西侧、东部华侨城,设左转曲线后至盐田端大水坑东侧的采石场。

隧道坪山端洞口高出盐田端洞口约25.5m,隧道纵坡设计为人字坡,北段坡度为0.5%,南段坡度为0.66%,变坡点位于北洞口以内约2919m处,隧道路面最大埋深约337m。隧道中段设通风竖井一座,深度为193m,衬砌直径15m。竖井位于第4标段范围。

马峦山隧道共穿越17条断层地质带。第4标段隧道路面最大埋深约218m,隧道下穿东部华侨城段路面最小埋深约59m。

6.1.2 隧道地质及左右线围岩等级分布情况

勘察区地质构造比较复杂,在区域构造上紧邻莲花山断裂带,处于莲花山断裂的南西段,受地质构造影响,场地内基岩节理裂隙发育,岩体较破碎,风化带厚度大,基岩面起伏较大。在区域构造应力作用下,本区以北东向断裂为主干构造,其次为北西向断裂。深圳断裂、清林径—南澳断裂带、暗山—田头山断裂带以及横岗—盐田断裂带是区内的主导构造,控制着区内的地质构造和地貌发育。

隧道主要地质情况及围岩等级划分见表6-1。

隧道围岩等级及主要地质情况对照表 表6-1

隧道围岩等级	主要地质情况
V级围岩	破碎构造带,破碎带主要由碎裂岩组成,局部为糜棱岩,节理裂隙发育,岩石破碎,呈微张,岩体结构为碎块状镶嵌结构或碎裂结构,地下水呈线状流水或小股流水。围岩开挖无自稳能力
Ⅳ级围岩	围岩为中微风化花岗岩,受构造带影响,节理裂隙发育,呈微张~闭合,稳定性较差。岩体呈碎石状压碎结构或碎块状镶嵌结构,地下渗水或滴水,围岩开挖后,拱部无支护可产生较大坍塌,侧壁有时易失稳

续上表

隧道围岩等级	主要地质情况
Ⅲ级围岩	围岩为微风化粗粒花岗岩,岩石较破碎、坚硬,岩体为块状整体结构、大块状砌体结构,地下水渗水或滴水,围岩开挖后可能出现局部小坍塌,侧壁基本稳定
Ⅱ级围岩	围岩为微风化粗粒花岗岩,坚硬岩,岩石较完整,岩体为块状整体结构、大块状砌体结构,地下水状态以潮湿为主或少量渗水,围岩开挖后暴露时间长,可能会出现局部小坍塌,侧壁稳定

隧道围岩等级分布见表 6-2。

隧道左右线围岩等级分布表　　表 6-2

隧道工程	围岩等级	长度(m)	总长度(m)	占比	施工方法
隧道右线	Ⅴ	506	4005	12.6%	双侧壁导坑
	Ⅳ	942.5		23.5%	中隔壁法(CD法)
	Ⅲ	2415		60.3%	上下台阶法
	Ⅱ	130		3.2%	上下台阶法
	明洞	11.5		0.3%	
隧道左线	Ⅴ	502.4	4003.4	12.5%	双侧壁导坑
	Ⅳ	1100.5		27.5%	中隔壁法(CD法)
	Ⅲ	2260		56.5%	上下台阶法
	Ⅱ	129		3.2%	上下台阶法
	明洞	11.5		0.3%	

6.2　隧道施工策划

为确保施工进度,4 标段马峦山隧道盐田段采取隧道左右洞同步推进施工,施工期间,隧道左右线掌子面里程控制在 30m 以上范围以保证施工安全。在最优资源投入隧道生产的过程中,合理安排施工,保证右线隧道施工尽可能地以最快速度到达设计终点,为后续竖井施工创造条件。

隧道洞口由市政电网接入 4 台 800kVA 变压器为洞内施工提供照明及动力。隧道施工至 2000m 后,当电力因线损无法保证隧道正常施工所需电力供应时,采用在隧道内安装升压及降压变压器进行电压调节补偿,保证隧道顺利施工。隧道施工用水接洞顶高山水池。在隧道进口处,建高压风站 1 座,配 132SCF-8D 型电动空压机 12 台,为洞内开挖钻孔和喷射支护供风。

隧道施工通风采用独头长管路压入式通风。风机采用山西省侯马市鑫丰康风机有限公司生产的 SDF(C)-NO13.0 低噪、节能、变级、多速隧道专用通风机,该型风机最大功率为 132×2kW,具有风压高、噪声低、节能省电、出口风速大、风量大、易维修等特点,在隧道前期施工中使用 1 台,后期施工中采用 2 台组合串联通风。

马峦山隧道采用矿山法施工,人工配合机械施工作业。掌子面以自制开挖台架作为开挖平台,人工手持风动凿岩机钻眼爆破后,挖掘机清理掌子面,装载机配合自卸式运渣车将洞渣运输清理。

隧道支护作业采用人工配合机械施工,支护网片、钢拱架在加工厂地统一加工,机械运输至作业面,人工配合机械安装网片、锚杆、拱架后,喷射混凝土封闭。

隧道衬砌采用液压行走式衬砌台车,混凝土采用商品混凝土,由混凝土运输车运输至作业面,混凝土采用输送泵浇筑。

隧道施工过程中掌子面配备1台破碎锤,用于爆破后清理掌子面危石,降低人工排除掌子面危石的安全风险,提高作业效率。

6.3 隧道施工进度安排

马峦山隧道土建施工图分为两个标段,即第3标段(YK2+440～YK6+480)和第4标段(YK6+480～YK10+560)。两端向中间开挖掘进。

为确保施工进度,第4标段马峦山隧道盐田段采取隧道左右洞同步推进施工,施工期间,隧道左右线掌子面里程控制在30m以上范围以保证安全。

隧道的开挖掘进速度决定了隧道的工期进度,设计文件根据以往类似项目经验及马峦山隧道项目围岩情况给出了指导性施工进度安排,根据设计文件拟定的隧道施工进度计划见表6-3。

进度参考指标 表6-3

正洞工况	正洞开挖支护			
	Ⅴ级围岩	Ⅳ级围岩	Ⅲ级围岩	Ⅱ级围岩
工程进度综合指标(m/月)	35	55	210	270

设计文件拟定的隧道开挖进度指标及进度时间计算见表6-4。

设计文件拟定的隧道开挖进度指标及进度时间计算 表6-4

隧道工程	围岩等级	长度(m)	施工方法	指导性进度指标(m/月)	工期(月)
右线	Ⅴ	506	双侧壁导坑	35	14.46
	Ⅳ	942.5	中隔壁法(CD)	55	17.14
	Ⅲ	2415	上下台阶法	210	11.50
	Ⅱ	130	上下台阶法	270	0.48
工期小计	43.57个月,约合1307d				
左线	Ⅴ	502.4	双侧壁导坑	35	14.35
	Ⅳ	1100.5	中隔壁法(CD)	55	20.01
	Ⅲ	2260	上下台阶法	210	10.76
	Ⅱ	129	上下台阶法	270	0.48
工期小计	45.6个月,约合1368d				

根据设计拟订的施工进度计划,马峦山隧道完成开挖支护施工约需1368d。

马峦山隧道开挖揭示出的实际围岩情况与设计勘察文件基本相符,隧道主体结构未发生变更。隧道在实施过程中,项目部在确保安全的前提下,根据实际围岩情况对施工方法进行了优化,对围岩完整性好,安全风险小的Ⅱ、Ⅲ级围岩地质段采用全断面法施工;围岩完整性较差,安全风险高的Ⅳ、Ⅴ级围岩采用台阶法施工。围岩完整性较差的Ⅳ、Ⅴ级围岩采用台阶法施工时,合理减小上台阶开挖高度,根据实际围岩情况动态调整开挖进尺、对围岩破碎部位局部加强支护,在保证安全的前提下,加快施工进度。

马峦山隧道工程实际施工进度见表6-5。

马峦山隧道工程实际施工进度　　　　表6-5

线别	围岩等级	长度(m)	单月施工进度(m/月)	施工时间(月)	施工方法
右线	Ⅴ	506	50~70	7.2~10.1	上下台阶法
	Ⅳ	942.5	70~110	8.6~13.5	上下台阶法
	Ⅲ	2415	120~180	13.4~20.1	全断面法
	Ⅱ	130	150~210	0.6~0.9	全断面法
	合计	3993.5		29.8~44.6	
左线	Ⅴ	502.404	50~70	7.2~10.0	上下台阶法
	Ⅳ	1100.5	70~110	10.0~15.7	上下台阶法
	Ⅲ	2260	120~180	12.6~18.8	全断面法
	Ⅱ	129	150~210	0.6~0.9	全断面法
	合计	3991.9		30.4~45.5	

马峦山隧道位于深圳市区,隧道施工过程中受外部交通运输及市火工品运输管理等因素影响较大,火工品年均受控时间约35d,一定程度上限制了隧道的生产进度。

马峦山隧道自2016年1月16日开始暗洞进洞导向端墙施工,至2018年10月14日隧道全线贯通,工程历程1367日历天完成左、右线主洞洞身开挖及支护施工,基本保证了设计施工工期。

6.4 隧道施工机械设备

对于本工程的施工,结合实际情况和各工种、工序的需要,合理地配备先进的机械设备及挑选专业水平较高的技术操作人员,最大限度地体现技术的先进性和机械设备的适用性,充分满足施工工艺的需要,从而保证工程质量效果。

在配备机械设备时,综合考虑了以下因素:

(1)技术先进性。机械设备技术性能优越、生产率高。

(2)使用可靠性。机械设备在使用过程中能稳定地保持其应有的技术性能,安全可靠地运行。

(3)便于维修性。机械设备要便于检查、维护和修理。

(4)运行安全性。机械设备在使用过程中具有对施工安全的保障性能。
(5)经济实惠性。机械设备在满足技术要求和生产要求的基础上,达到最低费用。
(6)适应性。机械设备能适应不同工作条件,并具有一机多用的性能。
(7)其他方面,如成套性、节能性、环保性、灵活性等。

马峦山隧道主要施工机械设备见表6-6。

主要隧道施工机械设备　　　　　　表6-6

序号	机械或设备名称	型号规格	数量	功率	品牌	备注
1	液压挖掘机	PC210-LC	3台	103kW	小松	
2	轮式装载机	ZL50CN	5台	162kW	柳工	发动机功率
3	风动凿岩机	YT-28	65台			
4	电动空压机	132SCF-8D	12台	132kW	志高	
5	轴流通风机	SDF(a)-No13.0	2台	132×2kW	鑫丰康	
6	开挖台车		2台		自制	
7	自卸汽车	20t	30台		红岩金刚	
8	12m长液压衬砌台车		2台		冠华	
9	混凝土输送泵	HBT60B	2台		柳工	
10	变压器(800kVA)	SCB10-800/10	4台		顺特	
11	隧道升压降压变压器	SG-630kVA	1台		荣盾	
12	破碎锤		1台		自制	

6.5 隧道施工用电

6.5.1 施工总用电负荷计算

马峦山隧道施工总用电负荷计算见表6-7。

隧道总用电负荷规划　　　　　　表6-7

序号	主要设备或部位名称	单台功率(kW)	总台数	高峰期使用台数	开机总功率(kW)
1	空压机	136	14	10	1360
2	风机	75×2	6	6	900
3	完工区段照明	0.1	460	460	46
4	施工区段照明	1	60	60	60
5	拌和机	115	2	2	230
6	经理部驻地	200	1	0.7	140
7	水泵	40	4	4	160
8	混凝土喷浆机	75	4	3	225

续上表

序号	主要设备或部位名称	单台功率(kW)	总台数	高峰期使用台数	开机总功率(kW)
9	加工场	200	2	2	400
10	泵机	75	2	2	150
11	模板台车	60	2	2	120
12	空压机水泵	20	3	2	40
用电设备功率合计					4031

注：1. 按照施工高峰期要求配置最大总容量，考虑适当富余，线路规划用电总容量为3400kVA。
2. 总计规划变压器5台，经理部驻地1台，容量200kVA；施工现场4台，容量800kVA。
3. 深圳市临时用电报装，单台变压器最大容量为800kVA；前期施工现场总装2台。
4. 其余变压器在中后期施工负荷加大后及时加装。

6.5.2 变电所总容量的选定及核算、备用发电设备容量计算

1）施工用电最大负荷量

$$P_0 = PK_0(1+K) \tag{6-1}$$

式中：P_0——施工用电最大负荷量(kW)；
　　　P——设备总装机容量和生产生活照明用电之和(kW)；
　　　K_0——同时系数，取0.70；
　　　K——网损率，取8%。

$P_0 = 4031 \times 0.7 \times (1+0.08) = 3047.44 \text{kW}$

2）变电所最大负荷

$$P = P_0(1+a) \tag{6-2}$$

式中：P——变电所容量(kW)；
　　　a——变压器电损所用电值，取0.02。

$P = 3047.44 \times (1+0.02) = 3108.4 \text{kW}$

变电所主变总容量选为3400kVA，能够满足施工要求。

3）备用电站容量的确定

(1)建立备用电站的目的：备用电站主要是为了在系统电源(35kV)出现故障停电时，既保证为洞内的通风、排水系统提供电源，特别是斜井工区的排水和提升运输等，又能满足基本施工生产需要。

(2)需考虑的几点因素：①单位原有发电机组规格型号，可以利用的尽量利用，减少一次性投入；②从容量上来讲，发电机组越大、数量越多越好，但投入过大不经济，从实际施工生产来看，备用电站容量最佳配备为机械设备总装功率的25%~50%。

(3)综合各项经济技术指标，结合既有设备情况，马峦山隧道(盐田端)备用电站容量选定为900kW。

4)发电机组的选型及使用运行

发电机性能对比如下:

(1)低转速柴油机的优缺点:优点是低转速柴油机温度低,噪声小,故障率低,柴油机稳定性能好,瞬间超负荷能力强;缺点是体积大,价格高,附属设施较多,安装较复杂。

(2)高转速柴油机的优缺点:与低转速柴油机的优缺点相反。

马峦山隧道工程量大,工期长(计划4年工期),对发电机的可靠性要求高,结合本单位既有设备情况,经多方考虑选用机型为200GF 6250型柴油机,转速为600r/min,功率300kW,共配置3台。

6.5.3 电力供应

施工现场电力线路采用三相五线制,电气设备的金属外壳必须与专用保护零线连接。

隧道施工用电利用地方电源,引入高压电线,在隧道出口端外侧设配电房。计划在洞外安装4台变压器,容量均为800kVA,负责洞口内施工、照明、通风、排水和洞外空压机房、其他设备及加工场用电。洞外低压线路采用三相五线制架空线,进洞后采用电缆线和胶皮线联合使用供电。另外,为防止突发停电影响,配备3台300kW发电机作为备用电源。

区域电网发达、电力供应充足,在项目经理部就近安装变压器使用。同时,还配备临时供电的发电机。

(1)配电系统布置及操作如图6-1所示。

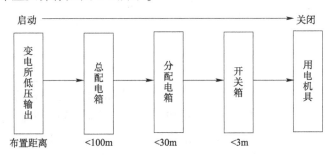

图6-1 配电系统布置图

(2)施工用电从总配电箱接出分电箱和开关箱,再由分配电箱和开关箱接至用电机具。大型机具直接从分电箱接出。

6.5.4 电力保护

为了对输电线路及电力设备进行保护、防止雷电及短路等强电流对供电系统的破坏,拟采用如下的电力保护措施:

(1)避雷:洞内敷设的高压电缆,在洞外与架空高压线连接时,安装一组与高压等级相同的阀型避雷器及开关,在进洞的低压电线杆上也需要安装一组阀型避雷器。

(2)施工接地:在隧道施工中,把如下设施接地:与电机连接的金属构架、变压器外壳、配电箱外壳、起动器外壳、高压电缆的金属外皮、低压橡套电缆的接地芯线(即连接变压器中性点的中性线、风水管路、洞内临时装备的金属支架)。

6.5.5 供电与照明

1）施工场地照明

在材料堆放场地、仓库、混凝土拌和站、辅助工厂、弃渣场等洞外施工场地，拟采用塔架式灯塔照明，塔架采用脚手杆搭建。在塔顶架设1000W碘钨灯，以满足照明度要求。

2）隧道内供电及照明

动力设备采用三相380V。照明电压，一般作业段不大于36V，采用36V的白炽灯或36V的矿用碘钨灯；手提作业灯为12～24V。成洞段和不作业段可采用220V电压，安装100W的白炽灯，间距10m，距地面高度4m；同时在已开挖段每隔40m安装一盏400W高压钠灯（左右侧各一盏），以备洞内烟雾较大时发挥作用。

3）洞内供电线路布置和安装要求

（1）照明和动力电线路安装在同一侧时，必须分层架设。电线悬挂高度应满足：400V以下不应小于2.5m，6～10kV不应小于3.5m。

（2）236V低压变压器应设置在安全、干燥处，机壳接地，输电线路长度不应大于100m。

（3）隧道施工照明标准见表6-8。

隧道施工照明标准表　　　　　　　　　　表6-8

施工作业地段	照度标准(lx)	施工作业地段	照度标准(lx)
施工作业面	30	特殊作业地段或不安全因素较多的地段	15
开挖地段和作业地段	10	成洞地段	4
运输巷道	6	竖井内	8

不安全因素较多的地段可加大照度，在主要交通道路、洞内抽水机等工作的重要场所，应有安全照明。漏水地段照明应采用防水灯头和灯罩。瓦斯地段的照明器材应采用防爆型。隧道施工照明宜采用荧光灯、荧光高压汞灯、卤钨灯、长氙灯或高压钠灯等光源照明。

施工用电从附近电网降压后引入，设专用配电箱，采用集中管理。从专用配电箱接出，作为现场施工用电。现场施工用电线路采用三相五线制，降压后采用380V/220V低压架空线路架空5m进入施工现场。供电线路每隔50m设置一个配电箱，施工沿途用电采用移动配电箱。生产区另设一台柴油发电机组，并连接好备用线路，遇停电时马上切换备用电路，使用发电机供电，以保证工程进度。

6.5.6 隧道内电力增压与降压施工

马峦山隧道独头掘进约4000m，隧道施工线路长，洞内用电设备多、容量大。隧道由洞口4台800kVA变压器提供洞内施工动力及照明电力。洞内电压线路使用截面面积总和为300mm^{2}的铝线，隧道施工至桩号2000m后，由于线路电压损失大，造成隧洞施工点的供电变压器输出电压不足。在桩号2200m处，实测三相电末端输出电压为330～340V，导致隧洞末端工作面的电压严重不足，不能正常工作。为了解决这一状况采用了隧道升降压变压器对隧洞低压电网段进行改造，使电压恢复至380～420V，保证隧道正常施工。

(1)升压变压器原理

升压变压器就是用来把低数值的交变电压变换为同频率的另一较高数值的交变电压的变压器。

升压变压器是将低交流电压、大电流、小阻抗相应变换为高交流电压、小电流和大阻抗的器件,当初级线圈中通有交流电流时,铁芯(或磁芯)中便产生交流磁通,使次级线圈中感应出电压(或电流)。变压器的输入必须是交变电源,其输出电压正比于输出输入线圈的匝数比。

变压器的初级(一次)线圈和次级(二次)线圈共同绕在一个铁芯上,当一次线圈通入电压 u_1 后,在铁芯中产生交变磁通,这个磁通穿过一次绕组和二次绕组,根据电磁感应定律,在一次绕组和二次绕组中分别产生感应电势 e_1 和 e_2。

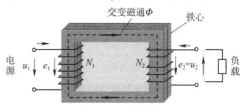

图 6-2 变压器基本工作原理

变压器基本工作原理如图 6-2 所示。

根据电磁感应定律可知,一次侧、二次侧绕组的感应电势分别为:

$$\frac{e_1}{e_2} = \frac{u_1}{u_2} = \frac{N_1}{N_2} = K \tag{6-3}$$

式中:e_1——一次侧电动势;

e_2——二次侧电动势;

u_1——一次侧电压;

u_2——二次侧电压;

N_1——一次侧线圈缠绕数;

N_2——二次侧线圈缠绕数;

K——可变比。

(2)升压变压器技术参数

升压变压器技术参数见表 6-9。

升压变压器技术参数 表 6-9

序号	项目	技术参数
1	产品外观	包装材料牢固可靠,标识正确、清晰且不褪色,合格证说明书保修卡正确、齐全(可视客户要求)
		外壳喷塑符合要求,表面有光泽且平整均匀,无气泡和毛刺等
		零配件装配正确且无缺陷,结构合理,布线整齐,美观,统一,紧固件无松动,焊点光滑饱满,清洁无留痕
2	绝缘性能	在常温下用 1000V 兆欧表测得绝缘电阻应大于 1M
3	工频耐压	在常温下,各带电电路对地、箱体以及不相连的相邻电路间,主回路对地施加 2000V 电压时 60s 无击穿或闪络现象
4	输出电压	380~450V

续上表

序号	项　目	技 术 参 数
5	输出电压精度	±1%
6	空载电流	≤2A
7	低电压强电流测试	设置输出端短路,碳刷处于下限输出端位置,使短路输出电流等于额定电流时,测其工作效率应大于或等于95%
8	绝缘电阻	≥150MΩ
9	适用频率	50/60Hz
10	接地装置	接地电阻小于或等于0.1Ω,导线截面能满足要求
11	抗电强度	交流电(AC)3000V/min

(3) 马峦山隧道升降压变压器施工

在隧道口安装荣盾 SG-630kVA 隧道升压器,将隧道内输电压变换成 800V 高压,在隧道作业面 100~200m 安装降压设备,在电力输出端将电压转换成 380V 工作电压,保证了隧道的正常施工用电需求。

马峦山隧道升降压设备工作原理如图 6-3 所示。

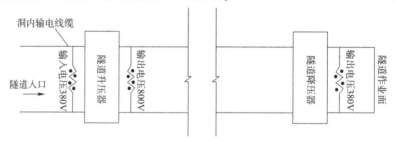

图 6-3　隧道升降压设备工作示意图

6.6　隧道施工通风

马峦山隧道单端掘进 4000m,4000m 长度内不具备临时斜井或竖井通风条件,施工通风进行了专门研究,详见第 10 章。

第7章 隧道主要施工技术

7.1 隧道进洞施工

马峦山隧道(盐田端)洞口埋深约40m,隧道洞口为大埋深,开挖后呈多级高边坡形势,洞口段围岩较为完整。

为确保施工安全,隧道采用护拱方式进洞,护拱既可以起到暗洞进洞导向的作用,又可以在暗洞进洞过渡段与超前支护一起对新开挖的洞口形成防护。

护拱采用C30混凝土浇筑,长度2.0m,衬砌厚度0.5m。护拱骨架采用I18钢架,间距0.6m。钢架采用ϕ22mm连接钢筋纵向连接,连接钢筋环向间距1.0m。施工时,连接钢筋植入岩体,深度不小于1.5m,将拱架与岩体连成整体结构增加护拱稳定性。拱部以超前锚杆为超前支护,注浆加固地层。超前锚杆沿拱部120°范围布设,锚杆长度$L = 5.0$m,环向间距0.3m,施工外插角15°。护拱衬砌断面如图7-1所示,护拱超前锚杆支护如图7-2所示。

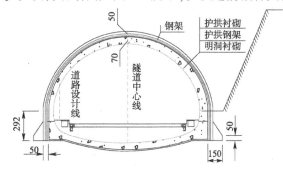

图7-1 护拱衬砌断面图(尺寸单位:cm)

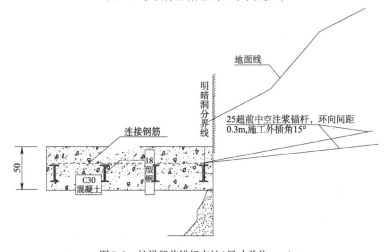

图7-2 护拱超前锚杆支护(尺寸单位:mm)

7.1.1 施工流程

施工准备→超前锚杆施工→钢拱架安装→衬砌模板安装→混凝土施工。

7.1.2 施工准备

护拱施工前应做到"三通一平",地基基础整平并做加固处理;所有材料试验检测均满足设计、规范要求;施工机械、人员配置满足施工需要。对施工人员进行技术交底,对参加施工人员进行上岗前技术培训,考核合格后持证上岗。钢拱架按要求焊接试拼接,尺寸误差符合规范要求。钢拱架和模板搭设前应测量放样,确保模板拱架支脚位置和高程准确无误。

7.1.3 超前锚杆施工

1) 设计要求

(1) Ⅳ级围岩洞口加强段设计中空超前锚杆,单层 $\phi25mm$ 中空锚杆,锚杆长度 5.0m,外插角 15°,按照拱部 120°范围布置。

(2) 超前锚杆和钢架支撑配合使用,使护拱拱架与岩体相连接。

2) 施工工序

超前锚杆施工工序流程如图 7-3 所示。

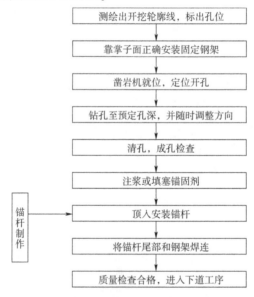

图 7-3 超前锚杆施工工序流程图

3) 施工要点

(1) 测量开挖面中线、高程,画出开挖轮廓线,并点出锚杆孔位,孔位允许偏差为 ±20mm。

(2) 以开挖台架作为施工平台,人工使用风动凿岩机钻孔,对正孔位钻孔,达到设计要求后,用吹管、掏勺将孔内碎渣和水排出。

(3) 将锚杆的尾部和系统锚杆的环向钢筋或钢架焊连,以增强共同支护作用。

(4) 锚杆沿开挖轮廓线周边均匀布置,尾端与钢架焊接牢固,锚杆入孔长度符合要求。

超前锚杆施工质量标准见表7-1。

超前锚杆施工质量标准　　　　表7-1

序号	项目	规定值或允许偏差	检查方法和频率
1	长度	不小于设计值	尺量
2	孔位(mm)	±50	尺量
3	钻孔深度(mm)	±50	尺量
4	孔径	符合设计要求	尺量

4)中空锚杆注浆施工

中空锚杆注浆应满足下列要求：

(1)中空注浆锚杆应有锚头、垫板、螺母、止浆塞等配件。

(2)锚杆安装前,应检查锚杆体中孔和钻头的水孔是否畅通,若有异物堵塞,应及时清理。

(3)锚杆体钻进至设计深度后,应用水和空气洗孔,直至孔口返水或返气,方可将钻机和连接套卸下,并及时安装垫板及螺母,临时固定杆体。

(4)注浆时应保证锚杆中空通畅,并留有专门排气孔。

(5)锚杆注浆料宜采用纯水泥浆或1:1水泥砂浆,水灰比宜为0.4~0.5。采用水泥砂浆时砂子粒径不应大于1.0mm。

(6)注浆过程中,注浆压力应保持在0.3MPa左右,待排气口出浆后,方可停止灌浆。

(7)注浆料应由杆体中孔灌入,水泥浆体强度达10.0MPa后方可拧紧螺母,使垫板与喷射混凝土紧密接触。

7.1.4　钢拱架安装

1)技术要求

钢架按设计尺寸分段、分单元制作加工,制作时严格按设计图纸进行,在钢筋加工场地按1:1放样加工,保证每节的弧度与尺寸均符合设计要求,每节两端均焊连接板,节点间通过连接板用螺栓连接牢靠,焊接不得有假焊,焊缝表面不得有裂纹、焊瘤等缺陷,焊接时采用的焊条应满足规范要求。加工后必须进行试拼检查,不合格产品不得使用。

2)安装注意事项

(1)安装前应清除底脚的虚渣及杂物。

(2)安装允许偏差:横向和高程为±5cm,垂直度为±2°。

(3)各节钢架间应以螺栓连接,连接板应密切,连接板局部缝隙不超过2mm。

(4)沿钢架外缘每隔2m应用钢楔或混凝土预制块楔紧。

(5)钢架之间采用直径为22mm的钢筋用焊接方式连接,环向间距1.0m。施工时连接筋植入岩体,深度不小于1.5m,将护拱与岩体连成整体结构。

满足设计要求后进行安装控制点放线,准确测量出中线、水平点、里程及型钢拱架接点位置。放线完成后清除各节钢架底脚下的虚渣及杂物。机械配合人工对拱架进行现场安装。

安装时从下至上顺序安装,边墙安装完复测到位后对脚底和节点处进行固定,采用锁脚锚管进行加固,保证拱架稳定牢固。

边墙安装完成后进行拱部钢架安装,采用机械配合人工安装,顶部就位后先用螺栓连接,再对拱部和边墙处节点进行调整,满足设计要求后再对拱脚处节点进行加固。

钢架安装时,应严格控制其内轮廓尺寸,且预留沉降量,防止侵入衬砌净空。钢架与围岩间的间隙必须用喷射混凝土充填密实;钢架应全部被喷射混凝土覆盖,保护层厚度不得小于40mm。

3) 钢架加固

整体安装完成并进行复测合格后,进行钢架间连接筋施工,使钢架、连接钢筋、超前锚杆连接为整体。完成后进行下一工序施工。

7.1.5 模板施工

护拱衬砌选用竹胶板作为模板,以开挖台车配合钢拱架做模板内支撑,选用槽钢或钢管弯制弧形拱架固定外模;端模(端头板)选用5cm厚松木板制作,采用角钢U形卡和短方木固定,以适应端模尺寸的不规则性。混凝土由混凝土运输车运至工作面,混凝土输送泵泵送入模,附着式结合插入式振捣器振捣。

7.1.6 混凝土施工

(1) 混凝土浇筑与振捣

使用输送泵浇筑混凝土前,应泵送与混凝土同强度等级的砂浆,以润滑管壁。一般 $1m^3$ 砂浆可润滑30m长的管道。采用高效减水剂时,混凝土运到场后应做坍落度检查,泵送混凝土坍落度一般以15~18cm为宜。

混凝土采用水平分层、对称浇筑,控制灌注混凝土的速度和单侧灌注高度,单侧一次连续浇筑高度不超过1m,以防止混凝土离析;超过时应采用串筒或滑槽。混凝土浇筑必须连续,相邻两层浇筑时间间隔控制在规范允许范围之内,杜绝出现施工冷缝。

混凝土灌注允许间歇时间见表7-2。

混凝土灌注允许间歇时间表 表7-2

灌注时气温(℃)	混凝土灌注允许间歇时间(min)
20~30	30
10~20	45
5~10	60

捣固采用插入振动器相结合的办法,其频率、振幅、振动速度等参数视混凝土的坍落度及骨料颗径而定;灌注施工采用全断面一次灌注成型,拱圈封顶时,随拱圈灌注及时捣实。

(2) 混凝土拆模及养护

在监控量测稳定时,衬砌拆模时混凝土强度不得低于8MPa,在监控量测不稳定时,衬砌拆模时混凝土强度应达到设计强度的100%。并根据湿度情况及时进行养护,养护时间满足混凝土强度要求。

应采取措施控制养护过程中的环境湿度和混凝土温度,以保证衬砌混凝土的质量。新浇筑混凝土表面拆模后应及时浇水养护。养护时间一般为14d。

7.1.7 洞口段施工

马峦山隧道(盐田端)洞口段原设计为Ⅳ级围岩,中隔壁法施工,采用Ⅳ级加强复合式衬砌。开挖后掌子面围岩以花岗岩为主,围岩中风化,节理裂隙较发育,完整性较好。结合实际地质情况该段采用Ⅳ级加强复合式衬砌,开挖方法变更为三台阶法施工,支护采用I20钢架结合锚喷支护。

拱部120°范围设置 $\phi 25mm$ 超前锚杆,锚杆长度 $L=5.0m$,环向间距0.3m,搭接长度不小于2.5m,施工外插角15°。I20型钢钢架间距0.5m,纵向以 $\phi 22mm$ 钢筋连接,环向间距1.0m。锚杆尾部与钢架焊接形成整体,增强结构的稳定性。

开挖作业中,上台阶每循环开挖支护进尺不得大于0.75m(一榀钢架间距),中、下台阶每循环开挖进尺不得大于1.5m(两榀钢架间距),隧道开挖后初期支护应及时施作并封闭成环,做到一循环一封闭支护。

1)洞口段台阶法施工

为减小开挖后断面跨径,变大跨为小跨,减小临空面,使断面受力更合理,同时保证施工效率和进度,隧道采用三台阶法开挖。三台阶法开挖对减少沉降,保证隧道开挖安全、可靠具有良好效果。作业时各台阶开挖高度应根据地质情况和施工需求确定,一般情况下:三台阶开挖高度约为2.0m,中、下台阶开挖高度约为3.5m。上、下台阶开挖长度为1.0~3.0m,开挖后及时施作初期支护。开挖前先施工超前锚杆,按照开挖由上而下、衬砌由下而上、短进尺、弱爆破的原则,紧跟支护及时封闭。三台阶法施工工艺如图7-4所示。

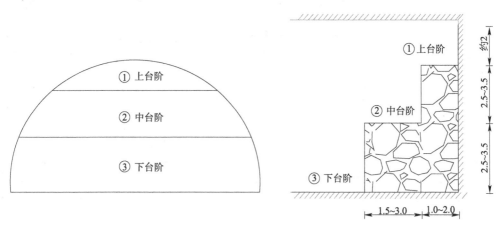

图7-4 三台阶施工法(尺寸单位:m)

工艺流程为:①上台阶开挖→①上台阶支护→②中台阶开挖→②中台阶支护→③下台阶开挖→③下台阶支护。

2)施工注意事项

(1)隧道施工应坚持"管超前、严注浆、短进尺、强支护、快封闭、勤量测"的方针。

(2)小炮开挖,严格控制装药量。

(3)锁脚锚杆(管)与初期支护钢架配合使用。相邻开挖断面初期支护钢架连接应平顺，螺栓连接应牢固，当拱脚高程不足时，不得用土、石回填，而应设置钢垫板进行调整，必要时可用混凝土加固基底。完善洞内临时防排水系统，防止地下水浸泡拱墙脚基础。工序变化处的钢架(或者临时钢架)应设置锁脚钢管，以确保刚架基础稳定。

(4)导坑开挖宽度及台阶高度可根据施工机具、人员等进行适当调整。

(5)刚架之间纵向连接钢筋应及时施作并连接牢固。

7.2 隧道开挖与支护施工

7.2.1 Ⅳ、Ⅴ级围岩施工

马峦山隧道原设计Ⅳ级围岩采用中隔壁法开挖，Ⅴ级围岩段采用双侧壁导坑法开挖。隧道开挖过程中根据实际围岩情况对施工方法进行了优化，对围岩完整性好，安全风险小的Ⅱ、Ⅲ级围岩地质段采用全断面法施工；围岩完整性较差，安全风险高的Ⅳ、Ⅴ级围岩采用台阶法施工。围岩完整性较差的Ⅳ、Ⅴ级围岩采用台阶法施工时，合理减小上台阶开挖高度，根据实际围岩情况动态调整开挖进尺、对围岩破碎部位局部加强支护，在保证安全的前提下，加快施工进度。

Ⅳ、Ⅴ级围岩开挖支护施工参数对比情况见表7-3。

Ⅳ、Ⅴ级围岩开挖支护施工参数对照表　　　表7-3

围岩等级	设计参数				施工参数			
	开挖		支护		开挖		支护	
	开挖方法	开挖进尺	钢架间距(cm)	锚喷混凝土厚度(cm)	开挖方法	开挖进尺	钢架间距(cm)	锚喷混凝土厚度(cm)
Ⅴ	双侧壁导坑法	一榀钢架间距	50	31	上下台阶法	2~4榀钢架间距	50	31
Ⅳ	中隔壁法(CD法)	1~2榀钢架间距	75	25	上下台阶法	2~4榀钢架间距	75	25

马峦山隧道在施工过程中，根据掌子面实际围岩情况，对施工方法进行了优化，Ⅳ、Ⅴ级围岩在保证安全的前提下，将原设计中隔壁法、双侧壁导坑法施工方法优化为上下台阶法施工。

台阶法施工，分为上、下两个部分开挖，下部分为左右侧导坑开挖。当围岩自稳能力较好，隧道开挖跨度不大时，为方便作业，台阶长度控制在50m左右；当围岩稳定性较差时，适当减小台阶长度。锁脚锚杆与初期支护钢架配合使用，台阶高度由钢架接头高度控制。上下断面初期支护钢架连接应平顺，螺栓连接应牢固，当拱脚高程不足时，不得用土、石回填，而应设置钢板进行调整，必要时可用混凝土加固基底。先行与后行洞掌子面间错开不小于30m。Ⅳ、Ⅴ级围岩台阶法施工如图7-5所示。

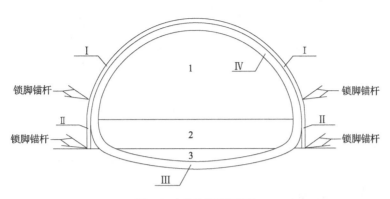

图 7-5 台阶法施工示意图

1-上部开挖；2-下部开挖；3-底部开挖(捡底)；Ⅰ-上部初期支护；Ⅱ-下部初期支护；Ⅲ-仰拱及混凝土填充；Ⅳ-拱墙二次衬砌

上部、下部及仰拱均采用控制爆破法开挖，各部开挖后及时封闭岩面，钢筋网和锚喷联合支护作业，并及时施工二次衬砌混凝土仰拱，确保施工安全。拱脚、上台阶墙角增设锁脚锚杆，初期支护及时成环。钻爆采用风动凿岩机钻孔，非电毫秒雷管微差起爆，喷射机械手配合湿喷机湿喷作业。仰拱开挖后及时施作仰拱混凝土。上台阶开挖后，采用挖掘机将洞渣扒至下台阶，装载机装渣，汽车出渣运输。下部台阶开挖必须在上台阶初期支护稳定后进行，单侧落底，以避免上部台阶两侧拱脚同时悬空，一次落底的长度控制在1~3m，落底后及时完成初期支护。出渣使用正装侧卸装载机装渣，自卸汽车运输。

基本施工步骤为：①超前锚杆→②开挖上台阶→③初喷拱部→④拱部挂网及架设格栅支撑→⑤安拱部锚杆→⑥在上台阶控制长度要求下开挖下台阶→⑦初喷边墙→⑧边墙挂网及接长钢架支撑至拱脚→⑨安边墙锚杆→⑩分次复喷钢架全环至设计厚度→⑪底部开挖及仰拱施作→⑫模筑二次衬砌。

马峦山隧道Ⅳ、Ⅴ级围岩上台阶法施工时，尽量降低上台阶开挖高度，将上台阶开挖高度控制在7m以内。开挖进尺根据实际围岩情况进行动态调整，围岩破碎时，开挖进尺控制在2榀钢架间距以内，拱部围岩较完整时，开挖进尺可加大至4榀钢架间距。掌子面配备1台冲击锤在爆破后对开挖段拱顶危石进行清理。冲击锤由长臂挖掘机改装，机械冲击压力不宜过大。

下台阶施工应尽量紧随上台阶，下台阶单次进尺一般不大于3.5m。下台阶单次进尺过大，会使得上台阶支护钢拱架拱脚在爆破后面临悬空状态，形成安全风险点。下台阶左右侧壁应至少保持一个循环进尺，不得同步开挖。下台阶开挖后应立即跟进支护，避免上台阶钢拱架拱脚长时间悬空。

7.2.2 Ⅱ、Ⅲ级围岩全断面法施工

马峦山隧道Ⅱ、Ⅲ级围岩完整性、稳定性较好，隧道支护工序减少，采用全断面法施工，优化爆破参数，提高单次开挖进尺，利用良好的地质条件加快隧道施工进度，是隧道施工争抢进度的较好阶段。Ⅱ、Ⅲ级围岩开挖支护施工参数对比见表7-4。

全断面开挖法施工顺序为：局部砂浆锚杆→全断面开挖→喷射混凝土支护→模筑二次衬砌混凝土。爆破采用光面爆破，减少超挖量，开挖后及时进行喷射混凝土支护。

Ⅱ、Ⅲ级围岩开挖支护施工参数对照表 表7-4

围岩等级	设计参数			施工参数		
	开挖		支护	开挖		支护
	开挖方法	开挖进尺(m)	锚喷混凝土厚度(cm)	开挖方法	开挖进尺(m)	锚喷混凝土厚度(cm)
Ⅲ	上下台阶法	3.0~3.5	15	全断面	3.5~3.8	15
Ⅱ	上下台阶法	3.0~3.5	10	全断面	3.5~3.8	10

7.3 隧道衬砌施工

7.3.1 仰拱及仰拱回填施工

1）仰拱施工方法

仰拱填充及铺底紧跟开挖，距临近开挖工作面40~60m，人工配合挖掘机检底，底部虚渣、杂物、积水要清理干净。为减少其与出渣运输的相互干扰，采用仰拱栈桥进行仰拱全幅施工，全幅灌注，仰拱、填充应分开浇筑，仰拱和底板混凝土达到5MPa后，行人方可通行，达到设计强度100%后，车辆方可通行。马峦山隧道共计划加工4座仰拱栈桥，栈桥的外形尺寸为24.3m×4.8m×0.9m，采用型钢组合加工制作。

仰拱栈桥法施工如图7-6所示，栈桥技术参数见表7-5。

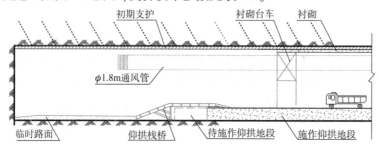

图7-6 仰拱栈桥示意图

仰拱栈桥技术参数表 表7-5

序号	项　目	技术参数	备　注
1	J结构主跨(m)	10	
2	行车道宽度(m)	2.9	
3	前坡道长度(m)	9.7	
4	后坡道长度(m)	2.97	
5	前、后坡度比	1:5	
6	允许通过质量(t)	30	
7	车辆最大行驶速度(km/h)	5	

续上表

序号	项目	技术参数	备注
8	平台移动方式	轨行、外力牵引	
9	仰拱一次浇筑长度(m)	10	
10	结构外形尺寸(长×宽×高,m)	24.3×4.8×0.9	
11	结构质量(t)	18	
12	平台下部作业高度(m)	1.7	满足仰拱施工的作业空间要求

2)仰拱混凝土施工

首先用装载机将加工好的仰拱栈桥拖到计划施工的仰拱地段,再进行仰拱石方开挖并处理欠挖,欠挖采用风钻钻孔,松动控制爆破,反铲配合清渣,高压风吹底;立模板(仰拱和填充层在施工缝处错开50cm,预埋接茬钢筋,拆模后施工缝进行凿毛处理)并浇筑混凝土,混凝土用罐车运输,并用插入式振捣器振捣密实;待混凝土养护到设计强度后,将仰拱栈桥移至下一幅施工。仰拱填充及铺底超前拱墙衬砌台车60~80m,为拱墙衬砌台车轨道铺设提供条件,有利于文明施工,保证隧道底部施工质量,从根本上消除隧道底部质量隐患,有利于结构稳定。

(1)施工工序

仰拱施工流程图如图7-7所示。

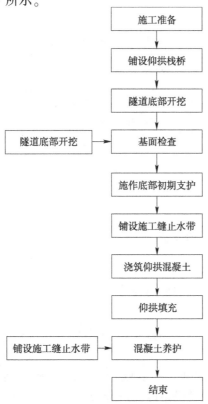

图7-7 仰拱施工流程图

(2)施工技术措施及要点

①仰拱应紧跟开挖面施作,尽快形成封闭环。Ⅳ、Ⅴ级软弱围岩施工时,仰拱距离开挖面20~30m;仰拱应超前拱墙二次衬砌施作,其超前距离宜保持2倍以上衬砌循环作业长度。

②仰拱施作应一次成形,保证仰拱整体稳定。仰拱施工缝和变形缝处应做防水处理。

③底板施工前应清除虚渣、杂物和积水,坡面应平顺,确保排水通畅,应采用一次灌注混凝土成形工艺。

④仰拱填充严禁与仰拱同时施工,宜在仰拱混凝土终凝后施作。

⑤为减少其与出渣运输的相互干扰,采用仰拱栈桥跨过施工地段,以保证隧道底部的施工质量,消除隧道底部结构施工质量隐患。仰拱栈桥的长度和结构形式可根据施工需要来确定。

(3)仰拱底板回填

①在施作前应清除仰拱面的碎渣、粉尘,并冲洗干净,不得有积水。

②仰拱混凝土达到设计强度70%后,按设计要求进行仰拱回填施工。

(4)边墙基础施工

根据衬砌台车就位要求,在拱墙衬砌前,应先施工边墙基础。浇筑前应挖够尺寸,满足设计高程要求,将浮渣、杂物、积水清理干净,经隐蔽工程检查合格后方可开始浇筑。

边墙基础落后于仰拱及填充层、先于边拱墙衬砌,采用定型模板施工;混凝土罐车运抵浇筑地点浇筑。边墙基础浇筑高度一般在电缆沟顶面高程以下。

(5)仰拱及底板施工质量标准。

仰拱及底板施工质量标准见表7-6。

仰拱及底板施工质量标准   表7-6

序号	检查项目	规定值或允许偏差	检查方法和频率
1	混凝土强度	在合格标准内	试件强度试验报告
2	仰拱(底板)厚度	不小于设计值	水准仪:每10m检查1个断面,每个断面检查5点
3	钢筋保护层厚度(mm)	≥50	凿孔检查:每10m检查1个断面,每个断面检查3点
4	顶面高程(mm)	±15	水准仪:每个浇筑段检查1个断面

7.3.2 隧道二次衬砌防排水施工

1)隧道防排水原则

隧道防排水设计遵循"防、排、堵、截结合,因地制宜,综合治理"的原则,达到排水畅通、防水可靠、有利于水土保持、不留后患的目的。

对洞口周边的地表水进行拦截和疏导,不让地表水进入主洞范围。

隧道防排水注意事项:

(1)防水卷材及无纺布在初期支护验收合格后方可施工。同时,应特别检查喷射混凝土支护表面,除去露出的尖锐物,其平整度应符合 $D/L<1/6$ 的要求(L 为相邻凸出距离,D 为凹进深度)。

(2)无纺布与防水卷材之间全复合,吊挂法安装,卷材自粘面朝向二次衬砌,施工时应按材料施工工艺要求做到防水层与二次衬砌满粘。

(3)二次衬砌浇筑前应撕去防水板上的防粘膜,并注意防止自粘面被污染而影响其自粘效果;塑料防水卷材边缘留15cm不涂自粘层,两卷防水层之间搭接采用热风双焊缝工艺,并在焊缝外贴一层宽度不小于30cm的双面自粘卷材加强层。

(4)隧道衬砌变形缝设置中埋式橡胶止水带,施工缝中间位置设置遇水膨胀止水条。

(5)隧道内边墙下部的高密度聚乙烯(HDPE)纵向排水暗管应外包一层无纺布,以避免土砂颗粒进入管内,造成管道淤塞。

(6)所有排水管路交叉部分,原则上均应采用市售成品(三通管)。

(7)所有的纵向和横向排水管必须严格按设计的高程埋置到位,不能呈波浪状,引起积水和排水不畅;隧底横向泄水支管埋设时应严格按设计坡度及管口高程埋置,避免积水倒流;各排水管件交叉处必须用三通或多通管连接;各排水管件均外裹透水无纺布。

(8)本隧道设计为人字坡,变坡点位于本隧道3标地段,从盐田端洞口施工均为单向坡施工,有利于施工排水,无须反向排水。但是施工时应根据隧道预测涌水量完善排水施工组织,并预留紧急加强排水的能力,保证施工安全。

2)隧道防水系统

(1)结构防水

二次衬砌模筑混凝土采用自防水C30混凝土,抗渗等级为P8。喷射混凝土完成后,将喷射混凝土内表面采用M30防水砂浆抹平。暗挖隧道环向盲沟设置:Ⅱ、Ⅲ级围岩段30m/道,Ⅳ、Ⅴ级围岩段15m/道,断层影响带及有集中水流处5m/道;洞身两边墙角在防水层和初期支护喷射混凝土间设置PS-100软管各一道,纵向贯通,其纵坡与路线纵坡一致,两边墙底每隔10m设置$\phi 50mm$聚氯乙烯(PVC)横向泄水管各一道。

(2)三缝防水

隧道内施工缝用钢板腻子止水带,按环向8m/道设置,变形缝仅设置在正洞明、暗洞分界处。

(3)模筑混凝土衬砌外防水

隧道洞身在初期支护完成后用M30防水砂浆抹平,在与模筑混凝土衬砌之间设置无纺布及塑料防水板,采用自粘封胶口施工工艺搭接。无纺布在初期支护一侧,防水板的自粘面靠近二次衬砌一侧,二次衬砌浇筑后防水板与其自动粘结。防水卷材厚度≥1.2mm,无纺布规格为$350g/m^2$。

3)防水板施工

为保证防水板的铺设质量,施工中采用无锚钉铺设防水板工艺,保证每一循环防水板没有一个锚钉,没有一处穿孔,确保防水板铺设质量。

(1)防水板施工台架

防水板在施工台架上进行铺设。施工台架采用结构简单的临时支架,可用万能杆件拼装,也可使用工地现有的材料加工制作。上部采用$\phi 108mm$钢管或槽钢弯成与隧道拱部形状相似的支撑架,用丝杠与台架连接,以便其升降;走行部分采用轨行式,轨距与衬砌钢模台车一致。防水板施工台架如图7-8所示。

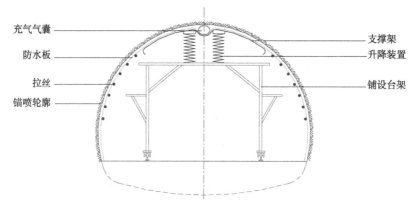

图7-8 防水板施工台架示意图

防水板采用无钉挂设工艺。用强力钉、铁丝和防水板上的吊绳将防水板固定在喷射混凝土基面上。防水卷材及无纺布铺设如图7-9所示。

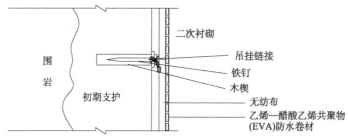

图7-9 防水卷材及无纺布铺设示意图

(2) 准备工作

施工准备分洞外和洞内两部分进行,洞外施工需有一个较大的工作室。

①检查防水材料的质量:检查弹簧排水管及防水板是否有厚薄不均、斑点、刀痕、撕裂、小孔等缺点,根据检查情况或进行修补,或不允许使用。

②用特种铅笔在防水板边缘绘制胶粘搭接线,防水板搭接线距板边10cm,并按工作台长度将单覆胶粘成大幅卷材,其长度按隧道实际开挖廓线长度确定,并加长不小于40cm的富余量。用同样的方法准备无纺土工布,其宽度和长度略大于防水板以便于连接。

③排水管从出水处沿实际开挖轮廓线设置到边墙脚,以保证引水畅通。土纺布和防水板拱部、边墙应分段铺设,使用前,在拱部的卷材上划出中线,对称卷材备用。

④洞内准备工作主要是安装工作平台、接通电源、割除锚头和钢筋头、挂网并用混凝土填补平超挖空洞、检查断面、凿除欠挖部分、补喷混凝土合拢。

(3) 悬挂与固定排水材料及防水层

①固定弹簧排水管。

用电锤配备$\phi 12mm$钻头在要埋设的排水管两侧钻深10cm的孔,孔内埋$\phi 12mm$塑料膨胀螺栓及$\phi 8mm$钢筋,外露2~3m,采用铁丝固定排水管。

②防水层的铺设。

在铺拱部,将卷材中线重合于隧道中线,然后逐步向两侧展开。采用无钉铺设防水层。固定防水层时,要将防水层卷材放松,不能绷得太紧,根据混凝土基面情况留够富余量,使二次模筑混凝土挤压后,防水层与喷射混凝土表面自然密贴。

③防水板材的焊接。

塑料自粘防水卷材边缘留15cm不涂自粘胶,两卷防水层之间搭接采用热风双焊缝工艺,并在焊缝外贴一层宽度不小于30cm的双面自粘卷材加强层。无纺布与防水卷材出厂时已粘结复合,采用吊挂法安装,卷材自粘面朝向二次衬砌,施工时应按材料施工工艺要求做到防水层与二次衬砌满粘。

板材采用双缝热熔自动焊接机焊接。依据板材的厚度和自然环境的温差调整好焊接机的速度和焊接温度再进行焊接。焊接完后的卷材表面留有空气道,用以检测焊接质量。

相邻两块防水板搭接长度为150mm,中空充气部分为2cm。

检查方法为:用5号注射针与压力表相接,用排气筒进行充气,在0.25MPa压力作用下15min压力损失不超过10%。否则补焊至合格为止。

(4)铺设防水层应注意的事项

①为保证铺设防水层的平整,隧道开挖应严格采用光面爆破,喷射混凝土后要求隧道轮廓线圆顺、整齐。

②挂防水板前,必须先按设计要求做好治水,否则挂板后水压若超过防水层负荷能力,防水层将遭到破坏。

③在铺设防水层前,必须先将边墙基础灌好,检查断面,无欠挖现象,严禁在已铺设防水层处进行爆破作业。

④隧道内各洞室铺设防水层应搭接在洞室防水层里面,并在洞室边缘增设固定点。

防水板、防水卷材焊接搭接示意图如图7-10～图7-12所示。

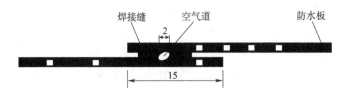

图7-10 防水板焊接示意图(尺寸单位:cm)

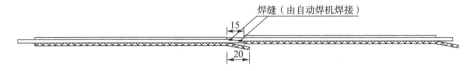

图7-11 防水卷材搭接大样图(尺寸单位:cm)

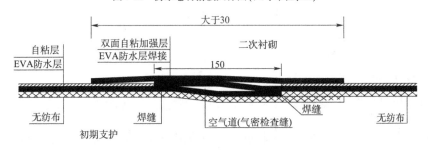

图7-12 防水卷材搭接示意图(尺寸单位:cm)

（5）质量验收

防水层铺设完毕后，由项目队技术负责人主持，安全质量员和作业组长参加，按验收标准逐项检查验收合格，填报有关资料表格，并请监理工程师复查。防水板施工质量标准见表7-7。

防水板施工质量标准　　　　表7-7

序号	项　　目		规定或允许偏差(mm)	检查方法和频率
1	搭接宽度(mm)		≥100	尺量：全部搭接均要检查，每个搭接检查3处
2	缝宽(mm)	焊接	两侧焊缝宽≥25	尺量：每个搭接检查5处
		焊接	粘缝宽≥50	
3	固定点间距(mm)	拱部	符合设计要求	尺量：检查总数的10处
		侧墙	符合设计要求	
4	接缝与施工缝错开距离(mm)		≥500	尺量：每个接缝检查5处

4）止水带施工

（1）设计要求

①混凝土衬砌的纵向和环向施工缝均设置遇水膨胀止水条。混凝土浇筑时应按止水条形状预留凹槽。环向止水条数量应根据模板台车长度确定，纵向止水条设在矮边墙处施工缝位置。

②在衬砌类型交界处、软硬地层变换处设置沉降缝，连续Ⅴ级围岩中每50m设置一道沉降缝；沉降缝与抗震缝采用同样的防水形式。

③钢筋以能固定止水带为原则，可按间距1.0m设置一处。

④施工缝和变形缝处设双面自粘防水卷材增强层，宽30cm，沿缝的位置粘接在第一层防水卷材上。

（2）沉降缝施工工序

①立模，挡头板穿入固定钢筋。

②安置橡胶止水带（一侧弯折）及沥青浸制软木板和聚苯乙烯板。

③浇筑一侧混凝土。

④拆模。

⑤拉直止水带另一侧并固定（回填聚苯乙烯板）。

⑥立模浇筑另一侧混凝土。

⑦凿除内侧聚苯乙烯板。

⑧填塞石棉麻絮沥青。

⑨用挤注枪压入双组分聚硫密封膏（压实抹平）。

（3）施工工艺要求

采用施工台架作为施工平台。在邻近施工缝或沉降缝处的拱架外侧按一定间距安装止水带固定装置。沉降缝和施工缝是防水的薄弱环节。本隧道沉降缝、施工缝均采用中埋式橡胶止水带,施工缝采用遇水膨胀止水条施工。施工时必须保证橡胶止水带质量,安装不偏不倒,准确定位,不扎孔,良好搭接。遇水膨胀止水条安设程序为:清洗混凝土表面→涂刷粘贴剂→粘贴止水条→混凝土钉固定→灌注新混凝土。

(4)施工注意事项

①衬砌的施工缝和沉降缝所采用的止水带等材料要符合设计要求,使用前将样品及出厂检验证送监理工程师批准。

②在安装止水带和混凝土浇捣作业过程中,注意对止水带的保护,不得被钢筋、石子和钉子刺破,如发现有被刺破、割裂现象,必须及时更换或修补。

③用特制夹具固定止水带,浇筑混凝土过程中防止止水带偏移。

④加强混凝土振捣,排除止水带底部气泡和空隙,使止水带和混凝土紧密结合。

⑤止水条的接头,根据其材质和止水部位采用不同的接头方法。对于橡胶止水条采用在厂家一次性加工长度成形的方式,避免现场连接。

(5)止水带施工质量标准

止水带施工质量标准见表7-8。

止水带施工质量标准 表7-8

序号	项 目	规定或允许偏差	检查方法和频率
1	纵向偏离(mm)	±50	尺量;每环至少3处
2	偏离衬砌中心线(mm)	≤30	尺量;每环至少3处

5)排水系统设计

(1)墙背环向均匀铺设SH-50半圆形弹簧渗水管,纵向间距为10m,每处两根并排;有集中股水流处用 ϕ50mm 高密度聚乙烯(HDPE)单壁无孔波纹管直接引排至纵向排水盲管,计量按每10m一处计(每处长10m)。

(2)隧道左右边墙背后设置 ϕ100mm HDPE双壁打孔波纹管(外裹无纺布)各一道,其纵坡与路面纵坡一致。

(3)隧道边墙底部横向每隔10m(富水地段可适当加密)设置一道 ϕ100mm HDPE单壁无孔波纹排水支管,使墙背水排入主排水管内。

(4)车行洞基线以下1.2m设置 ϕ500mm 钢筋混凝土主排水管以排泄墙背地下水,纵向每隔150m左右设置主排水管检查井(暗井)。

(5)车行洞路面较低侧路缘带下设置开口水沟以排泄路面水。

(6)隧道路面混凝土基层下每隔5m横向设置一道自带无纺布的MF20(宽20cm,高2.5cm)塑料乱丝盲沟与主排水管相接,以疏干路面下地下水。

(7)车行横通道、人行横通道左右边墙背后设置 ϕ100mm HDPE双壁打孔波纹管(外裹无纺布)各一道,其纵坡与路面纵坡一致,该排水管直接与主洞主排水管相接。

6)排水边沟施工

施工时按设计将钢筋分节段洞外预制,洞内安装立模并在进行路面结构施工时一并施工,安装时由测量人员严格控制尺寸、高程,同时检查基座是否稳固,确保管线顺直。洞内排水沟断面尺寸质量标准见表7-9。

洞内排水沟断面尺寸质量标准 表 7-9

序号	项　目	规定值或允许偏差	检验方法和频率
1	断面尺寸(mm)	±10	尺量:每100m随机检查5处
2	壁厚(mm)	±5	尺量:每100m随机检查5处
3	高度(mm)	0,-20	
4	沟底高程(mm)	±20	水准仪:每20m测高程

7.3.3 全断面二次衬砌施工

1）施工注意事项

（1）隧道边墙及拱部二次衬砌的浇筑应采用移动式液压模板台车和泵送混凝土整体浇筑，以保证二次衬砌的密实及外表美观。每模衬砌混凝土应连续浇筑,一次完成。

（2）二次衬砌施作时必须先浇筑仰拱和矮边墙，然后立模进行拱部混凝土浇筑，矮边墙与拱墙模筑混凝土间的纵向施工缝宜位于电缆沟盖板以下。

（3）隧道浇筑二次衬砌时应注意预留洞室及预埋交通工程管线，并应对照相关文件的隧道预留洞室设计图。在施作有关预留洞室及预埋交通工程管线前，应将相关图纸进行核对；发现错漏时及时反馈设计代表，以保证后续机电设备的顺利安装。

（4）隧道仰拱整体浇筑,不得分幅施工。

（5）二次衬砌混凝土浇筑时，应采取措施确保隧道拱部混凝土灌注密实。为防止浇筑二次衬砌时拱顶不密实，防水卷材与二次衬砌混凝土分离而影响防水效果，衬砌拱顶灌注混凝土时于拱顶预埋 $\phi50mm$ PVC 注浆管，纵向间距不大于3m，且每模板台车范围内的预留孔应不少于4个。在衬砌混凝土达到设计强度的100%后方可进行衬砌拱顶充填注浆，注浆压力应控制在0.1MPa以内，注浆材料采用M20水泥砂浆，注浆达到设计终压后即可终止注浆。注浆结束后应将注浆孔封填密实。

（6）隧道二次衬砌在初期支护完成后适时进行。根据施工量测，二次模筑衬砌时间应在围岩量测净空变化速率小于0.2mm/d，变形量已达到预计总变形量的80%以上，且变形速率有明显减缓趋势时方可进行，适时衬砌。

（7）二次衬砌混凝土采用防水混凝土浇筑，防水混凝土抗渗等级不小于P8，防水混凝土外加剂有防水剂、高效减水剂等；水泥、砂石料、外加剂等各项原材料须符合质量要求。

2）二次衬砌施工工艺流程

除明洞外，暗洞均采用复合式衬砌。Ⅳ～Ⅴ级围岩隧道衬砌采用曲墙有仰拱的形式。采用整体式液压钢模衬砌台车或个别不规则断面组合式钢模衬砌台车进行混凝土衬砌，混凝土采用商品混凝土，采用混凝土搅拌运输车运送混凝土，混凝土输送泵泵送入模，振捣器振捣。二次衬砌施工工艺流程如图7-13所示。

（1）钢筋制作安装

严格按照设计尺寸及规范要求在洞外钢筋加工棚内进行下料加工，运输车运入洞内，二次衬砌混凝土中的受力钢筋接头宜设置在受力较小的位置，按设计要求施作。钢筋加工运输过程中严禁污染钢筋，有锈蚀处应进行处理后才能正式使用。

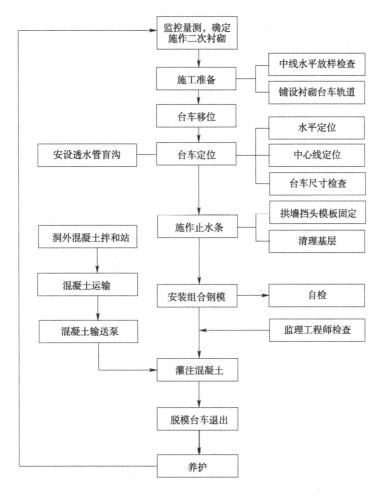

图 7-13 二次衬砌施工工艺流程图

(2) 钢筋绑扎安装

如果设置了全环钢筋,还需要进行钢筋绑扎。仰拱钢筋施工时预留与拱墙钢筋连接的接头,并按规范错开接头(长短交错布置,错开1m),拱墙钢筋绑扎安装采用槽钢焊制的工作台架,工作台架形式同防水板工作台架。钢筋安装时,采用全站仪放线,先施作环向定位弧形钢筋圈,以此作为钢筋绑扎定位、检查的依据,一环12m,完成并经检查合格后方可进入下一循环。钢筋施工应达到以下条件和技术标准要求:

①防水板铺设前应检查断面欠挖,凡小于衬砌厚度的部位均要进行处理。
②依据钢筋技术交底,绑扎外层定位钢筋,保护层厚度要留够;禁止打锚杆固定,以防止损坏防水板,应利用台架固定。
③绑扎外层主筋,钢筋间距应均匀,按设计布置,误差控制应符合规范要求。
④绑扎外层钢筋,注意外层与内层环向间距不一样。
⑤绑扎内层定位钢筋,注意定位钢筋的位置与内、外层主筋间距的关系。
⑥绑扎内层主筋,应与外层主筋在同一断面上。

⑦绑扎内层纵筋,应与外层纵筋垂直在同一圆心上。

⑧绑扎箍筋(勾筋),注意层间距不应变小。

⑨用砂浆垫块垫在钢筋和模板之间,以保证钢筋净保护层厚度,保护层厚度不得小于5cm。

⑩钢筋交叉处,用直径为0.7~1.0mm的铁丝,按8字形或十字形扎结,可采用间隔扎结的方法。钢筋焊接同相关规范要求。

(3)模板衬砌台车安装

模板衬砌台车节长12m,安装程序如下:

①模板台车轨道铺设。

②安装行走机构。

③安装门式框架。

④安装墙部模板。

⑤安装框架上部作业平台。

⑥安装拱部模板。

⑦安装液压动力系统。

⑧安装模板台车附件。

⑨调试。

⑩空载试车。

模板台车安装好后,应再检查一遍各部件,然后做液压件检验及走行试验。模板调整范围及台车各部尺寸检查,其误差应达到设计标准。

(4)模板台车行走就位

①松开轨卡。

②开动走行装置,将台车移动到衬砌位置。

③紧固下部中间支承丝杆千斤顶。

④紧固轨卡。

⑤清除粘附在模板上的水泥浆等杂物,涂脱模剂。

(5)模板台车定位立模

①根据水平定位测量数据,用轴颈液压千斤顶,将拱部模板上升或下降至隧道拱部设计高程(含预留净空)。

②拱部中线定位立模。根据中线定位测量数据,用横移千斤顶将拱部模板中心的铅垂线对准隧道中心线。

③边墙模板定位。使用边模液压千斤顶使边模底部与边墙基础混凝土顶面接缝相重合,并密贴。底模至隧道中心距离及台车拱部模板起拱线至隧道中心距离达到设计净空要求(含预留量)。

(6)拱墙模板固定成型

①以上程序完成后,紧固上下部中间支承丝杆千斤顶。

②紧固边摸上下部各丝杆千斤顶。

③安装挡头板。

(7)拱墙混凝土浇筑

①混凝土浇筑与振捣

混凝土浇筑方法与洞口段相同,详见"7.1.6 混凝土施工"。

②混凝土养护

应采取措施控制养护过程中的环境湿度和混凝土温度,以保证衬砌混凝土的质量。新浇筑混凝土表面拆模后应及时浇水养护。养护期一般为7~14d。

③回填注浆

为防止初期支护与二次衬砌之间出现空洞或不密实,隧道二次衬砌施工完成并达到100%强度后,进行拱顶预留空洞注浆。

施工中在衬砌顶部混凝土内预埋ϕ50mm PVC 注浆管。注浆管纵向间隔2~2.5m,每模板台车范围内注浆管个数不少于4个,注浆材料采用1:1水泥浆,其配合比根据现场试验确定,回填注浆压力在0.1MPa以内。

注浆前先做注水试验,主要检查注浆管路是否牢固可靠、注浆系统仪表是否正常及衬砌实体溢水位置。

预埋注浆管位置要固定准确,通过特殊方法加强固定。同时,为防止注浆管堵塞,在注浆管头要进行包裹,在注浆前打开封端。

④模板安装、混凝土衬砌施工、防水混凝土、衬砌钢筋施工质量标准

模板安装、混凝土衬砌施工、防水混凝土、衬砌钢筋施工质量标准见表7-10~表7-13。

模板安装质量标准　　　　表7-10

序号	检查项目	规定值或允许偏差	检查方法和频率
1	平面位置及高程(mm)	±15	尺量:全部
2	起拱线高程(mm)	±10	水准仪测量:全部
3	拱顶高程(mm)	+10,0	水准仪测量:全部
4	模板平整度(mm)	5	2m靠尺和塞尺;每3m测5点
5	相邻浇筑段表面错台(mm)	±10	尺量:全部

混凝土衬砌施工质量标准　　　　表7-11

序号	检查项目	规定值或允许偏差	检查方法和频率
1	混凝土强度	在合格标准内	试件强度试验报告
2	边墙平面位置(mm)	±10	尺量:全部
3	拱部高程(mm)	+30,0	水准仪测量(按桩号)
4	衬砌厚度	不小于设计值	激光断面仪或地质雷达随机检查
5	边墙、拱部表面平整度(mm)	15	2m直尺、塞尺;每侧检查5处;或断面仪测量

防水混凝土质量标准　　　　表7-12

序号	检查项目	规定值或允许偏差	检查方法和频率
1	抗压强度	在合格标准内	按《公路隧道施工技术规范》(JTG F60—2009)附录A检验
2	抗渗等级	符合设计	每200mm衬砌做一组试件(每组6个)

衬砌钢筋施工质量标准　　　　表 7-13

序号	检查项目		规定值或允许偏差	检查方法和频率
1	主筋间距(mm)		±10	尺量:连续3处以上
2	两层钢筋间距(mm)		±5	尺量:两端、中间各1处以上
3	箍筋间距(mm)		±20	尺量:连续3处以上
4	绑扎搭接长度	受拉 HPB级钢	$30d$	尺量:每20m检查3个接头
		受拉 HRB级钢	$35d$	
		受压 HPB级钢	$20d$	
		受压 HRB级钢	$25d$	
5	钢筋加工长度(mm)		-10 ~ +5	尺量:每20m检查2根
6	钢筋保护层厚度(mm)		-5 ~ 10	尺量:两端、中间各1处

注:d 为钢筋直径。

7.4 隧道施工监控量测与检测验收

7.4.1 隧道施工监控量测

监控量测是新奥法施工的三大要素之一,是复合式衬砌设计、施工的核心技术。通过施工现场监控量测监视围岩变化,掌握支护结构在施工过程的力学状态和稳定程度,可确保施工安全,为确定二次衬砌和仰拱施作时机,了解和掌握围岩变化规律,评价和修改支护参数及施工方法,确定最终稳定时间等提供信息依据,并为以后设计、施工积累资料。因本隧道开挖断面大,浅埋段施工长,必须加强围岩及支护的施工监控量测工作,并贯穿于施工全过程。

量测的主要项目:地表下沉,地中位移,拱顶下沉,净空收敛,主测断面的锚杆轴力、围岩压力,衬砌、钢架内力,锚杆抗拉拔试验。

1)必测项目

(1)地质和支护状况观察。本项包括洞内和洞外观察,洞内观察包括开挖掌子面观察和支护完成区段观察,洞外观察包括洞口地表情况、地表沉陷、边坡与仰坡的稳定、地表水渗漏的观察等。其中洞内开挖面观察在每次开挖后进行,观察后应绘制开挖面略图,填写工作面状况记录及围岩级别判定卡;初期支护完成后每天进行一次,观察喷射混凝土、锚杆、钢架等的状态。

(2)水平净空收敛、拱顶下沉、底板隆起。隧道周边位移+拱顶下沉量测:量测坑道断面的收敛情况,包括拱顶下沉、净空水平收敛以及底板隆起(必要时)。拱顶下沉和净空水平收敛在同一量测断面内进行。当地质条件复杂,下沉量大或偏压明显时,还应量测拱腰下沉及基底隆起量。选用中科院武汉岩土力学研究所研制的 WRM 型钢环或收敛计,其精度可达 0.01mm。一般洞段每 10~50m 一个断面;洞口段、浅埋段、变形段每 5~10m 一个断面,每断面 2~3 对测点。

测点应在距开挖面 2m 的范围内尽快安设,保证爆破后 24h 内或下一次爆破前测读初次读数。每个收敛断面在拱腰、边墙各有一对量测点,拱顶设一个下沉测点,测量结果可为二次衬砌的施设提供依据,是各项量测中的重点。

Ⅴ级围岩每10m一个断面,Ⅳ级围岩洞口段每10m一个断面,Ⅳ级围岩每20m一个断面,Ⅲ级围岩每40m一个断面(景观段与紧急停车带每20m一个断面),Ⅱ级围岩每40m一个断面,测点布置如图7-14所示。

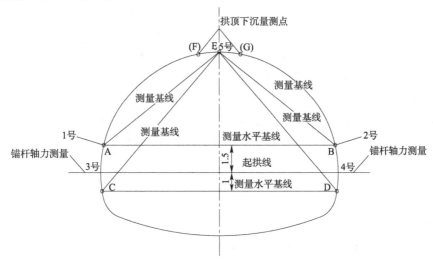

图7-14　洞内监测点位布置图(尺寸单位:m)

(3)地表下沉量测(隧道顶板埋深小于2倍隧道开挖宽度)。浅埋段地表下沉量测断面布置宜与拱顶下沉量测及水平净空收敛量测在同一断面上。监测仪器:精密水准仪和水准尺。地表下沉量测频率为:每5~50m一个断面,人行洞至少2个断面,车行洞至少3个断面,每个断面至少7个测点,中线横向上每5~20m一个测点。地表测点布置可按照图7-15进行。

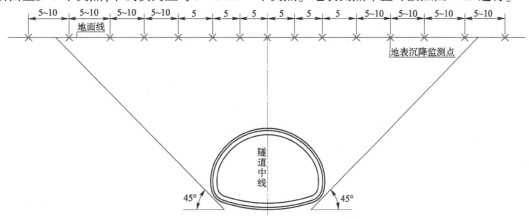

图7-15　隧道地表下沉测点布置图(尺寸单位:m)

地表下沉测点桩结构如图7-16所示。

(4)浅埋段下沉监测。隧道埋深小于20m段,每5~10m一个断面,测点与拱顶下沉位移测点对应,布置在同一断面上。

(5)建筑物不均匀沉降观测。

(6)爆破振动。

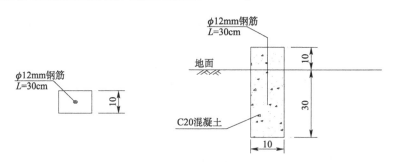

图7-16 地表下沉量测点桩结构图(尺寸单位:cm)

监测方法及仪器:测振传感器及配套传感器。监测要求:隧道净距小于1.5倍隧道开挖宽度时,每次爆破后进行监测。

(7)围岩体内位移(洞内设点)。监测方法及工具:洞内钻孔中安设单点,多点杆式或钢丝式位移计。监测要求:隧道净距小于1.5倍隧道开挖宽度,每5~100m布置一个监测断面,每个断面布置2~11个测点。

2)选测项目

(1)钢架内力及外力量测。
(2)支护、衬砌内应力量测。
(3)围岩压力及两层支护间接触压力量测。
(4)围岩弹性波测试。
(5)锚杆轴力量测。
(6)衬砌裂缝监测。
(7)地表下沉量测(隧道顶板埋深大于2倍隧道单洞开挖宽度)。
(8)中岩墙土压力量测。
(9)围岩内位移(中岩墙)量测。
(10)围岩压力(中岩墙)量测。
(11)围岩弹性波速度量测。

以上选测项目应结合本隧道围岩性质和开挖变形,必要时进行,具体项目另行协商。

监控量测内容及频率按表7-14、表7-15,施工状况发生变化时应增加监测频率。

净空位移和拱顶下沉的量测频率(按位移速度)　　　　　　　　　　　　表7-14

位移速度(mm/d)	量测频率	位移速度(mm/d)	量测频率
≥5	2~3次/d	0.2~0.5	1次/3d
1~5	1次/d	<0.2	1次/(3~7)d
0.5~1	1次/(2~3)d		

净空位移和拱顶下沉的量测频率(按距开挖面距离)　　　　　　　　　　表7-15

量测断面距开挖面距离(m)	量测频率	量测断面距开挖面距离(m)	量测频率
(0~1)b	2次/d	(2~5)b	1次/(2~3)d
(1~2)b	1次/d	大于5b	1次/(3~7)d

注:b为隧道开挖宽度。

3) 监控量测注意事项

(1) 必测项目为隧道施工过程中必须实施的监测项目,应组织专业人员认真实施,选测项目根据需要开展。

(2) 隧道进口段或地质变化显著段、位移及下沉量大的地段量测断面应适当加密。

(3) 随着施工进展,当围岩地质情况转好,且沉降量较小时,量测断面间距可根据情况适当加大。

(4) 量测元件安装时,量测断面应尽量靠近开挖面,与开挖面的距离应小于一次开挖进尺;各类型监测设备及仪器有条件时应尽量布置于同一断面,以利于各监测结果相互校验和综合分析;初读的时间应在爆破后24h内并在下一次爆破之前完成。

(5) 根据量测资料可得位移—时间曲线、位移速度—时间曲线,并对量测资料进行回归分析得出回归位移—时间曲线,当水平收敛位移速度为0.1~0.2mm/d、拱顶位移速度在0.1mm/d以下时,一般可认为围岩已基本稳定,此时可施作二次衬砌。

(6) 隧道施工初期,初期支护按本设计施作,经一段时间量测得到可靠量测资料后,可在对量测资料进行分析的基础上及时向设计单位反映,以便对施工方法、支护参数进行相应调整。

(7) 为确保施工安全,施工时必须按照设计进行监控量测,除指导施工及修正设计外,量测资料全部纳入竣工资料。

4) 周边收敛位移量测注意事项

(1) 周边收敛位移量测是隧道施工监控量测的重要项目,收敛值是基本的量测数据,必须量测准确,计算无误。

(2) 洞周相对收敛值指实测收敛量与两测点之间的距离比。

(3) 周边收敛位移量测应持续到变形基本稳定后2~3周结束。

(4) 一般情况下,周边收敛位移测点距开挖工作面应小于2m,测点埋设后第一次测量时间应在上次爆破后24h之内,并在下次爆破前进行,第一次测量的初读数是关键性数据,应反复测读,当连续量测3次的误差$R \leq 0.18$mm时,才能最终确定为初读数。

(5) 周边收敛位移量测在洞口段和浅埋段应布置6条测线。

(6) 拱顶下沉量量测、断面间距、量测频率、初读数的测取同周边位移量测保持一致。

(7) 拱顶下沉观测基准点应在距离观测点3倍洞径外的稳定点处。

(8) 拱顶下沉量测每个断面布置3个测点,测点设在拱顶中心或其附近。

(9) 拱顶下沉量测精度为±1mm,量测时间应延续到拱顶下沉稳定后。

(10) 锚杆轴力量测应与净空收敛量测、拱顶下沉量测设在同一断面。

(11) 量测锚杆所有的孔位应布置在同一垂直断面内,水平钻孔倾斜角度在垂直断面内应不超过5°,水平面内钻孔与隧道壁面交角应在85°~90°之间,钻孔时孔径应比量测锚杆直径大20~30mm,扩孔深200~250mm,钻孔完成后,应均匀饱满地往孔内注满水泥浆,插入量测锚杆时务必使锚杆端部与围岩壁面保持同一平面内。

(12) 每次隧道开挖工作面爆破后应立即对没有支护的围岩进行工程地质和水文地质条件的观察,对于支护段的隧道还应对喷射混凝土、锚杆、钢架的状态进行观察。观察中如发现异常现象,要详细记录发现时间、距开挖工作面的距离以及附近测点的各项量测数据。目测后,应详细记录并且绘制隧道开挖工作面及素描剖面图。

周边位移量测断面间距和每个断面测点数量见表 7-16。

周边位移量测断面间距和每个断面测点数量 表 7-16

围岩级别	断面间距（m）	每个断面测点数量	
		周边收敛位移	拱顶下沉
Ⅲ	40	2 条基线	3 点
Ⅳ	20	4 条基线	3 点
Ⅴ	10	6 条基线	3 点

注:当隧道埋深小于 2.5 倍洞径或小于 30m 时,无论围岩为哪种等级,均采用六条测线,监测断面间距为 10m。

5)加强加密对不良地质地段的监控量测

对隧道出入口、破碎带、向斜核心等不良地带,采取加密及提高监测频率的方法。渗水部位,对渗水量进行监测,定时测量渗水量变化。

本项目隧道进口端除劳务队临时搭设活动板房外,周边无永久性建筑物。出口端高荒村距离爆破地点 250m 以上,爆破振动影响微弱,但也应进行监控。在出口端爆破施工前,对村民房屋进行现状调查,拍照留存。特别应注意观察房屋是否存在裂缝。爆破后评估对房屋的影响。

7.4.2 监控量测资料的处理及应用

监控量测数据应及时整理并绘制简图。初期支护时态曲线应进行回归分析,选择与实际数据拟合好的函数进行回归,预测可能出现的最大位移。监控量测结果应按下列要求进行隧道稳定性综合判别。

(1)监测控制指标见表 7-17。

监测控制指标表 表 7-17

序 号	量测项目	一般地段容许值	序 号	量测项目	一般地段容许值
1	水平净空收敛	30mm	5	浅埋段地表下沉	50mm
2	拱顶下沉	30mm	6	钢架应力	180MPa
3	底板隆起	30mm	7	钢筋应力	180MPa
4	锚杆轴力	50mm			

(2)监测管理等级。实测位移值不应大于隧道的极限位移,并按表 7-18 位移管理等级管理。一般情况下,将隧道设计的预留变形量作为极限位移,设计变形量应根据监测结果不断修正。

变形管理等级 表 7-18

管理等级	管理位移	施工状态	管理等级	管理位移	施工状态
Ⅲ	$U_0 < (1/3)U_n$	可正常施工	Ⅰ	$U_0 \geq U_n$	应采取特殊措施
Ⅱ	$(1/3)U_n \leq U_0 < U_n$	应加强支护			

注:U_0 为实测变形值,U_n 为允许变形值。

当实测变形值大于允许变形的 2/3 时,必须及时通报建设、施工、监理等单位,并采取相应措施。

（3）位移变化速度，当隧道周边收敛位移相对净空变化速度大于2mm/d时，表明围岩处于急剧变形状态，需加强初期支护；位移变化速度在0.2~2.0mm/d时，应加强观测，做好加固的准备；当位移变化速度小于0.2mm/d时，可以认为围岩达到基本稳定。

（4）根据回归后位移时态曲线的形状判定，当围岩位移速度不断下降时表示围岩趋于稳定状态；当位移速度保持不变时表示位移不稳定，当位移速度不断上升时表示围岩进入危险状态。

（5）将量测结果反馈到设计、施工中，首先是为了确保施工中的安全性，其次是为了确保设计中的经济性。因此必须将量测结构迅速、正确地反馈到设计及施工中，整个隧道施工中积极地进行量测，以获得良好的成效，量测程序如图7-17所示。

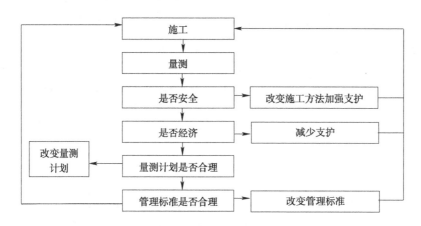

图7-17 监控量测流程图

（6）施工中注意观测的其他项目。

①开挖面的观察。

a.岩层的种类和分布情况，岩层强度、风化和变质情况，节理裂隙发育程度和方向，填充物的性质，断层的位置、走向及破碎程度。

b.开挖面稳定情况，拱部有无围岩脱落及坍塌。

c.涌水的位置，涌水量，涌水压力。

②已施工地段的观察。

a.锚杆有无被拉断，垫板有无松动或陷入岩层。

b.喷射混凝土是否产生裂缝、剥离和剪切破坏。

c.钢架是否有变形，压屈位置与状态和钢架与混凝土的黏结情况。

d.衬砌有无变形，开裂和破坏情况，漏水的大小和范围，有无鼓底现象。

7.4.3 隧道检测验收

隧道整体检测验收包括外观和实测两部分。

1）外观检查

（1）隧道衬砌内轮廓不得侵入建筑限界。

(2)隧道拱部、墙部、设备洞、车行横通道、人行横通道等通道拱部不滴水,边墙不润滑淌水,路面不积水。

(3)洞内排水系统不淤积、不堵塞,确保排水通畅。

2)实体检测

隧道实体检测项目及验收频率见表7-19。

检测验收频率 表7-19

施工工序	检查项目		规定值或允许偏差	检查方法及频率
洞身开挖	拱部超挖(mm)	Ⅰ级围岩	平均100,最大200	采用激光断面仪:每20m检查1个断面,每个断面自拱顶每2m测1点
		Ⅱ、Ⅲ、Ⅳ级围岩	平均150,最大250	
		Ⅴ、Ⅵ级围岩	平均100,最大150	
	边墙超挖(mm)	每侧	0~100	
		全宽	0~200	
	仰拱、隧道底超挖(mm)		平均100,最大250	水准仪:每20m检查3处
喷射混凝土支护	喷射混凝土强度(MPa)		在合格标准内	按《公路工程质量检验评定标准 第一册 土建工程》(JTG F80/1—2017)附录
	喷层厚度(mm)		平均厚度≥设计厚度,60%的检查点的厚度≥设计厚度,最小厚度≥0.6倍设计厚度	(1)凿孔法:每10m检查1个断面,从拱顶中线起每3m检查1个点。(2)地质雷达检测:沿隧道纵向分别在拱顶、两侧拱腰、两侧边墙连续测试5条线,每10m检查1个断面,每个断面测5个点
锚杆支护	锚杆数量(根)		不少于设计数量	现场实计
	锚杆拔力(kN)		28d拔力平均值≥设计值,最小拔力≥0.9倍设计值	按锚杆数1%且不小于3根做拔力试验
钢筋网支护	网格尺寸(mm)		±10	尺量:每100m²检查3个网眼
仰拱	混凝土强度(MPa)		在合格标准内	按《公路工程质量检验评定标准 第一册 土建工程》(JTG F80/1—2017)附录
	仰拱厚度(mm)		不小于设计厚度	水准仪或尺量:每20m检查1个断面,每个断面测5个点

续上表

施工工序	检查项目	规定值或允许偏差	检查方法及频率
混凝土衬砌	混凝土强度(MPa)	在合格标准内	按《公路工程质量检验评定标准 第一册 土建工程》(JTG F80/1—2017)附录
	衬砌厚度(mm)	90%的检查点的厚度≥设计厚度,且最小厚度≥0.5倍设计设计厚度	(1)尺量:每20m检查1个断面,每个断面测5个点。(2)地质雷达检测:沿隧道纵向分别在拱顶、两侧拱腰、两侧边墙连续测试5条线,每10m检查1个断面,每个断面测5个点
	平整度	施工缝、变形缝处≤20,其他部位≤5	2m直尺:每20m每连续检查5尺,每尺测最大间隙
	衬砌背部密实状况	无空洞,无杂物	地质雷达检测:沿隧道纵向分别在拱顶、两侧拱腰、两侧边墙连续测试5条线
钢支撑支护	榀数(榀)	不少于设计值	目测或地质雷达测:逐榀检查
	安装间距(mm)	50	尺量或地质雷达测:逐榀检查
衬砌钢筋	主筋间距(mm)	±10	尺量或地质雷达:每模板检查3个点
	两层钢筋间距(mm)	±5	尺量:每模板检查3个点

3)验收及检测中存在的问题

(1)二次衬砌混凝土强度检测,除了每班或每批次留样做混凝土试块进行28d龄期试验检测外,还应对实体进行28d回弹检测,以确保混凝土强度满足设计要求。

(2)二次衬砌厚度的检测,除了混凝土浇筑前对模板进行准确量测外,还应定期对施工成型后的二次衬砌进行地质雷达抽检,以确保混凝土的厚度达到设计及规范要求。

(3)对待二次衬砌背后脱空,首先在初期支护后进行仔细检查,防止混凝土初期支护面后大量脱空的现象,其次应在混凝土浇筑时做好振捣,确保各个部位的振捣密实,尤其是顶部窗口的振捣和封堵,最后按照验收要求进行地质雷达检测,沿隧道纵向分别在拱顶、两侧拱腰、两侧边墙连续测试5条线。

4)检测中质量问题的处理

(1)在检测中必然存在超挖及欠挖问题,对待超挖均应采用混凝土填实,不得使用块石进行填充,对于欠挖应在检测出来后或模板安装前进行处理。

(2)对于初期支护喷射混凝土面后的空洞应及时发现,及时用混凝土进行填充,避免造成背后空洞。

(3)混凝土衬砌厚度应在台模安装前加以量测,并进行有效控制,成型后采用地质雷达进行检测,重点检测拱顶、拱腰及边墙位置,检测发现存在空洞处应采用注浆进行处理,避免后背受力不均匀。

(4)针对衬砌裂缝,应由建设单位组织监理、施工及设计单位,必要时邀请隧道专家分析裂缝的性质,如为受力裂缝应由设计单位提出处理方案,经建设、监理及施工单位同意后进行处理,如非受力裂缝应由施工单位提出处理方案,经监理、设计及建设单位同意后进行处理。

5)混凝土衬砌背后空洞或脱空处理

隧道二次衬砌背后注浆采用全孔一次性注浆,是指按空腔将注浆钻孔一次完成,在钻孔内安设注浆管或孔口管,然后直接将注浆管路和注浆管(或孔口管)连接进行注浆施工,确保混凝土的整体强度,增加防水功能。

隧道拱顶注浆采用 GZB-YS 注浆泵压住水泥浆,采用 $\phi 25\text{mm}$ 橡胶软管与衬砌的注浆管连接。注浆工序如下:

(1)钻孔:根据雷达探测结果,找出注浆位置并将自行式简易平台推至注浆位置,就位稳定,若有预留注浆孔则对预留注浆孔进行清理、修补,确保注浆孔圆顺、规则。当预留注浆孔堵塞时,在空洞部位重新采用电钻打孔,孔深确保进入空洞区域并不得超过结构厚度,最好距离防水板 2~4cm,确保不钻破防水板;若没有预留注浆孔则进行人工钻孔,并进行标记,钻孔要通畅、圆顺、规则且确保不钻破防水板。

(2)安设连接套管(孔口管):连接管(孔口管)与预留管(钻孔)及注浆管连接。接风管、水管到达注浆位置,安设注浆设备进行注浆试验,检查有无漏浆漏水,确保注浆过程顺畅。

(3)砂浆的拌制:称取 100kg 水倒入储浆桶内,在储浆桶 100L 位置做好标记(水密度为 1kg/L,100kg=100L),每次加水到标记位置然后按照配合比加入水泥并搅拌 3~5min,使水泥浆液混合均匀,水泥浆必须具有良好的可灌性,固结后有一定的抗压、抗拉强度,砂浆的拌制按照实验室出具的配合比拌制,不得在注浆过程中随意改变配合比。

(4)注浆:衬砌混凝土强度达到 100% 后即可进行注浆作业,注浆压力在 0.2MPa 以内,当注浆压力达到 0.2MPa 或相邻孔出现串浆时,即可结束本孔注浆,注浆结束后检查孔口,若发现注浆不饱满即进行第二次注浆直至孔口饱满为止。

(5)检测:注浆完成后对该段注浆效果进行检测,若有脱空继续注浆;若无脱空说明注浆效果达到标准要求。

壁后注浆处理如图 7-18 所示。

图 7-18 壁后注浆处理

第8章 隧道施工重难点

8.1 隧道塌方处理方法

8.1.1 隧道塌方处理原则

隧道塌方处理应本着"安全、优质、稳妥"的原则,处理前应确保塌方段处于自稳状态,探明塌方段的地质发育情况及塌方边界,制订合理、安全、有效的处理措施。

隧道塌方主要采用混凝土回填溃腔,超前支护加强塌方段围岩的方法进行处理。施工流程为:①洞渣反压回填塌方段→②坍塌口封闭→③浇筑混凝土→④回填塌方腔体→⑤施作超前支护→⑥逐榀开挖支护掘进。

8.1.2 马峦山隧道 ZK6+550 处塌方处理

1)塌方发育情况

2018 年 9 月 2 日,马峦山隧道左线施工至 ZK6+550 里程段,该段处于地质断层破碎带范围,岩体破碎、围岩自稳性差,掌子面裂隙水发育,有线状、电线状地下水流出。上台阶开挖后,拱部发生坍塌,塌方腔体沿开挖轮廓环向长度约 13m,沿开挖轮廓线垂直向最大发育高度约 3.5m,纵向长度约 11m。掌子面塌方情况如图 8-1 所示。

2)塌方体处置措施

马峦山隧道左线发生塌方后,项目部立即组织左线作业人员、设备撤离,暂停隧道左线施工作业,同时停止右线隧道开挖爆破作业,防止爆破振动影响塌方段岩体稳定。经过一昼夜的围岩稳定性观察,在确定塌方段岩体初步自稳后,组织项目部技术人员、生产管理人员对塌方段围岩情况、腔体发育情况进行了观测、判别,随后制订了处理方案。

图 8-1 掌子面塌方(钢架断裂)

3)马峦山隧道塌方处理方案

根据隧道左线塌方段发育情况,项目部制订封口回填、超前支护的处理方案,具体施工流程为:①掌子面回填洞渣反压→②喷射混凝土封闭腔体→③加强监控量测→④塌方段腔体回填→⑤施作超前管棚→⑥逐榀开挖支护掘进。塌方段处理示意图如图 8-2 所示。

4)马峦山隧道塌方段施工处理

(1)掌子面回填洞渣反压

为了确保塌方处理期间的施工安全,采用减小塌方段临空面的方法,利用洞渣回填反压,将掌子面临空面高度由7.1m降低至3.1m。掌子面回填洞渣反压如图8-3所示。

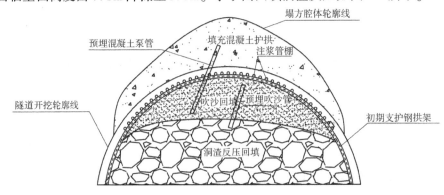

图8-2 塌方段处理示意图

洞渣回填反压由远至近,由低至高逐层推进,施工过程中,尽量利用机械作业,避免人员靠近塌方口部。

反压回填,一是可以减小溶腔坍塌口空间,为处理溶腔口降低了施工安全风险;二是回填后对左右边墙已安装好的钢架形成了反压,确保了钢架不会向隧道中线处变形,保证了钢架的稳定性。反压回填示意图如图8-4所示。

图8-3 掌子面回填洞渣反压

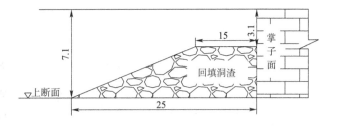

图8-4 洞渣反压回填示意图(尺寸单位:m)

(2)喷射混凝土封闭腔体

为增强塌方段岩体稳定性,防止后续塌方处理施工过程中局部坍塌,对施工造成安全隐患,采用喷射混凝土对塌方段腔体内岩壁进行封闭。喷射混凝土施工时,作业人员应保持安全距离,在有钢拱架防护的安全段范围作业,利用混凝土喷射机的射程,尽量对腔体进行全封闭喷射施工。喷射混凝土厚度应控制在5~10cm,不宜过厚。

(3)监控量测

塌方段施工处理前,应对后方20m范围已支护段加强监控量测。该段监控量测按Ⅴ级围岩监控量测要求实施,监测断面间距不大于5m。

(4)塌方腔体回填施工

塌方段腔体采用混凝土回填,回填前应先将口部封闭。采用方木、沙袋、钢筋网片、喷射混凝土对塌方段口部进行封闭。封闭前,沿腔体顶部预埋1根φ150mm混凝土泵管,沿开挖轮廓线高度埋设1根φ100mm吹沙管。施工时,利用混凝土喷射机向开挖轮廓线内腔体吹沙,开挖轮廓线以上部分采用混凝土输送泵泵入 C20 混凝土填充。待混凝土达到一定强度后,在拱部形成护拱,为下一步开挖掘进提供了安全保障。塌方段回填处理如图 8-5、图 8-6 所示。

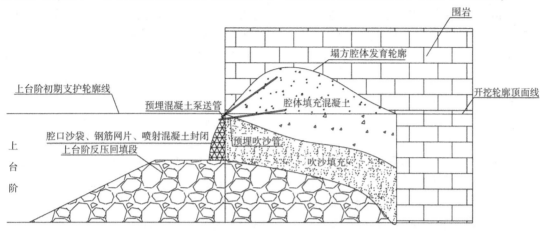

图 8-5 塌方段回填处理示意图

(5) φ89mm 超前管棚施工

填充护拱混凝土达到一定强度后,沿拱部 120°范围施作 φ89mm 超前管棚,管棚与护拱混凝土一起形成有效防护,确保后续施工安全。管棚端头工作面采用 3 榀钢架并列加强支撑,25m/根,环向间距 40cm,每环 39 根,且管棚末端须嵌入完整岩体不少于 2m。

①管棚设计参数。

a. 管棚长度:15m。

b. 管棚间距:40cm。

c. 施工范围:隧道拱部 120°范围内。

d. 管棚倾角:1°~3°。

e. 管棚材质:φ89mm 热轧无缝钢管,壁厚 4.5mm。

图 8-6 塌方腔体回填混凝土

f. 注单液水泥浆配合比:水灰比 0.6:1~1:1,注浆压力 1.0~2.0MPa。

②准备工作。

a. 钻孔平台设置:利用回填的洞渣作为管棚钻孔平台,即可利用 ZGP-150 型管棚钻机进行拱部管棚施工。

b. 孔口管支撑:管棚口采用 3 榀 I18 工字钢钢架做支撑。2 榀钢架合并安置于掌子面,第三榀与前 2 榀间距 0.6~1.0m 安置。钢架安置中线定位准确,高度应根据管棚角度做适当调整,保证钢架与管棚连接紧密。钢架设置横纵支撑,基础应用混凝土浇筑以保证钢架稳定。管棚的仰角利用水准管和小钢尺准确定位,管棚打设方向利用全站仪控制。

③管棚施工方案。

a. 施工顺序:成孔一孔,管棚顶进一根。

b. 管棚制作:管棚采用 φ89mm、壁厚 4.5mm 的热轧无缝钢管加工,无缝钢管制成钢花管,考虑到钻孔、顶管便利,管棚每节分为6m、9m两种规格,连接方式采用内套管连接,$\phi 89mm$套管长60cm。

c. 钻孔:钻机定位完成后,进行钻孔施工,钻孔选用$\phi 105mm$合金钻头,钻机采用ZGP-150型管棚钻机,钻孔时从上到下施钻,隔孔施钻,开孔时,低速低压,待成孔1.0m后,适当加压。钻进采用一次成孔法,钻机通过钻杆旋转,钻头磨碎岩石进行钻进。不论岩石好与坏,不能采用钻头碰撞岩石前进的方式,这样很容易卡钻或损坏钻头。另外,在施工时若发现钻进困难,应检查钻头是否已磨损,并及时更换。

d. 安装:每钻一孔立即安装一孔管棚。钻完一孔便清孔、验孔后顶进有孔钢花管,然后清孔插入钢筋笼。管棚顶进采用大孔引导和钻机钻进相结合的工艺,利用钻机的冲击力和推力低速顶进钢管。为满足接长钢管受力要求,相邻2根钢管的接头应前后错开。同一横断面内的接头数不大于50%,相邻钢管接头至少错开1m。管棚分节长度为3m、6m,同一截面接头数不大于33.3%。安装前应在地面预先排好、编号,再依次按照孔位号安装,保证接头分布符合要求。

e. 注浆:管棚安装好后,在外端安装法兰盘,用于管棚注浆。管棚注浆采用水泥浆液,注浆参数如下:

a)水泥浆液水灰比:1:1(质量比)。

b)注浆终压:1~2MPa。

注浆前先将注浆机、浆液拌和机、储浆桶、水泥等注浆设备和注浆材料运到掌子面,将电路、水管连接到位,注浆管与管棚尾端的法兰盘连接牢固,然后开始注浆,注浆压力达到2.0MPa后停止注浆,与钻孔流水作业,成孔一孔注浆一根。

④管棚施工注意事项。

a. 管棚必须按照设计位置施工,施工时利用水准管、小钢尺、全站仪准确定位,严格控制管棚打设方向。

b. 管棚安装时外加力应与管棚轴线方向一致,便于管棚顺利安装。

c. 注浆过程中,时刻注意泵压和流量的变化,若吸浆量很大或压力突然下降,注浆压力长时间不上升,应查明原因,如工作面漏浆,可采取封堵措施。

d. 注浆时应保持注浆管路畅通,防止因管路堵塞而影响注浆效果。

(6)下台阶局部$\phi 42mm$小导管超前加强支护

①在DK657+940~+910段下台阶向前掘进前,为保证边墙稳定,采用$\phi 42mm$小导管对溶腔内充填物进行注浆固结。小导管在边墙以外径向设置,$L=4.5m$,间距$1.0m \times 1.0m$,梅花形布置,注浆压力为0.5~1.5MPa。为避免注浆时出现爆浆现象,应将注浆面挂网喷射混凝土封闭,喷射混凝土厚度为25cm。注浆过程注意观察围岩变化。

②小导管施工采用风动凿岩机钻孔,专用顶头顶入。顶管时注意保护钢管尾部不被损坏,以便与高压注浆管连接。

③钢管尾部应预留足够的长度,并将其与工字钢钢架焊接在一起。

④为了保证注浆效果,注浆采用定量法施工,即控制好注浆量,低压力注浆,并一直保持到注浆结束。

⑤在规定的压力下,根据进浆量情况分级调整浆液浓度,直至松散土体被固结,单位吸浆量逐渐减小,达到结束标准即结束注浆。

(7)逐榀开挖支护掘进

管棚施工完成后,按照Ⅴ级围岩上下台阶法进行该段开挖支护施工。

①上台阶开挖施工时严格按"短进尺、弱爆破"的原则施工。

②上台阶开挖时进尺控制在一榀钢架长度,爆破采用弱爆破、多打眼、少装药的原则,控制装药量,避免对充填物再次扰动,造成坍塌。

③开挖后应及时支护,施工过程加强对围岩稳定性的观察。

④塌方段上台阶稳固后方可施工下台阶。

⑤该段下台阶施工时严格按Ⅴ级围岩下台阶施工要求进行施工,严禁左右侧同步施工,大进尺施工。下台阶开挖后应及时支护封闭成环。

8.2 竖井联络通道施工方法

8.2.1 隧道与竖井联络通道的特点

竖井底部通过送风和排风联络通道分别与隧道左、右主洞相连,并设置一条电缆通道以供风机房用电。其中左洞送风联络通道长74.9m,排风联络通道长101.28m,右洞送风通道长25.79m,排风道长59.44m,电缆通道长44.87m。联络通道布置如图8-7所示。

排风道断面类型共10种,送风道断面类型共5种。

(1)左线排风道共5种断面类型,断面最大开挖跨度为23.73m,最大纵坡坡度为18°,与隧道主线45°斜交。

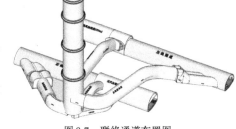

图8-7 联络通道布置图

(2)左线送风道共4种断面类型,断面最大开挖跨度为13.34m,最大纵坡坡度为15°。

(3)右线排风道共5种断面类型,断面最大开挖跨度为23.73m,最大纵坡坡度为10°,与隧道主线45°斜交。

(4)右线送风道共1种断面类型,断面最大开挖跨度为8.12m,最大纵坡坡度为19°。

(5)电缆通道共3种断面类型,断面最大开挖跨度为8.74m,最大纵坡坡度为5°。

8.2.2 联络通道施工难点

联络通道交错复杂,施工过程相互制约,存在多处施工难点。

难点一:5条联络通道相互交错,且左、右主线加高段相接,施工相互影响,存在合理安排施工顺序,保证开挖安全的难题。

难点二:风道纵向坡度大,开挖过程按照上下台阶法开挖,开挖过程最大临时纵坡达37%,机械、人员、机具上下困难,开挖台车无法上下、固定,出渣需要多次转运;二次衬砌采用满堂支架法施工,支架立杆直立困难,整体性和临时固定要求高,施工过程存在较大安全隐患。

难点三:联络通道最大开挖跨度近24m,大于隧道主线跨度,存在较大的开挖难度,有失稳坍塌的风险。施工工法采用中洞法，与主线交界处安装格栅钢架，做好超前预支护工作。

难点四：左洞两座联络通道跨越右洞主线，与右线主线洞顶最小净距仅为5m，风道开挖过程围岩应力时刻发生变化，围岩应力变化和爆破振动影响容易造成下方隧道加高段初期支护开裂甚至坍塌，开挖工法和风道爆破必须严格进行控制，同时做好监控量测工作。

8.2.3 联络通道施工顺序

难点一解决方案：本着竖井联络通道、马头门"先下后上，禁止同时开挖"的施工原则，在满足开挖安全的前提下，合理地安排5座联络通道、隧道主线区段的施工顺序，以保证施工过程安全，确保成品质量合格。

（1）由于左、右线送风道与主线加高段相接，所以送风道施工前，左、右主线加高段必须完成开挖、支护施工。左、右主线加高段示意图如图8-8所示。

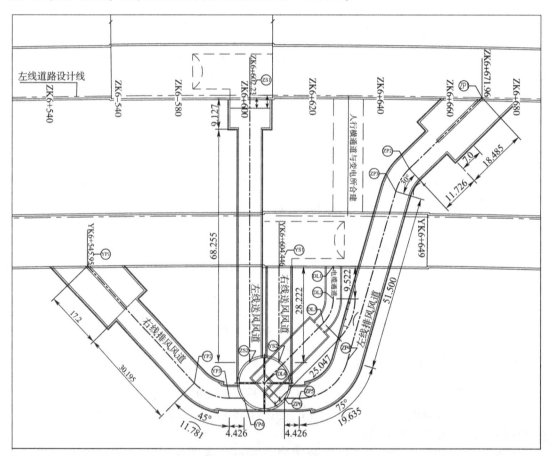

图8-8 左、右主线加高段示意图（尺寸单位：m）

（2）左线排风道横跨右线主线加高段YK6+600~YK6+649，最小保护层为5m，左线送风道横跨右线主线正常段YK6+580~YK6+600，风道施工前须分别完成相应桩号段的开挖、支护施工。主线加高段与风道连接构造如图8-9所示。

(3)右线送风道跨越电缆通道,与竖井相接,所以右线送风道施工前须完成电缆通道的开挖、支护施工。电缆通道作为竖井的出渣通道,右线排风道作为竖井出渣的备用通道,均应在竖井反井法导孔施工完毕前完成开挖支护施工。

联络通道及主线区段施工顺序安排如图8-10所示。

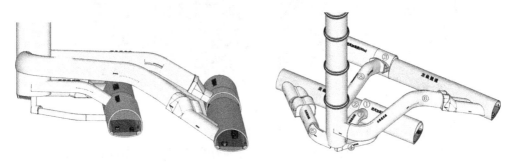

图8-9 主线加高段与风道连接构造　　图8-10 各部位施工顺序

施工顺序:①右线加高段→②右线正常段(YK6+580~YK6+600)→③左线加高段→④电缆通道→⑤右线排风道→⑥左线排风道→⑦右线送风道→⑧左线送风道。

8.2.4 大纵坡隧道施工方法

难点二解决方案:风道存在多种断面形式,其中左洞排风道最高开挖高度为9.74m,开挖掘进按照要求必须使用上下台阶法进行施工,项目部最初拟采用的方案为:一是使用凿岩钻孔机进行钻爆施工;二是采用一体式开挖台车配合人工钻眼、安装火工品爆破掘进;三是搭设临时脚手架或采用自设计加工的操作平台,配合人工进行钻爆施工。排风道衬砌断面图如图8-11、图8-12所示。

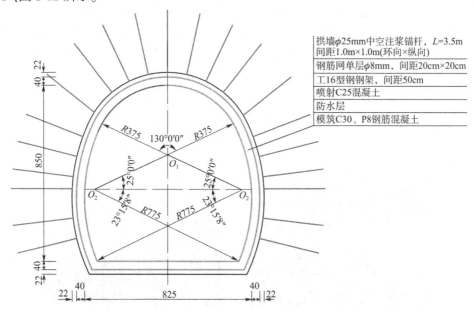

图8-11 排风道衬砌断面图(尺寸单位:cm)

图 8-12　最大纵坡坡度 37% 处施工现场

在上台阶开挖过程中,形成坡度为 37% 的临时纵坡,人员站立特别困难。轮胎式凿岩钻孔机械无法自行上下,履带式凿岩钻孔机械钻眼过程打滑严重,无法形成有效支撑抵抗钻眼反作用力,而且断面变化形式多,存在多处渐变段,采用凿岩钻孔机械施工灵活性较人工钻眼差,故不予采纳。

普通隧道使用的一体式开挖台车较为笨拙,每次爆破时需撤离至安全距离以外,台车上下需由装载机进行托运。由于风道部分断面狭隘,装载机加上台车高度无法满足进出,另外装载机的动力无法拖运台车在 37% 的纵坡上行驶,无法在爆破时撤离至风道外保证安全,且需要就断面形式改变进行多次台车改装,台车改装工程量较大,所以一体式开挖台车也不适用。

将风道底板铺垫成台阶形式,在上面搭设脚手架铺装脚手板做炮眼钻孔施工平台,每次钻眼、火工品安装完毕后,拆除脚手架,人员材料撤至安全区域后进行爆破,渣土清理完毕后,重新安装脚手架搭设平台进行初期支护施工及下一循环炮眼钻进。经过现场试验后发现,采用搭设脚手架作为钻眼平台存在较大的安全隐患,其一每次安装完火工品后,拆除及转运支架至安全区域需要耗费较长的时间,且未顺利起爆时无法进行检查、盲炮及哑炮无法及时处理;其二出渣完成后,作业人员需在裸露无支护的围岩下较长时间搭设脚手架,存在较大的安全风险。由于存在较大的安全隐患,且考虑每循环时间步距长、施工断面多变要求设计多种支架搭设形式,以及火工品控制供应时间等因素,无法采用支架法进行施工。

经项目部仔细研究,根据现场开挖的实际情况,综合考虑各方面的制约因素,在满足安全、质量要求的前提下,利用现有设备,在装载机上加装简易的施工平台,配合人工钻爆施工。此种形式的操作平台极具灵活性,有效地解决了上述三种方案存在的施工缺陷和安全问题。机械施工现场照片如图 8-13 所示。

图 8-13　机械施工现场照片

其一,装载机自身动力可满足在此大纵坡的条件下进出风道,自身具备制动系统,钻眼过程中为防止滑动,在装载机轮胎加装铁链网,背后安排履带式挖掘机进行顶推。其二,此种方法极具灵活性,可以有效适用于多种开挖断面的施工,装载机可以通过调整自身位置、角度、前臂臂展长度、角度等方式,使钻眼平台位置可适用于各种断面的类型,还可将前臂伸进台阶内,满足上台阶小断面施工。其三,安全方面得到有效保证,爆破完成后装载机可立即进入操作面检查盲炮、哑炮情况,辅以人工清理松散围岩,出渣完毕后人员可在支护完成段进行裸露围岩的初喷,初喷后马上进行初期支护施工,缩短围岩裸露时间和初期支护施工时间。其四,此种施工方法大大提高了施工效率,减少了脚手架搭设或改装台车的时间,同时钻机、风管等材料可置于平台上,减少了人工搬运耗时,大大缩短了循环掘进的流水步距。

8.2.5 大跨度斜交隧道施工方法

难点三解决方案:左线排风道 A 型断面与正洞相接处初期支护钢架、衬砌断面分别如图 8-14、图 8-15 所示。

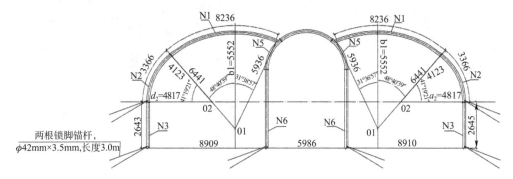

图 8-14　左线排风道 A 型断面与正洞相接处初期支护钢架图(尺寸单位:mm)

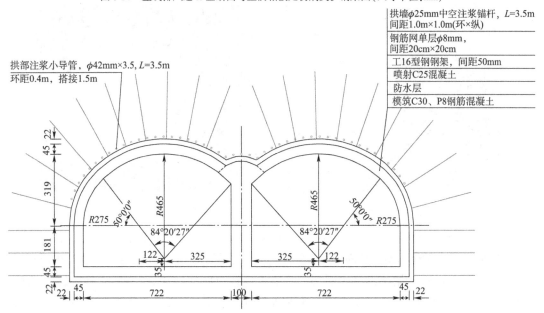

图 8-15　左线排风道 A 型断面与正洞相接处衬砌断面图(尺寸单位:cm)

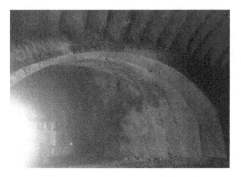

（1）在左右线排风道口之前，由测量组放样出设计开挖轮廓线，在风道口与主洞交界处安装3榀全断面的支撑格栅钢架，与主洞初期支护连接牢固，格栅主筋、纵向筋与主洞初期支护格栅主筋焊接牢固，完成支撑体系的转换。风道口与主洞交界处格栅钢架安装如图8-16所示。

（2）安排潜孔钻机进行小管棚施工，采用长度为9m、直径为90mm的无缝钢管，并压注强度为C30的水泥浆，作为超前支护管棚。超前小管棚施工及注浆

图8-16 风道口与主洞交界处格栅钢架照片

如图8-17、图8-18所示。

图8-17 超前小管棚施工　　　　图8-18 超前小管棚注浆

超前小管棚注浆后效果、格栅钢架与小管棚连接效果如图8-19、图8-20所示。

图8-19 超前小管棚注浆后效果　　　图8-20 格栅钢架与小管棚连接效果

（3）采用中洞法进行施工，先按照设计要求破除中间洞位置主线的初期支护，严格按照中洞设计断面进行开挖、支护至与连拱断面结束（即B、C断面交界处）。中洞开挖施工如图8-21所示。

（4）中洞完成后，开始施工连拱断面的中隔墙至连拱断面结束，预留防水板搭接及二次衬砌搭接钢筋，交界处按照施工缝要求进行凿毛、清理、防水处理，按照规范要求进行混凝土养护。中隔墙施工如图8-22所示。

图 8-21 中洞开挖

图 8-22 中隔墙施工

(5)待中隔墙混凝土养护龄期、抗压强度满足设计要求后,进行左右断面分别扩宽开挖支护,直至连拱断面整体完成,分段拆除中洞的临时支护,同步跟进二次衬砌底板及墙身的施工,保证大跨度断面的整体稳定性。

(6)二次衬砌达到强度要求后,按照上下台阶法开挖剩余断面类型至竖井底部。风道衬砌效果如图8-23所示。

此种施工方法在开挖前对前方围岩进行超前预加固;洞口处安装格栅拱架完成了主洞初期支护拆除和风道进洞预支护的受力体系转换;采用中洞法进行分部施工,减小开挖断面尺寸,分别形成初期支护拱架闭合;采用二次衬砌中隔墙作为开挖过程临时支撑并在后期作为永久结构的一部分共同受力。以上所有措施大大提高了大跨度断面开挖的整体稳定性,是安全掘进的有力保障。

图 8-23 风道衬砌效果图

8.2.6 上跨小净距隧道施工方法

难点四解决方案:左线排风道横跨右线主线加高段(YK6+600~YK6+649段),风道底部与加高段顶部中间围岩相隔厚度为5.25m。左线排风道上跨隧道右线示意图如图8-24所示。

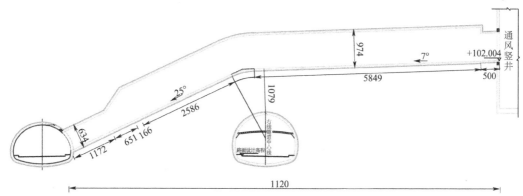
图 8-24 风道上跨隧道右线(尺寸单位:mm)

如果风道在加高段之前施工,加高段开挖断面大,开挖后应力释放较大,加上爆破振动的影响,容易造成上部围岩坍塌,严重影响施工安全,破坏永久结构质量。

考虑围岩受力情况,本着"先下后上"的开挖原则,采取先完成右线主线加高段开挖及支护的施工方案,保证每榀拱架闭合成环。在整个加高段开挖支护闭合成环后,在初期支护断面按照 10m 间距设置监控量测点,风道投影下方位置监控量测点间距为 5m,主要监测拱顶下沉、周边收敛、围岩和初期支护应力。围岩厚度最小位置设置爆破振动监测点,主要监测每次爆破过程主线加高段监测点的横、纵、竖三向位移,发现监测数据超过允许值立即进行汇报,撤离作业人员,研究采取相应措施后才可继续施工,风道开挖过程实时安排人员观测主线加高段初期支护表面裂缝情况并进行记录、汇报。

风道开挖采用上下台阶法进行施工,控制开挖循环进尺,严禁超挖,特别是底板位置,分次释放应力,以减小爆破振动,开挖过程遵循"十八字方针"(管超前、严注浆、短进尺、强支护、紧封闭、勤量测)。主线和风道施工过程不允许交叉施工,风道开挖过程下方右线主线加高段不允许人员施工作业。左线送、排风道跨右线主线施工既要保证风道本身开挖的安全,又要通过措施减小对主线加高段初期支护的影响,保证主线作业人员安全。

第9章 竖井施工技术

9.1 竖井施工概况

9.1.1 工程简介

通风竖井位于上坪水库以北约400m处,位于第4标段北段靠近第3、4标段分界里程,线路里程YK6+580~YK6+620段线路西侧(右线线位上),深约194m,开挖直径16.7m。正洞左、右线隧道均设一送一排风道,风道与正洞衔接采用顶部送风侧墙排风。设计通风竖井内径为15m,并加设十字内撑,中央电缆井直径为2m,竖井示意图如图9-1所示。

竖井结构采用复合式衬砌,初期支护采用锚、网、喷联合支护形式,二次衬砌采用现浇钢筋混凝土并设置壁座。电缆井、十字撑钢筋混凝土设计厚度为40cm。竖井二次衬砌、竖井内撑、电缆竖井均为C30、P8混凝土。二次衬砌与初期支护之间采用塑料防水板+无纺布进行防水,竖向、环向均设置直径为5cm的盲管进行排水。

竖井施工结合标段实际情况,采用"钻机反井正向扩大法"。利用电缆井与右洞的电缆通道作为竖井开挖的出渣运输通道(设计开挖后断面净空宽2.6m),装渣作业面不足,需要全通道扩挖,在与竖井连接处扩挖,以方便装渣和车辆掉头。施工通过变更电缆井的断面尺寸扩大至满足车辆通行要求,以及在装渣作业面满足装渣空间要求,以便于竖井施工出渣作业。

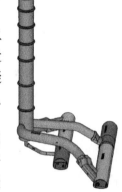

图9-1 竖井工程示意图

竖井二次衬砌采用滑模法施工。竖井开挖初期支护至井底高程后,采用从竖井底部往竖井井口方向自下而上滑模同步浇筑二次衬砌及电缆井、十字内撑C30混凝土。

9.1.2 自然环境及施工条件

现场地势呈缓坡状,地表植被较发育。主要地层为地表植物层0~2m、强风化花岗岩2~25m、中等风化花岗岩25~35m、微风化花岗岩35~196.45m,其中71~91m为构造破碎带(受附近F8断层影响)。

1)竖井水文地质条件

该区地下水主要为构造裂隙水,具有一定承压性。

根据对PY2-SD-40进行单孔抽水试验,场地下破碎带渗透系数约为0.47m/d,影响半径约为 26m。据此采用承压转无压完整井裘布依理论公式预测竖井(基坑)涌水量。

$$Q = \frac{1.366K(2H-S)M}{\lg R_0 - \lg r_0} \quad (9-1)$$

式中：Q——基坑涌水量(m^3/d)；
　　　K——岩体的渗透系数，取 0.47m/d；
　　　H——水头高度(m)，取 170m；
　　　M——含水层厚度(m)，取 20m；
　　　S——基坑水位降深(m)，取 170m；
　　　R_0——降水影响半径(m)，取 1165m；
　　　r_0——基坑等效半径(m)，取 8.35m。

通过计算，预测竖井基坑涌水量 $Q = 1915m^3/d$。

2) 竖井围岩(侧壁)分级及基坑支护

根据场地工程地质及水文地质条件，竖井侧壁围岩分级及支护措施见表9-1，竖井地质柱状图如图9-2所示。

通风竖井侧壁围岩分级　　　　　　　　　　　　　表9-1

深度(m)	围岩级别	工程地质条件	支护及施工措施
0.0~25.0	V	侧壁地层为残积土—强风化花岗岩，属松散结构，稳定性差	采用逆作法施工，采用格栅钢拱架加系统锚杆加内撑支护
25.0~35.0	IV	侧壁围岩中等风化花岗岩或受 F8 断层影响的构造破碎带，岩体破碎，构造裂隙发育，地下水以滴水或现状流水为主	岩石不能自稳，侧壁易掉块，局部会出现小坍塌，需及时进行初期喷锚支护和格栅钢架支护
35.0~71.0	III	侧壁围岩微风化花岗岩，岩体较破碎、坚硬，岩体为块状整体结构，地下水为渗水或滴水，侧壁基本稳定	喷射混凝土加系统锚杆及格栅钢架支护
71.0~91.0	IV	侧壁围岩中等风化花岗岩或受 F8 断层影响的构造破碎带，岩体破碎，构造裂隙发育，地下水以滴水或现状流水为主	岩石不能自稳，侧壁易掉块，局部会出现小坍塌，需及时进行初期喷锚支护和格栅钢架支护
91.0~194	III	侧壁围岩微风化花岗岩，岩体较破碎、坚硬，岩体为块状整体结构，地下水为渗水或滴水，侧壁基本稳定	喷射混凝土加系统锚杆及格栅钢架支护

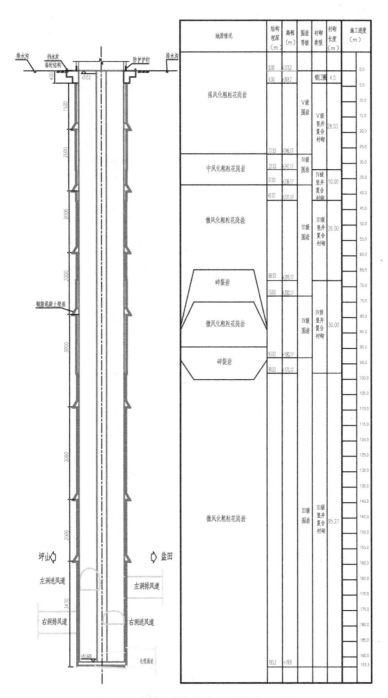

图9-2 竖井地质柱状图(尺寸单位:mm)

9.2 竖井施工组织管理

9.2.1 竖井施工布置

根据竖井施工特点,主要施工布置有项目驻地,竖井场坪区,加工场,施工用风、用水、用电设备等,竖井工区总平面布置图如图9-3所示。

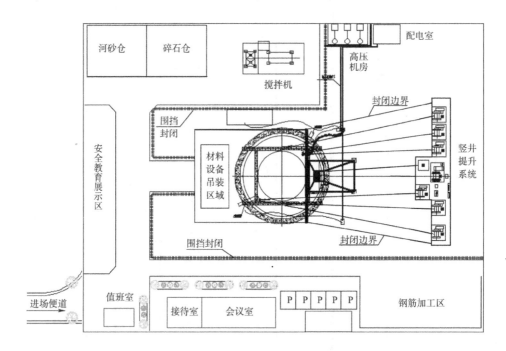

图9-3 竖井工区总平面布置图

(1)施工场坪区

根据下发相关竖井的文件和现场调查情况,按照设计图纸开挖土石方工程,完成挖方和填方,平整出设计竖井井口场坪区和排水系统,再适当拓宽。临时施工场地布置在竖井井口,场地内设绞车、井架、料场、水泥库、钢筋加工棚、机械修理车间等。综合考虑交通、供水供电及排水排污,以尽量减少对周围环境的干扰为原则,结合工程进度要求,对施工场地进行优化布局。

(2)竖井工区驻地

竖井工区驻地房屋采用彩钢房,布置在场坪区内,占地约$1000m^2$,场地用C20混凝土全部硬化,四周设置排水沟。

(3)施工用水及排水

施工用水从东部华侨城接出,埋设水管引至井口现场,满足竖井施工要求。在施工场地周围开挖梯形排水沟,排除雨期山沟及边坡流下的雨水到场外。

(4)施工供电

施工用电从外电高压供电专线接支线至现场,安装800kVA变压器供用施工用电及生活用电,施工用电计算见表9-2。施工采用TN-S供电系统,电缆采用五芯电缆。严格执行"三级配电、两级保护"标准,在变压器出口设总配电箱,工地用电集中处设二级配电箱,用电设备接三级配电箱;总配电箱和开关箱均采用漏电保护器,做到"一机、一箱、一闸、一漏"。

竖井钻爆法开挖用电计算　　　　表9-2

机械名称	型号规格	额定功率(kW)	数量(台)	满负荷(kW)	备注
空压机	电动双螺杆LGJ-22	132	4	528	
混凝土喷射机	PZ-5D	12.5	4	50	
通风机	低噪、节能、变级、多速	150	1	150	备用
钢筋加工场	电焊机、剪板机、冷弯机切割机、弯曲机、照明等			80	
门式起重机	电机			70	
最大负荷总计(kW)				878	

为尽量避开施工面及降低成本,动力线路、照明线路、生活用电线路等低压线路尽量采取架空铺设。施工场地采用架设高压卤素灯照明,竖井施工采用36V低压照明,动力线路采用绝缘架空线路,并要有可靠的接地保护措施,确保施工用电及人身安全。自备250kW发电机组一台,通过电源切换箱与总配电箱连接,以备停电抢修、负荷不足等情况下的用电需求。

(5)现场通信

项目部驻地安装10MB带宽的光纤网络,以满足网络办公的要求。工地竖井值班房安装一部电话及多台通话机,安排专职人员24h值班,方便相互联络,具体通信设备如图9-4所示。

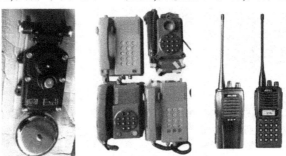

图9-4　信号电铃、门程控电话、对讲机

9.2.2　临时设施

根据竖井施工特点,临时设施包括变压器、空压机房、拌和站、料仓、钢筋加工厂、原材料堆放区、绞车机房、井架、封口盘、稳盘、办公区、值班室等,具体如图9-5～图9-12所示。总体布置如图9-13所示。

9.2.3　施工进度情况

结合坪盐通道正洞隧道施工情况,计划2018年10月底右洞施工至竖井联络通道位置,2019年12月底联络开挖至竖井底部,并具备安装反井的扩大钻头条件。竖井山顶场坪2018年10月底管养路及机房场坪施工完成,具备竖井钻孔条件。2020年8月底完成隧道竖井施工,具体工期计划及实际进度见表9-3。

图9-5　空压机房

图9-6　原材料场、加工场

图9-7　门式起重机

图9-8　井架

图9-9　封口盘

图9-10　稳盘

图9-11　绞车机房

图9-12　办公区

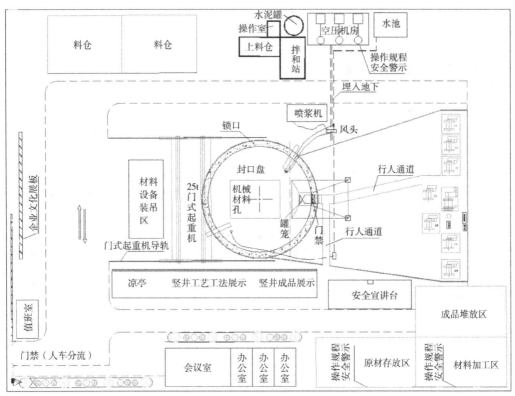

图9-13 竖井开挖设施布置

竖井施工计划与实际施工进度 表9-3

序号	施工工序	工程量（m）	计划工期（d）	计划进度指标（m/d）	实际工期（d）	施工过程说明
1	导孔钻进25cm	190	30	7~8	15	钻孔至30m时出现塌孔、卡钻，注水泥浆处理5d
2	反钻施工1.4m	190	60	4~5	40	反钻到100m时钻杆断裂，更换3d
3	锁口圈梁施工，提升机械安装		30		30	
4	井口段20m土层开挖		30		30	局部石方爆破时，孔口堵塞，处理10d
5	反向刷孔至3m	170	60	4~5	0	距井底50~80m塌孔，孔内作业风险高，取消此工序，1.4m作为溜渣孔
6	正向扩挖、初期支护	170	130	2~3	245	堵孔160m，处理堵孔68d
7	滑模设备安装		30		60	春节期间停工30d
8	二次衬砌滑模	194	180	1~2	180	
	总工期		490		600	

竖井计划工期16个月，实际工期20个月，超出计划4个月。超工期的原因是地质条件发生较大变化，未能完全按照五步法施工竖井。当实施完第二步，即反井完成后，发现竖井距离井底50~80m处存在严重塌孔，断层带曾穿越此段，地层岩性破碎，且水量较大，施工人员下

井存在很大安全隐患,刷孔至3.0m无法施工。改变原施工计划,只能采用直径为1.4m的钻孔作为溜渣孔,溜渣孔过小,发生两次堵孔,处理堵孔耗时4个月。

9.3 竖井施工设备

施工机械做到统筹安排、统一调配、合理使用。组织机械化流水作业,利用施工机械的高效生产力,并做好施工机械的维修保养工作,施工现场设置修理厂,保证施工机械的正常运转。对重要的、常用的机械和机具应留有富余备用设备,以防万一。

本工程采用机械化施工,提高施工效率,以满足合同工期要求。根据施工内容,按照设备配套、数量足够的原则,配置主要施工机械设备及附属小型机械设备,形成机械化流水施工作业。机械保养状况良好。本项目主要施工机械设备投入计划见表9-4、表9-5。

竖井开挖支护机械设备计划表 表9-4

序号	机械名称	型号规格	台数	序号	机械名称	型号规格	台数
1	挖掘机	1.2m³	2	13	通风机	132	2
2	装载机	2.2m³	2	14	爬焊机		4
3	拌和站	Js500	1	15	湿喷机	TK-600	2
4	自卸汽车	15m³	6	16	小挖掘机	0.8m³	1
5	喷浆车	10m³	2	17	双主梁门式起重机	MG25/5T-18m	1
6	反孔钻机	φ1.4m	1	18	空压机	4L/22/7	4
7	发电机	250kW	1	19	吊桶	10t	1
8	钢筋切断机		1	20	矿用井架及罐笼	Ⅳ型	1
9	钢筋弯曲机		1	21	卷扬机	3t	3
10	弯拱机		1	22	封口盘	15t	1
11	电焊机	500A	5	23	安装变压器	800kW	1
12	钢筋套丝机		1	24	液压钻机		2

竖井二次衬砌施工机械设备计划表 表9-5

序号	机械名称	型号规格	台数	备注	序号	机械名称	型号规格	台数	备注
1	发电机	250kW	1		6	爬焊机		4	
2	钢筋切断机		1		7	矿用凿井绞车	5t	2	
3	钢筋弯曲机		1		8	矿用物料提升机	JK-2.0	1	
4	电焊机	500A	5		9	矿用提升罐笼	JPE-1.2	1	
5	通风机	132	2		10	矿用凿井绞车	16t	2	

续上表

序号	机械名称	型号规格	台数	备注	序号	机械名称	型号规格	台数	备注
11	矿用凿井绞车	10t	4		17	封口盘	15t	1	
12	空压机	4L/22/7	4		18	安装变压器	800kW	1	
13	吊盘	20t	1		19	门式起重机	25t	1	
14	矿用井架	Ⅳ型	1		20	液压控制台	YKT-56型	1	
15	滑模系统	直径15m	1		21	液压千斤顶	QYD-100锲块式	55	3台备用
16	卷扬机	3t	3						

9.4 溜渣孔施工

9.4.1 导孔钻进施工

钻机拟选用直径为1.4m的TA1500反井钻机,导孔钻进与反孔共钻机平台,钻机如图9-14所示。

1) 导孔基础平台准备

反井钻机基础示意图如图9-15所示,在竖井井口以钻孔中心为中心,开挖尺寸为6m(长)×3m(宽)×1.5m(深)的基坑,清理干净基坑面后浇筑混凝土,浇筑深度以实际开挖深度为准,混凝土上平面要平整,凸凹变化不能超过1cm。钻机基础如图9-16所示。

图9-14 直径为1.4m的TA1500反井钻机

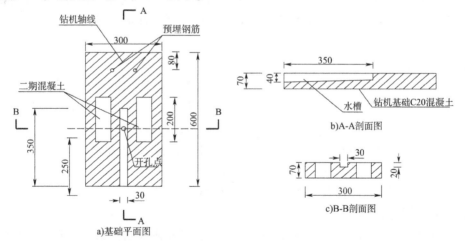

说明:1.图中单位以厘米计。
2.预埋φ20mm螺纹钢,长度120cm,外露50cm(弯钩)。

图9-15 钻机基础示意图

图9-16 钻机基础现场

在钻机基础周围适当位置，开挖或砌筑一个长约3m、宽2m、深1.0m的水池用于导孔钻进排渣及循环供浆(水)，地质条件较差的地段采用泥浆泵供泥浆排渣，地质条件较好的地段采用泥浆泵供水排渣，水池顶高应低于钻机基础浇筑混凝土面。钻机循环水系统如图9-17所示。

导孔钻进需水 $5\sim10m^3/h$，用于循环排渣，冷却反井钻机液压系统，扩孔钻进需水 $15m^3/h$，用于冷却液压系统和扩孔钻头，冲走扩孔产生的岩屑。在导孔钻进过程中不能停电停水，否则可能发生卡钻或埋钻的恶性事故。扩孔时供水不能中断，若因特殊原因停水必须停机防止扩孔钻头烧坏。

图9-17 钻机循环水系统

钻机运到现场后，进行钻机的安装和调试，主要工作有：接通所有电机电源，进行短暂通电、观察电机转向；接通钻机泵车到操作车、钻机之间进回油管路；安装机械手和转盘吊；钻机调平、找正；安装下支撑和前后斜拉杆；浇地脚螺栓孔；接通冷却水系统；进行泥浆泵调试，形成水(泥浆)循环系统。

2) 导孔钻进

导孔钻进过程中钻杆(图9-18)直径为200mm，而钻头(图9-19)直径为250mm，钻头钻进后钻杆周围有50mm的空隙，在开孔后及钻进过程中需要合理配备稳定钻杆。稳定钻杆杆壁装有4根稳定耐磨条，钻进过程中强制控制导孔钻进方向，利用导孔壁对稳定钻杆的束缚作用，将前端一定范围内的钻杆强制摆正，使这段范围内的钻杆钻进方向与设计钻孔轴线一致，从而控制导孔钻进方向，具体钻进过程如图9-20、图9-21所示。如钻进过程中遭遇软弱围岩或不利地质条件，需要对导孔周边裂隙进行灌浆固结。

(1) 导孔钻进参数选择

导孔钻进要根据钻孔位置的地质柱状图选择合适的钻进参数。钻进参数选择主要依据地层条件、钻进部位、倾角等多方面因素确定，一般参考表9-6所示参数施工，但在施工时根据不同情况予以及时调整。1号竖井施工主要参考地质情况选择钻进参数。

图 9-18 LM-200 型钻杆

图 9-19 LM-250 型钻头

图 9-20 反井钻机

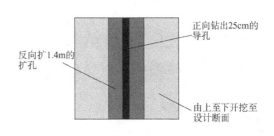

图 9-21 反井钻机开挖示意图

导孔钻进参数选择   表 9-6

钻进位置或岩石情况	钻压(MPa)	转速(r/min)	预计钻速(m/h)
导孔开孔	3	10~20	0.3~0.6
Ⅴ级围岩	3~4	10~20	1~1.5
Ⅳ级围岩	4~5	15~20	1.5~2
Ⅲ级围岩	5~7	15~20	1.5~2

(2) 导孔钻进施工要点

①钻进时,必须先检查操作手把是否处于闭锁状态,接着启动水泵后开机,检查洗井循环系统工作是否正常,检查冷却循环系统工作是否正常,一切正常后,开始钻进。

②反井钻机钻进导孔施工,加接钻杆时,推进油缸停止推进,同时把钻具提起 50mm 以上,根据孔深继续冲洗 2min 以上,观察钻孔内的返渣情况,确定孔内无沉渣后,再接钻杆,如图 9-22 所示。如下班无人接班,停运一班以上时,停机前必须把钻具提到距离孔底 1m 以上位置。

③钻进时,司机要精神集中,根据地质柱状图和井筒的深度以及施工组织中所规定的转速、钻压、钻进速度等进行作业;并经常注意压力表变化情况,及时调整钻进参数,如图 9-23 所示。

图 9-22 导孔钻进

图 9-23 导孔钻进

④接钻杆时,动力水龙头要提至最高位置,以免机械手输送钻杆时钻杆与动力水龙头碰撞,每次所用的钻杆必须将钻杆丝扣清洗干净,并涂抹丝扣油。

⑤用转盘吊、机械手运送钻杆时,如需扶正,只能从钻杆两端挪动,严禁用手抱住钻杆,以防发生伤人事故。

⑥钻进导孔时,如发现钻具旋转困难,可能遇到裂隙或岩层塌落,此时应把钻具边旋转边提到一定高度,再慢速向下扫孔,若经反复扫孔仍无效果时,一定要提钻,查明原因进行处理。

⑦当发生导孔钻头水眼堵塞故障时,应及时提钻处理。

(3)导孔精度控制

为确保导孔顺利贯通,且不影响竖井施工,导孔贯通精度应控制在 0.5% 以内。导孔钻进过程中,由于钻杆直径为 200mm,而钻头直径为 250mm,钻头钻进后钻杆周围有 50mm 的空隙,因此在开孔后及钻进过程中要合理配备稳定钻杆(装有 4 根稳定耐磨条,直径与导孔钻头一致的钻杆),强制控制导孔钻进方向,利用导孔孔壁对稳定钻杆的束缚作用将前端一定范围内的钻杆强制摆正,使这段范围内的钻杆钻进方向与设计钻孔轴线一致,从而控制导孔钻进方向。钻入深度较短时,由于钻杆抗弯强度较高,钻头钻进方向不会发生偏移;当钻入深度达到一定值后,随着钻孔深度的增加,钻杆柔度也会增加,当钻孔深度达到一定程度时,受重力作用,钻杆弯曲,钻杆中间段将下落紧贴在钻孔下部,钻杆施加给钻头的作用力将不再与设计洞轴线方向一致,在改变的作用力下,钻头钻进方向将发生偏移。为了及时掌握钻头钻进位置,对导孔钻进方向进行有效控制,采用 CX-5C 测斜仪对钻进方向和钻头位置进行测量,根据测量数据分析钻孔偏移情况,采取纠偏措施,以保证钻孔偏差控制在允许范围之内。当钻孔深度达到 50m、100m、150m 时各测定一次。根据导孔偏移情况适当合理调整前端稳定钻杆的数量和位置,并在钻杆中部适当位置设置稳定钻杆,逐步对导孔方向进行调整和控制,最终完成满足设计要求的高质量导孔。导孔贯通如图 9-24 所示。

图 9-24 导孔钻到隧道内

9.4.2 反向提升钻进扩孔至 1.4m

导孔贯通后,将导孔钻头拆卸,通过与隧道右洞相连的电缆通道接上 ϕ1.4m 的扩孔钻头(图 9-25),再由下向上扩孔直到地面形成出渣通道。接扩孔钻头时,通过对讲机或约定信号上下联系,上下配合拆下导孔钻头接上扩孔钻头,就可以向上扩孔。扩孔开孔时,当扩孔钻头接好后,慢速上提钻具。直到滚刀开始接触岩石,停止上提,用最低转速(5~9r/min)旋转,并慢慢钻进,保证钻头滚刀不受过大的冲击而破坏,待刀齿把凸出的岩石破碎掉,再继续推进。开始扩孔时,下面要有人观察,将情况及时通知操作人员,待钻头全部均匀接触岩石后才能正常扩孔钻进。

图 9-25 反井钻头

扩孔钻进过程中要及时清理扩孔破碎下来的岩屑,防止下口被堵塞。当钻头钻至距基础 2.5m 时,要降低钻压慢速钻进,并且用一个三通将冷却水泵的水分出一部分供扩孔钻头,以冷却钻头、消尘,要认真观察基础周围是否有异常现象。慢慢地扩孔,直至钻头露出地面,成孔如图 9-26 所示。

扩孔完成后,将扩孔钻头卡固在钢轨上,先拆除钻机的各个辅助系统油管及翻转架,然后安装钻机升降撑杆,拆掉钻机的后斜拉杆,将主机从钻架上放倒,拆除主机与操作台连接的所有油管。然后将操作车吊上来,再将泵车、油箱冷却器拆下,分别运到出口。

图 9-26　孔口封闭

扩孔钻进施工要点：

（1）卸钻杆时，先将下卡瓦装入卡套，卸开钻杆和接头体丝扣，然后，装上卡瓦、卸掉钻杆下部丝扣，上提动力水龙头，用机械手抱住钻杆，取下上卡瓦，卸下钻杆和接头体丝扣。卸扣时，人员必须撤离至主机一侧指挥，慢速卸扣，丝扣较紧时，可采用辅助卸扣装置。

（2）卸下的钻杆必须套上保护帽。

（3）在扩孔钻进开始前，必须检查并处理距离钻孔中心 1.5m 范围内工作面的平整情况和有无锚杆，对工作面凸起的岩石用风镐等找平，若有锚杆要取掉。并以每小时 0.5m 的钻进速度慢速钻进，当扩孔钻头完全进入孔内后，进行正常的扩孔钻进。

图 9-27　溜渣视频监控

（4）扩孔钻进时，发现排渣不畅，扩孔钻头激烈晃动，压力不稳，钻进困难时，可能是有大块矸石落在刀具上挤压刀具所致，此时将刀具下放一定距离，多次高速旋转，将矸石甩掉，若无效果时，把扩孔钻头下放到底进行处理。

（5）正常扩孔时，必须及时将岩渣清除运走，下孔口不能堵塞。扩孔时，工作人员不允许到下口处 5m 范围内，防止落石砸伤，孔底溜渣监控如图 9-27 所示。

（6）扩孔钻进时，时刻观察冷却水的供给情况，不允许打干孔，防止损伤扩孔钻头。

9.5　竖井扩孔开挖与初期支护

9.5.1　正向爆破开挖

反向扩孔完成后，竖井井口将形成约 80m×60m 的场坪区，采用 C20 混凝土硬化场地，井口安装 MG25/5-18M 双主梁门式起重机（图 9-28）作为设备、材料的提升装置。安装罐笼井架（图 9-29）、稳盘（图 9-30）、封口盘（图 9-31）、罐笼（图 9-32）、绞车（图 9-33）作为人员上下设备。加工吊桶作为材料上下的辅助设备。

图 9-28　门式起重机

图 9-29　罐笼井架

图 9-30　稳盘

图 9-31　封口盘

图 9-32　罐笼安全防护

图 9-33　绞车

采用全断面爆破开挖,支护采取"边掘进、边支护、环环紧跟"的方法,不同的围岩级别循环进尺按照 0.5~1.5m 控制,钢筋网片、锚杆、格栅拱架等均采用先在厂棚加工好再送达工作面安装,喷射混凝土采用湿喷工艺,采用溜槽送入喷射机进料斗完成喷射作业。

1) 正向扩挖工艺流程

正向扩挖工艺流程为:测量放样→全断面钻孔→装药爆破→清渣→打锚杆→安装格栅拱

架→挂网、喷射混凝土支护。

(1)测量放线:在井口承重横梁工字钢上用仪器放出竖井中心点,在工字钢顶面做葫芦,摇臂放钢丝、锤球到掌子面,测量人员以此为圆心放线到掌子面,如图9-34所示。

(2)钻孔:采用液压钻机(图9-35)按爆破设计竖向钻孔。

图9-34 测量辅助系统

图9-35 井内液压钻机打炮孔

(3)装药:炮孔采用间隔装 $\phi25mm$ 药卷,非电毫秒雷管由内层向外层依次引爆,如图9-36所示。

(4)爆破:采用微秒毫差分段位爆破,导爆索引到井口,爆破工在安全位置引爆。

(5)出渣:爆破后,利用门式起重机将小型挖掘机吊至工作面,对已成型的1.4m溜渣孔进行清渣,溜渣至井底部,出渣过程如图9-37所示。小型挖掘机无法清理的部分,人工进入开挖面进行清理,洞渣在竖井底部采用装载机和自卸汽车清运至洞外弃渣场。清渣过程中进行喷水,降低粉尘浓度,减少空气污染。清渣完毕后立即采用钢板井盖盖住溜渣孔。在打锚杆、钻孔、安装拱架、喷射混凝土作业过程中禁止掀开溜渣孔盖板。

图9-36 装药、放入孔塞

图9-37 挖掘机溜渣

2)人员、设备、材料作业通道设置

正向扩挖采用井架及罐笼提升绞车使人员进入掌子面作业。作业人员主要利用1.3m×1.13m×2.6m罐笼(图9-38)进入工作面。系统由绞车、井架、罐笼、稳车组成。每次上下人次不超过6人,速度控制在2m/s。物料进入工作面主要借助门式门式起重机提升系统,系统由门式起重机、吊桶组成,速度控制在3m/s以内。

图9-38 人员上下罐笼

卷扬机主要控制提升速度及制动、电控等,确保罐笼在上下提升期间不发生偏离、旋转、倾覆等。

(1)拱架、钢筋、小型材料等可用吊盘(图9-39)吊入工作面。

图9-39 材料吊盘

(2)液压钻机、混凝土喷射机采用钢丝绳捆绑吊装、门式起重机提升下放,如图9-40所示。

(3)清渣挖机用稳绳固定提升,挖机以小松PC200-8M0液压挖掘机参数为例。工作质量为20150kg,尺寸为9495mm(长)×2800mm(宽)×3190mm(高)。挖机采用2组钢丝绳进行捆绑吊装,如图9-41所示。

(4)混凝土通过吊桶由门式起重机吊送至井底,场地布置如图9-42所示。

(5)施工供风、供水、供电等设备顺井壁挂设,用绞车吊钢丝绳随开挖深度下放。供电与供风、供水分布设,用电采用TN-S三相五线制,供风管采用30cm钢管,供水管采用10cm钢管,通风采用100cm布风筒,布置如图9-43所示。

3)正向开挖施工工艺

(1)正向扩挖采用钻爆法开挖,开挖采用光面爆破,爆破时周边眼间距为0.4m,辅助眼间距为0.6m,周边眼与辅助眼排距为0.8m,内圈眼间距也采用0.6m。断面打孔数量约198个,Ⅲ、Ⅳ、Ⅴ级围岩每循环进尺控制在0.5~1.5m,各级围岩炮眼布置及用药量如图9-44~图9-46所示。

图 9-40 液压钻机吊入

图 9-41 挖掘机吊入

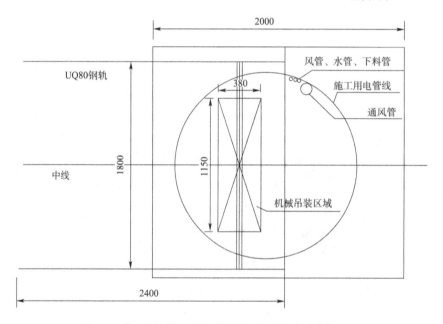

图 9-42 井口机械、施工通道、管线平面布置图(尺寸单位:mm)

图 9-43 井内供风、供水、供电设备布置

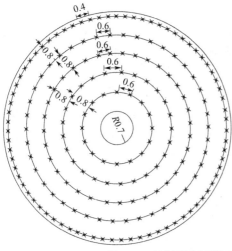

序号	眼名	段位	孔深(m)	孔数(个)	单孔装药量(kg)	单段装药量(kg)
1	周边眼	11	1.2	78	0.4	31.2
2	辅助眼	9	1.3	42	0.8	33.6
3	辅助眼	7	1.3	34	1	34
4	辅助眼	5	1.3	25	1	25
5	内圈眼	3	1.5	19	1	19
合计				198		142.8

注：1.周边眼炮眼间距为0.4m，辅助眼炮眼、内圈眼炮眼间距均为0.6m，周边眼与辅助眼排距为0.8m。
2.围岩爆破每循环进尺1m，装药时采用间隔装药，平均装药量见上表，每循环装药量为142.8kg。

图9-44　竖井Ⅴ级围岩爆破装药数量设计参数(尺寸单位：m)

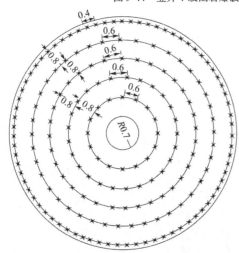

序号	眼名	段位	孔深(m)	孔数(个)	单孔装药量(kg)	单段装药量(kg)
1	周边眼	11	1.2	78	0.6	46.8
2	辅助眼	9	1.3	42	0.8	33.6
3	辅助眼	7	1.3	34	1.0	34
4	辅助眼	5	1.3	25	1.0	25
5	内圈眼	3	1.5	19	1.0	19
合计				198		158.4

注：1.周边眼炮眼间距为0.4m，辅助眼炮眼、内圈眼炮眼间距均为0.6m，周边眼与辅助眼排距为0.8m。
2.围岩爆破每循环进尺1m，装药时采用间隔装药，平均装药量见上表，每循环装药量为158.4kg。

图9-45　竖井Ⅳ级围岩爆破装药数量设计参数(尺寸单位：m)

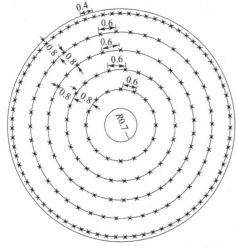

序号	眼名	段位	孔深(m)	孔数(个)	单孔装药量(kg)	单段装药量(kg)
1	周边眼	11	1.2	75	0.8	60
2	辅助眼	9	1.3	42	0.8	33.6
3	辅助眼	7	1.3	34	1.0	34
4	辅助眼	5	1.3	25	1.0	25
5	内圈眼	3	1.5	16	1.0	16
合计				192		168.6

注：1.周边眼炮眼间距为0.4m，辅助眼炮眼、内圈眼炮眼间距均为0.6m，周边眼与辅助眼排距为0.8m。
2.围岩爆破每循环进尺1m，装药时采用间隔装药，平均装药量见上表，每循环装药量为168.6kg。

图9-46　竖井Ⅲ级围岩爆破参数(尺寸单位：m)

爆破采用微差分段控制爆破,起爆顺序自 3m 溜渣孔向周边进行,分段起爆。周边眼严格控制药量,防止出现大的超挖和欠挖。爆破要严格控制药量和炮眼间距,爆破后的石块直径不能超过 70cm,防止因石块过大堵塞直径为 3m 的溜渣孔。

(2)正向开挖出渣运输

爆破后,提升系统将小型挖掘机调至工作面,利用小型挖掘机对已成型的溜渣孔清渣,溜渣至井底部。小型挖掘机无法清理的部分,人工进入开挖面进行清理,洞渣在竖井底部采用装载机和自卸汽车运至洞外弃渣场,如图 9-47 所示。过程中进行喷水,降低粉尘浓度,减少空气污染。

9.5.2 正向扩挖初期支护

初期支护工艺流程为:围岩初喷→测量放线→锚杆(管安装)→拱架安装→钢筋网安装→喷射混凝土至设计厚度。

(1)竖井工作面开挖成型表面清理后,立即进行初喷混凝土施工,封闭围岩。

(2)测量放线:在井口承重横梁工字钢上用仪器放出竖井中心点,在工字钢顶面做摇臂轱辘,摇臂放钢丝、锤球到掌子面,测量人员以此为圆心放线到掌子面。

(3)锚杆(管)安装:锚杆孔采用液压钻机成孔,高压风清孔,人工安装锚杆(管),注浆采用水泥砂浆或净浆,用注浆机高压注入,如图 9-48 所示。

图 9-47　井底出渣

图 9-48　井内锚杆安装

图 9-49　拱架安装

①拱架安装:格栅拱架均在钢筋加工场加工成型,用门式起重机吊至工作面,人工分节安装,每节段与上一循环用连接钢筋焊接,节段与节段之间采用螺栓连接,如图 9-49 所示。

②钢筋网片在加工厂采用点焊加工成型,在作业面人工铺设后与钢架或锚杆焊接成一体,如图 9-50 所示。

③喷射混凝土:喷射混凝土采用湿喷工艺,混凝土拌和站集中拌制,通过井壁设置的溜灰管道输送至作业面工作盘中,如图 9-51 所示。

图9-50 钢筋网片安装

图9-51 喷射混凝土

④各级围岩具体支护参数。

a. 竖井V级围岩段支护。

围岩支护以 $\phi 42mm \times 3.5m$ 注浆导管、$\phi 8mm$ 钢筋网及喷射C25混凝土组成的联合支护体系，并辅以 $\phi 32mm$ 格栅拱架为支护措施，详见表9-7。

竖井V级围岩段支护参数 表9-7

序 号	项 目	参 数
1	钢拱架	$\phi 32mm$ 钢格栅,纵向间距80cm
2	注浆导管	$\phi 42mm \times 3.5m$,27根
3	钢筋网	$\phi 8mm$,间距15cm×15cm
4	喷射混凝土	C25,25cm厚

b. 竖井Ⅳ级围岩段支护。

围岩支护以 $\phi 22mm$ 砂浆锚杆、$\phi 6mm$ 钢筋网及喷射C25混凝土组成的联合支护体系，并辅以 $\phi 25mm$ 格栅拱架为支护措施，详见表9-8。

竖井Ⅳ级围岩段支护参数 表9-8

序 号	项 目	参 数
1	钢拱架	$\phi 25mm$ 钢格栅,纵向间距100cm
2	砂浆锚杆	$\phi 22mm \times 3.5m$,26根
3	钢筋网	$\phi 6mm$,间距20cm×20cm
4	喷射混凝土	C25,20cm厚

c. 竖井Ⅲ级围岩段支护。

围岩支护以 $\phi 22mm$ 砂浆锚杆、$\phi 6mm$ 钢筋网及喷射C20混凝土组成的联合支护体系为支护措施，详见表9-9。

竖井Ⅲ级围岩段支护参数 表9-9

序 号	项 目	参 数
1	砂浆锚杆	$\phi 22mm \times 3m$,25根
2	钢筋网	$\phi 6mm$,间距25cm×25cm
3	喷射混凝土	C20,15cm厚

9.6 衬砌施工

9.6.1 技术参数

1)竖井二次衬砌结构技术参数

竖井二次衬砌结构为钢筋混凝土,Ⅲ级围岩段二次衬砌混凝土厚度为55cm、Ⅳ级围岩段为70cm、Ⅴ级围岩段为80cm;电缆井井壁和十字内撑混凝土厚度均为40cm,具体支护参数详见表9-10。电缆井结构为边长3.3m的正方形,并在倒角处优化成圆弧连接,如图9-52所示。电缆井保留一个倒角为直角,以便于后续安装设备。

通风竖井复合式衬砌支护参数   表9-10

围岩级别	初期支护						二次衬砌厚度(cm)	预留变形量(cm)	超挖回填(cm)
	锚喷混凝土		锚杆		格栅钢架				
	厚度(cm)	钢筋网尺寸(cm)	长度(m)	间距(m)	总高度(cm)	间距(cm)			
Ⅲ级	30	20×20	3.5	1.5×1.0	24	100	55	5	5
Ⅳ级	30	20×20	3.5	1.0×0.75	24	75	70	8	5
Ⅴ级	30	20×20	3.5	1.0×0.5	24	50	80	10	5

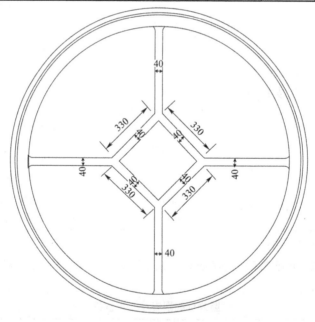

图9-52 竖井二次衬砌断面图(尺寸单位:cm)

2)滑模系统技术参数

竖井二次衬砌采用滑模施工工艺,具体布置如图9-53所示。滑模系统主要由模板系统、操作平台系统和液压提升系统3部分组成。

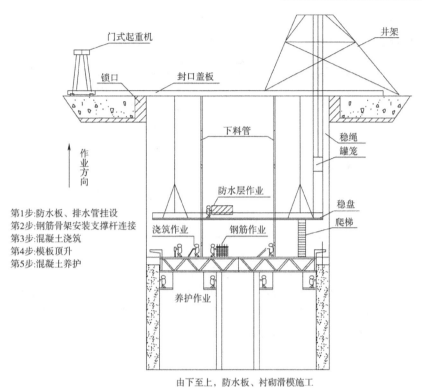

图 9-53 滑模施工纵面布置图

(1)滑模模板系统

模板系统包括模板、围檩和提升架。

①模板参数。二次衬砌结构设计有 6 种型号的模板,其中Ⅰ型为弧形模板(衬砌),Ⅱ型为转角模板(衬砌+内撑),Ⅲ型为平模板(内撑),Ⅳ型为转角模板(内撑+电缆井),Ⅴ型为转角模板(电缆井),Ⅵ型为圆弧模板(电缆井)。

模板由面板(4mm)、竖法兰(60mm×8mm)、横法兰(60mm×8mm)、竖筋(6号槽钢)、横筋(6号槽钢)构成。模板统一高度为1250mm。模板型号及位置如图9-54所示。

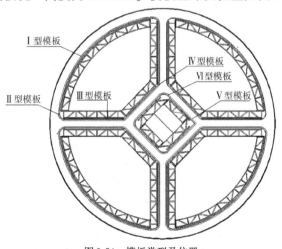

图 9-54 模板类型及位置

②围檩参数。围檩采用桁架结构,采用[8 槽钢进行焊接,设计上下两片围檩间距 80cm,上围檩距模板顶 20cm。围檩及模板结构如图 9-55 所示。

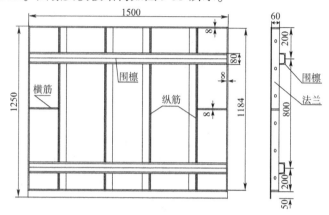

图 9-55 围檩及模板结构(尺寸单位:mm)

③提升架参数。根据衬砌与内撑、电缆井可利用空间不同,设计两种提升架。其中衬砌提升架为 F 形,共计 20 个;十字内撑和电缆井提升架为 π 形,共计 24 个。两种提升架结构如图 9-56、图 9-57 所示,提升架平面布置如图 9-58 所示。

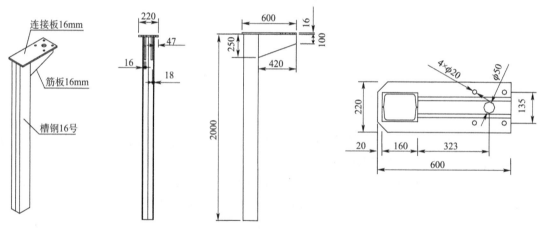

图 9-56 F 形衬砌提升架结构(尺寸单位:mm)

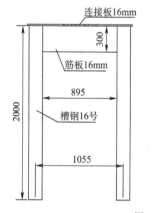

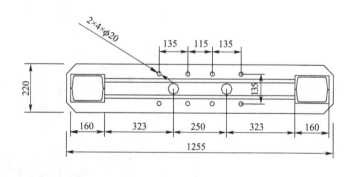

图 9-57 十字内撑、电缆井 π 形提升架结构(尺寸单位:mm)

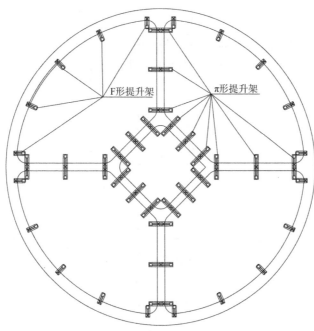

图 9-58 提升架平面布置图

(2)操作平台系统

操作平台系统与支撑体系桁架结构均采用[8 槽钢焊接,根据结构布置将平台分为 6 种节段型号,Ⅱ型、Ⅲ型平台用横联进行加强连接,上部设置水平分配梁片,与[10 槽钢焊接,平台上铺设钢板(4mm)。操作平台结构示意图如图 9-59 所示。操作平台桁架断面图如图 9-60 所示。水平分配梁片共计 3 种型号,其平面布置如图 9-61 所示。

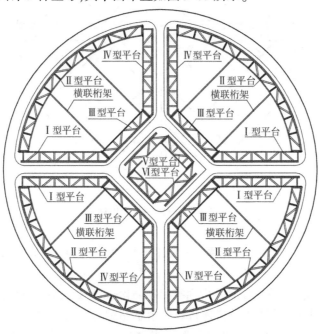

图 9-59 操作平台结构示意图

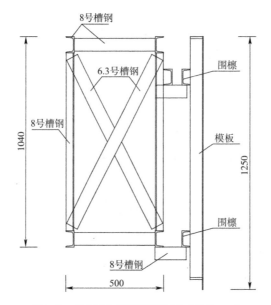

图 9-60　操作平台桁架断面图(尺寸单位:mm)

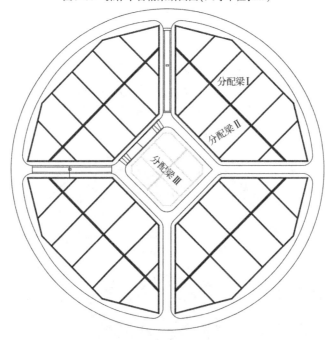

图 9-61　水平分配梁片图

(3)液压提升系统

液压提升系统包括支撑杆、液压系统(液压千斤顶、针形阀、油管与油路、分油器、液压控制台、油液与阀门等)。

①支撑杆。支撑杆杆长 6.0m,采用国家标准 $\phi 48mm \times 3.5mm$ 钢管制作,支撑杆保护层厚度为 5cm。为保证同一水平面支撑杆连接点数量不超过 1/4,设计第一套支撑杆有 4 种长度规格,分别为 1.5m、3m、4.5m、6.0m,错开布置。支撑杆平面布置如图 9-62 所示。

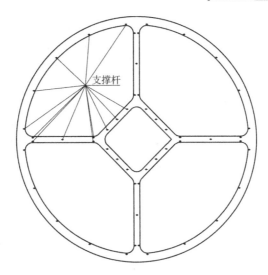

图 9-62　支撑杆平面布置图

②液压系统。采用 QYD-100 楔块式液压千斤顶,主(ϕ16mm)、支(ϕ8mm)油路系统,YKT-56 型液压控制台控制分油器,并用油管油路与液压千斤顶相连,实现液压提升。

QYD-100 楔块式液压千斤顶(图 9-63)是一种通心单作用千斤顶,由缸体、缸盖、上下卡头体及排油簧组成。它的动作分为两个部分:活塞与上卡头体部分为一组;缸体、缸盖、下卡头体部分为另一组,中间为排油弹簧,由液压力和弹簧力使两部分交替动作。其上升原理为:千斤顶进油时,压力油向下推动活塞,从而使上卡头体内楔块咬入支承杆并锁紧,活塞不再下行,但压力油上顶缸盖,于是千斤顶连同负载被顶升,直到上下卡头体相抵为止,即完成爬升行程;换向回油,活塞在复位弹簧力作用下上行,上卡头不再锁紧在支承杆上,千斤顶连同荷载下滑,直到下卡头体内锥面迫使楔块咬入支承杆,被锁紧为止,于是活塞复位。至此,完成加压、滑升、回油、复位一个循环,重复循环这个过程便实现了千斤顶不断向上滑升。液压千斤顶工作原理如图 9-64 所示。

图 9-63　楔块式液压千斤顶

(4)下挂装修吊架

下挂装修吊架采用∟6.3mm×4mm 角钢制作,采用螺栓与滑模底横梁连接,采用 U 形竖向角钢吊架作为悬挂吊杆,间距为 1.2m,平台宽度为 1m,两侧采用∟6.3mm×4mm 角钢作为底梁,平台满铺钢脚手板,钢脚手板与角钢吊架重叠位置均采用铁丝扎牢。

3)二次衬砌混凝土技术参数

(1)混凝土配合比

C30 混凝土基本配合比为水∶水泥∶砂∶石子 =0.38∶1∶1.11∶2.72。混凝土需根据现场环境及材料等条件变化进行调配。

(2)混凝土出模强度

依据《液压滑动模板施工安全技术规程》(JGJ 65—2013),每个作业班组设专人负责检查混凝土的出模强度,混凝土的出模强度应控制在 0.2~0.4MPa。当出模混凝土强度偏低、发生流淌或有局部坍落现象时,应立即停滑处理。当发现混凝土的出模强度偏高时,应增加中间滑升次数。

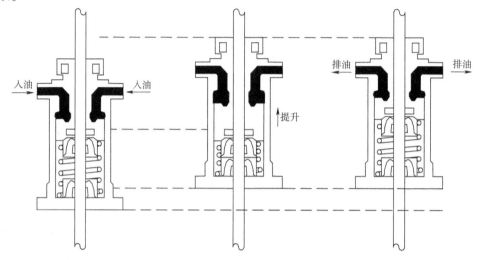

图 9-64 楔块式液压千斤顶工作原理图

(3)混凝土龄期强度曲线

根据现场原材料制作混凝土立方体试件,进行混凝土龄期—强度试验,得到混凝土龄期与强度百分比关系,如图 9-65 所示。现场原材料不同的需要对该批号混凝土进行龄期—强度试验,确定龄期—强度百分比关系。

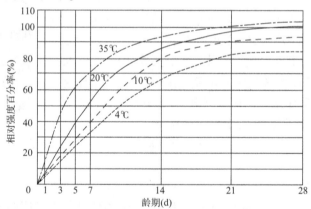

图 9-65 龄期—强度百分比关系曲线

9.6.2 工艺流程

竖井二次衬砌滑模施工工艺流程如图 9-66 所示。

1)施工准备

(1)钢筋、防水板材料运输

竖井钢筋均在竖井地面加工场加工。钢筋、防水板、防水盲管等材料,以及施工辅助的工具均采用井口门式起重机吊运,加工一个吊篮作为吊运的工具。

(2)作业人员上下方式

作业人员上下均采用成品罐笼进行,罐笼限载 4 人,由专用的卷扬机进行提升,罐笼安装有稳绳、防坠器作为安全措施。

2)竖井二次衬砌防水板及钢筋安装

(1)防水板挂设

防水板挂设之前先处理喷射混凝土面,并安装竖向、环向排水系统。防水板的挂设在钢筋安装之前进行,并随着模板的滑升进行同步铺挂,作业平台利用滑模的顶面操作平台。为便于施工,防水板采用 2m 幅宽。

①先对竖井初期支护混凝土喷射面进行检查和处理,对于尖锐、突起的钢筋头等物必须切割平整,并用砂浆覆盖尖锐段,防止割破或刺破防水板。初期支护表面平整度应符合 $D/L \leqslant 1/10$ 的要求(D 为初期支护基面相邻两凸面凹进去的深度;L 为基层相邻两凸面间的距离,$L \leqslant 1m$)。初期支护表面处理示意图如图 9-67 所示。

钢筋网、注浆管头、锚杆等凸出部位先切断、遮盖或铆平后,用砂浆或喷射混凝土找平,锚杆头加盖塑料帽,如图 9-68~图 9-70 所示。

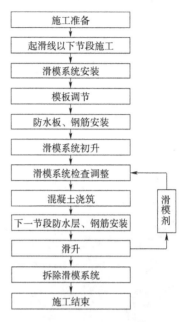

图 9-66 竖井二次衬砌滑模施工工艺流程图

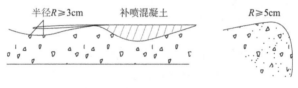

图 9-67 初期支护表面处理示意图

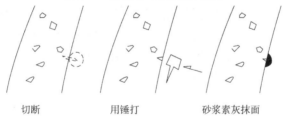

图 9-68 钢筋网处理

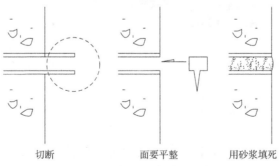

图 9-69 注浆管头处理

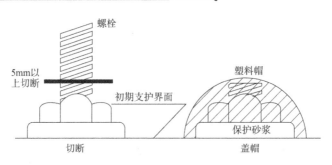

图 9-70　锚杆头处理

②安装竖向、环向排水管。处理完基面后,按设计图先安装竖向排水管、环向排水盲沟,管沟连接的三通必须连接牢靠,接头位置采用土工布包裹并用细铁丝扎紧,如图 9-71 所示。

图 9-71　二次衬砌壁后排水管安装

③挂土工布。用射钉将热熔衬垫和土工布固定在喷射混凝土面上。土工布铺设要松紧适度并留有余量,使之能紧贴在喷射混凝土表面,不致因过紧被撕裂,并且不应过松,防止土工布褶皱堆积形成人为蓄水点。土工布搭接宽度大于 10cm。

④安装防水板。防水板规格采用 2m 的幅宽,利用滑模作业平台进行作业,采用定制的 5.0m 高爬梯辅助作业。纵横接头采用热熔爬焊机进行焊接。焊接搭接长度不小于 10cm。防水板搭接如图 9-72 所示。防水板采用热熔垫片固定,如图 9-73 所示。防水板要求固定牢靠,松紧适度并留有余量,实铺长度与初期支护基面弧长的比值为 10∶8,以保证混凝土浇筑后与初期支护表面密贴。防水板具体安装如图 9-74 所示。防水板防止过紧或过松,以免受挤压、紧绷破损或形成人为蓄水点。防水板间搭接缝应与沉降变形缝、温度伸缩缝、施工缝等防水薄弱环节错开 1~2m。防水板固定热熔垫片按梅花形布置,间距为 80cm×80cm。如发现防水板有破损,必须及时修补。先取一小块防水板剪成圆角,除尽防水板两面上的灰尘后,将其置于破损处,补丁边缘距破损边缘的距离不得小于 7cm,不得有翘边空鼓部位,然后用手动熔接器熔接。

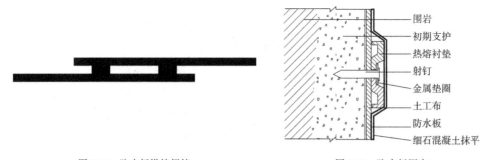

图 9-72　防水板搭接焊接　　　图 9-73　防水板固定

(2)钢筋安装

在井顶外钢筋加工场下料,加工成半成品运至井口,用门式起重机吊入工作面进行二次衬砌钢筋、隔板钢筋以及电缆井钢筋安装。钢筋安装利用原有的工作盘和滑模顶部作业平台进行施工。钢筋安装时第一环钢筋利用长4.5m和长9m的竖向主筋进行交错布置,以保证同截面钢筋接头率不大于50%。后续竖向主筋均采用单根长9m的竖筋进行接长安装。环向钢筋以及结构拉结钢筋及时按设计安装。钢筋安装应超前滑模混凝土浇筑面至少3m,以保证滑模混凝土浇筑施工不受影响。钢筋安装不得刺破、割破、烧伤防水板。竖向钢筋顶端利用工作盘作为作业平台,安装不少于3环环向钢筋和拉结勾筋,形成环向稳定结构,如图9-75所示。

图9-74 防水板安装

图9-75 二次衬砌钢筋绑扎

①竖井竖向主钢筋接长采用单面焊接接长,焊接长度不小于10倍钢筋直径。钢筋焊接施工之前,应清除钢筋表面的锈斑、油污、杂物等;钢筋端部有弯折、扭曲时,应予以矫直或切除。焊接示意图如图9-76所示。

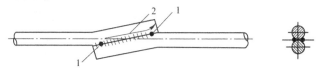

图9-76 焊接示意图
1-定位焊缝;2-弧坑拉出方位

②焊接所用焊条应符合《非合金钢及细晶粒钢焊条》(GB/T 5117—2012)、《热强钢焊条》(GB/T 5118—2012)的要求,焊条须选用J506;焊条必须存放在干燥、通风的地方,禁止使用受潮焊条。

③焊接时,不得烧伤主筋;焊接接头区域不得有裂纹;焊接不得出现咬边、气孔、夹渣等缺陷。

④焊接过程中应及时清渣,焊缝表面应平整光滑,焊缝余高应平缓过渡;焊缝应饱满,不得有较大的凹陷、焊瘤。

⑤竖向主钢筋搭接焊时采用单面焊,单面焊搭接长度≥10d(d为钢筋直径)。搭接焊接头的焊缝厚度不应小于主筋直径的0.3倍;焊缝宽度不应小于主筋直径的0.8倍。

⑥搭接焊时,焊接端钢筋应预弯,并应使两钢筋的轴线在同一直线上。

⑦搭接焊时应用两点固定定位焊缝,与搭接端部的距离应大于或等于20mm;焊接时,应在搭接焊形成焊缝中引弧,在端头收弧前应填满弧坑,并应使主焊缝与定位焊缝的始端和终端熔合。

⑧对外观检查不合格的焊缝接头应采取修整或补焊措施。

3) 滑模组装

(1) 滑模系统组装顺序

滑模系统组装顺序如图9-77所示。

①施工准备。对机械、材料等进行检验,合格后方可入场。人员分工定岗,对图纸及操作进行交底。

②起滑线以下的防水层、钢筋安装。模板高度为125cm,需浇筑基础节段混凝土,便于滑模系统安装和滑升。

③支撑杆安装。支撑杆杆长6m,采用φ48mm×3.5mm钢管,按千斤顶布设位置精确定位,共布置52根。首节段支撑杆采用定位钢筋焊接在结构钢筋上进行固定,首节混凝土浇筑长度为1.2m,在首节段高度范围内的支撑钢管,按50cm竖向间距采用φ8mm光圆钢筋制作成井字形定位钢筋固定牢靠,定位钢筋与附近的结构钢筋焊接固定。支撑杆在同一水平面内接头不超过1/4,因此第一套支撑杆有4种以上长度规格,分别为1.5m、3m、4.5m、6.0m,错开布置。表面平整无锈,当千斤顶滑升距支撑杆顶端达350mm时,接长支撑杆,接头一端采用角磨机打磨成坡口,对接下部,接头对齐,焊接牢固。焊接接头内安放长100mm、直径40mm的小钢管进行加强,焊接接头完成后进行磨平处理,防止焊缝突起。操作人员均为专业焊工,保证千斤顶顺利通过支撑杆。支撑杆自由端顶面距离工作面3m左右安装一个环向联系杆,采用φ48mm钢管制作,竖井边部分弯成环形,用卡扣与支撑杆上升自由端扣紧连接,防止支撑杆上部自由端晃动。

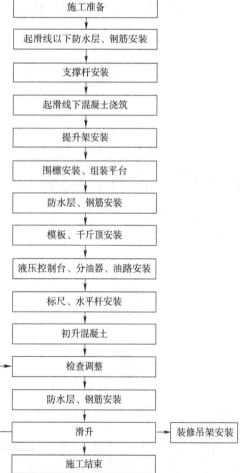

图9-77 滑模系统组装顺序

④起滑线以下节段混凝土浇筑。

⑤安装提升架,如图 9-78 所示。

图 9-78　滑模提升架

⑥安装围檩。将围檩按先上后下的顺序与提升架立柱锁紧固定,如图 9-79 所示。若采用改变围檩间距的方法形成模板倾斜度时,应调整好上、下围檩的倾斜度。

图 9-79　安装围檩

⑦安装模板。模板宜按照先内后外、先角模后其他的顺序进行安装,如图 9-80 所示。为了减少滑模提升时模板与混凝土之间的摩阻力,便于脱模,模板在安装时应形成上口小、下口大的倾斜度,一般单面倾斜度为 0.2% ~ 0.5%。模板 $\frac{1}{2}$ 高度处的净间距为结构截面的厚度。

图 9-80　安装模板

⑧安装操作平台的桁架、分配梁和平台铺板(图9-81)。平台铺板应与模板上口齐平或略高于模板上口。

图9-81　滑模作业操作平台

⑨安装液压千斤顶及液压设备,并进行空载试车,对油路进行加压排气,如图9-82所示。

图9-82　滑模千斤顶的液压设备

⑩在液压系统试验合格后,安装标尺和水平杆并校核其垂直度。

⑪安装装修吊架。待滑升施工开始后模板升至约3m时,安装装修吊架、脚手板并挂安全网,如图9-83所示。

图9-83　装修吊架

(2)滑模系统检查调试

模板组装完成,经复测验收合格后,进行试运行,并进行精确定位,接上油路进行耐压、排气、爬升等检测,检测合格后方可投入使用。

①千斤顶、油路安装完毕,未插入支撑杆前按规定进行液压系统排气和耐压试验,发现漏液及时处理。

②支撑杆为 $\phi48mm \times 3.5mm$ 直立钢管,不允许有冷硬加工层和焊疤,使用前应清理油污等脏物。

③将千斤顶固定在操作台上时,注意油嘴方向,油嘴与胶管应平行或大弧度连接。

④注意保持千斤顶清洁,及时清除溅粘的泥浆、沙土,防止混凝土、砂浆顺支撑杆流入千斤顶。

⑤定期保养千斤顶,尤其是上、下卡头体部分,及时除去附着杂物及油污,并涂油防锈。

⑥施工完成后,应及时拆卸滑模系统,并按装配技术要求进行清洗。

⑦在使用或搬运时,防止其他硬物撞击滑模系统。

(3)滑模系统安装总成

滑模系统安装总体布置如图 9-84 所示,安装完成示意图如图 9-85 所示。

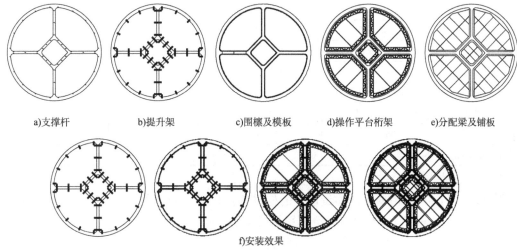

a)支撑杆　　b)提升架　　c)围檩及模板　　d)操作平台桁架　　e)分配梁及铺板

f)安装效果

图 9-84　滑模系统安装总体布置

图 9-85　滑模系统安装总成示意图

(4) 滑模系统组装机械设备

①滑模系统构件统计。

滑模系统各组成构件尺寸、质量见表9-11。

滑模系统各组成构件尺寸、质量表 表9-11

构件名称	尺寸(cm)	质量(kg)	数量	小计(kg)
模板Ⅰ(含围檩)	125×150/弧	136.04	24	3264.96
模板Ⅱ(含围檩)	125×150/直	135.88	28	3804.64
模板Ⅲ(含围檩)	125×150/角	132.29	8	1058.32
模板Ⅳ(含围檩)	125×148/角	133.13	8	1065.04
模板Ⅴ(含围檩)	125×158.2/角	139.45	3	418.35
模板Ⅵ(含围檩)	125×179.2/角	151.48	1	151.48
操作平台桁架Ⅰ	440×50	541.85	8	4334.8
操作平台桁架Ⅱ	821.3×50	1032.39	4	4129.56
操作平台桁架Ⅲ	300×50	360.52	2	721.04
操作平台桁架Ⅳ	440×50	541.85	8	4334.8
操作平台桁架Ⅴ	295×50	364	4	1456
操作平台桁架Ⅵ	188×50	245.91	2	491.82
平台桁架支撑	391.5×104	150.33	8	1202.64
F形提升架	60×200	113.92	20	2278.4
π形提升架	125.5×200	260.12	20	5202.4
分配梁Ⅰ	966.5×235	312.39	4	1249.56
分配梁Ⅱ	806.9×235	267.34	4	1069.36
铺板(厚4mm)			98.4m²	

②起重机械。

根据表9-11可知,滑模系统质量最大的构件为操作平台桁架Ⅱ,为1032.39kg,可利用门式起重机(25t/5t)和绞车(10t/5t)将滑模系统吊运至井底,人工辅助安装。

③构件吊点设计。

为保证构件吊运过程平稳,满足安装角度要求,对各构件进行吊点位置设计。各构件吊点见表9-12。

各构件吊点 表9-12

构件名称	吊点位置(实心圆点)
模板Ⅰ(含围檩)	
模板Ⅱ(含围檩)	
模板Ⅲ(含围檩)	

续上表

构 件 名 称	吊点位置(实心圆点)
模板Ⅳ(含围檩)	
模板Ⅴ(含围檩)	
模板Ⅵ(含围檩)	
操作平台桁架Ⅰ	
操作平台桁架Ⅱ	
操作平台桁架Ⅲ	
操作平台桁架Ⅳ	
操作平台桁架Ⅴ	
操作平台桁架Ⅵ	
平台桁架支撑	
分配梁Ⅰ	
分配梁Ⅱ	

续上表

构件名称	吊点位置(实心圆点)
分配梁Ⅲ	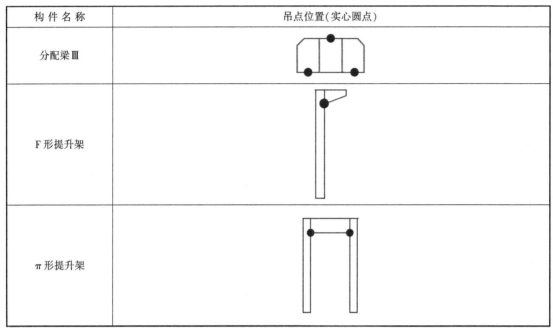
F形提升架	
π形提升架	

④钢丝绳选择。

根据《煤矿安全规程》第四百零八条表9,钢丝绳安全系数为9。根据《煤矿安全规程》第四百二十七条,提升系统的安全制动减速度控制要求见表9-13,其中,θ为井巷倾角(°),A_c为自然减速度。

提升系统的安全制动减速度(单位:m/s)　　表9-13

项目	$\theta \leq 30°$	$\theta > 30°$
提升	$\leq A_c$	≤ 5
下放	≥ 0.75	≥ 1.5

A_c按下式计算:

$$A_c = g(\sin\theta + f\cos\theta) \tag{9-2}$$

式中:g——重力加速度(m/s²);

　　　f——绳端荷载的运行阻力系数,一般取0.01~0.015。

操作平台桁架Ⅱ的质量最大,为1.03t,则运行状态下的荷载为:

$$F_1 = (A_c + g) \times 1.03 = 1.03 \times 10.159 = 10.46\text{kN}$$

钢丝绳6×36ws+FC类公称抗拉强度1770kPa、直径24mm纤维芯钢丝绳最小破断拉力为336kN,线质量为2.14kg/m。

钢丝绳入井长度最大取196m,钢丝绳自重$F_2 = 196 \times 214/100/100 = 4.19$kN,主钢丝绳拉力容许值为$F = (F_1 + F_2) \times 9 = (10.46 + 4.19) \times 9 = 131.85kN< 336$kN,满足要求。

⑤马蹄扣选择。

吊点用马蹄扣将构件与钢丝绳连接。构件吊点最大截面为8号槽钢。已知最大荷载为1.03t(操作平台桁架Ⅱ),约合10kN,三点起吊,按照不均衡性,最大吊点荷载为5kN。

根据截面形状和承载能力查询《路桥施工计算手册》表15-15,选用GD14型马蹄扣,马蹄扣结构如图9-86所示。安全荷载137.2kN>5kN,满足尺寸和吊重要求。

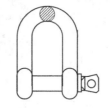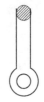

图9-86 马蹄扣示意图

4)滑模混凝土施工

(1)混凝土输送

滑模施工衬砌混凝土采用商品混凝土,为保证混凝土连续供应,项目部与深圳市3家混凝土厂家签订了供应协议,保证供应能满足滑模连续施工的要求。商品混凝土采用混凝土罐车运输至竖井井口,从井口采用下料管输送。竖井混凝土下料管采用$\phi219mm$无缝钢管,6.0m/根,在每根管的两端用法兰盘螺栓与管两侧$\phi28mm$承重钢丝绳固定连接,钢管中间每间隔12m设置一个减速器(降低混凝土流速,重新搅拌,防止混凝离析),下料至操作盘上方的分料器,再经移动式溜槽送入滑模模板内,具体设施如图9-87所示。

图9-87 混凝土送料管、布料串筒和移动式溜槽

(2)混凝土浇筑

滑模施工时要求混凝土对称均匀下料,每层浇筑厚度控制在20cm。采用插入式振捣器振捣,振捣器不得直接振动支撑杆及模板,振捣器插入深度不超过下层混凝土内50mm,模板滑升时停止振捣。浇筑过程如图9-88所示。

每个作业班组设置专人检查混凝土的出模强度,混凝土的出模强度应控制在0.2~0.4MPa。当出模混凝土发生流淌或局部塌落现象时,应立即停滑处理。

滑升过程中操作平台应保持水平,各千斤顶的相对高差不得大于4cm。相邻两个提升架上千斤顶的相对高程差不得大于2cm。千斤顶顶升如图9-89所示。同时要求做一个水平测量尺杆,专人负责检查浇筑高度,确保混凝土浇筑面在同一个水平面上。混凝土浇筑过程中,模板边上和内表面有时会粘有少量混凝土,要随时用小铲清理干净,以保证模板面光滑。

图9-88　滑模混凝土浇筑

图9-89　千斤顶顶升

滑模的初次滑升要缓慢进行,并在此过程中对液压装置、模体结构以及有关设施在负载情况下做全面检查,发现问题及时处理,待一切正常后方可进行正常滑升。施工转入正常滑升时,应尽量保持连续施工,并设专人观察和分析混凝土表面情况,确定合适的滑升时间、滑升速度和分层浇筑厚度。具体根据以下几点进行鉴别:滑升过程能听到"沙沙"的声音;脱模的混凝土无流淌和拉裂现象,手按有硬的感觉,并能留出1mm左右的指印,能用抹子抹平。

①模板滑升。

滑升过程中设专人检查千斤顶,观察支撑杆上的压痕和受力状态是否正常,检查滑模中心线及操作盘的水平度,如图9-90所示。

图9-90　千斤顶顶升检查

②表面修整及养护。

表面修整(收光)关系到结构外表和保护层质量,是非常关键的环节。混凝土出模时,要求及时修饰收光表面,一般情况下,混凝土出模时,强度不是很高,此时用方木拍混凝土表面,可以拍出水泥浆,然后直接用抹子收光即可。遇有表面不平时,用方木拍实刮平,用抹子压光抹平再收光,如图9-91所示。

当混凝土浇筑速度较慢,混凝土出模后,表面已经凝固时,一般情况下,需要粉刷一层1~2mm的素混凝土浆,为保证外观效果一致,一般情况下选用原浆为粉刷材料,粉刷后再收光。

遇有局部塌落或保护层脱落等现象时,收光人员应在混凝土尚未凝固前及时修补并修饰,然后收光。

图9-91　混凝土表面养护

为提高混凝土表面的美观效果,收光的最后一道程序是,用排笔蘸上素水泥浆,沿竖向排刷。排刷后的效果非常好,外观如图9-92所示。

图9-92　混凝土外观

混凝土养护:外壁采用在吊架上固定喷淋水管,定时洒水养护;内壁人工浇水养护。养护效果如图9-93所示。

图9-93　混凝土浇水养护

③停滑措施及施工缝处理。

滑模施工要求连续进行,意外停滑时立即启动"停滑紧急处理措施"。混凝土停止浇筑后,每隔0.5~1h,滑升1~2个行程,每行程30cm,保证混凝土与模板不发生黏结(一般4h左右)。由于其他原因致使滑模停滑,在混凝土表面预先采取连接钢筋和止水措施,然后在复工前将混凝土表面残渣除掉,用水冲净,先浇一层集料减半的混凝土,然后再浇筑原配合比混凝土。

④滑模控制。

为保证结构中心不发生偏移,利用地面全站仪定出滑模中心点,钢丝绳悬挂60kg锤球进行中心辅助控制;同时在井口平台梁下部井壁固定激光指向仪进行滑模位置控制。井口固定观测点,经常进行复核。利用千斤顶的同步器和水准仪进行滑模水平控制。

5)滑模拆除

滑模滑升接近井口位置时,拆除井口平台,继续进行施工,当混凝土浇筑到设计高程时,将模体滑空,利用门式起重机及吊车配合悬吊将模板整体移至井口平地进行拆除,如图9-94所示。滑模模板拆除应注意以下事项:

(1)必须在现场领工的统一指挥下进行。

(2)操作人员必须佩戴安全帽及安全带。

(3)拆卸的滑模部件要严格检查,捆绑牢固后再下放。

图9-94 模板吊出

9.6.3 检查要求

衬砌施工前期支护存在空洞、断面严重侵限时应及时处理,衬砌背后应及时回填注浆。混凝土衬砌实测项目见表9-14~表9-17。

总 体 实 测 项 目　　　　表9-14

序　号	检查项目	规定值或允许偏差
1	竖井宽度(mm)	±10
2	内轮廓宽度	不小于设计值
3	内轮廓高度	不小于设计值
4	竖井偏位(mm)	20
5	边坡或仰坡坡度	不大于设计值

衬砌钢筋实测项目 表9-15

序 号	检 查 项 目	规定值或允许偏差
1	主筋间距(mm)	±10
2	两层钢筋间距(mm)	±5
3	箍筋间距(mm)	±20
4	钢筋加工长度	满足设计要求
5	钢筋保护层厚度(mm)	−5~+10

混凝土衬砌实测项目 表9-16

序 号	检 查 项 目	规定值或允许偏差
1	混凝土强度(MPa)	在合格标准内
2	衬砌厚度(mm)	90%的检查点的厚度≥设计厚度,且最小厚度≥0.5倍设计厚度
3	墙面平整度(mm)	施工缝、变形缝处≤20,其他部位≤5
4	衬砌背部密实状况	无空洞、无杂物

防水层实测项目 表9-17

序 号	项 目	规定或允许偏差
1	搭接长度(mm)	≥100
2	焊接缝宽(mm)	两侧焊缝宽≥10,粘缝宽≥50
3	固定点间距	符合设计要求
4	焊缝密实性	符合设计要求

9.7 竖井施工监控量测

1) 测点布置

(1) 初期支护完成后,在初期支护表面埋设监控量测点,监控量测点采用 $\phi6mm$ 的钢筋加工而成,长30cm,一端加工成圆弧形状便于挂钩。监控量测是为了指导现场施工,观测支护结构的动态变化,确保竖井施工质量和安全,落实隧道监控量测工作。为此,项目部成立了隧道监控量测小组,及时对量测数据进行分析处理,掌握围岩和支护的动态信息,指导后续施工安排。

竖井监控量测点采用十字线法布设。量测时,刚开始10d内每天测量2次,观测围岩收敛情况,根据量测数据若围岩处于稳定状态,将拉大量测间隔时间,若围岩收敛情况变化大,立即加大量测频率。

监控量测布点根据围岩情况,不同断面的测点应布置在相同部位,测点应尽量对称布置,两线接近垂直布设,以便数据的相互验证。Ⅴ级围岩布点断面间距为5m,Ⅳ级围岩布点断面间距为7.5m,Ⅲ级围岩布点断面间距为10m,详见表9-18。

水平收敛监控量测断面间距　　　表9-18

序　号	围岩级别	断面间距(m)	备　注
1	Ⅲ	10	每断面布设2条线
2	Ⅳ	7.5	每断面布设2条线
3	Ⅴ	5	每断面布设2条线

监控量测采用JSS30A数显收敛计,量测精度为0.01mm。当竖井内水平收敛速度为0.1~0.2mm/d时,可以认为围岩基本稳定。当收敛速度>5mm/d,并持续3d以上时,认为围岩处于急剧变化状态,应加强初期支护系统,对原有支护进行加固,并发生收敛报警。

监控量测点位布设及挂钩加工如图9-95~图9-98所示。竖井内监控量测项目及频率见表9-19。

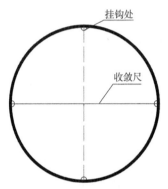 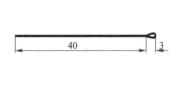

图9-95　测点布设(1)　　　图9-96　挂钩加工尺寸(尺寸单位:cm)

图9-97　测点布设(2)　　　图9-98　水平收敛仪观测

(2)地表监控量测。竖井口地表监控量测主要是测量竖井口明洞开挖后地表沉降和位移情况。地表观测点埋设在竖井中心线外的轴线上,东西方向埋设1~7号共7个观测点,1号点距竖井中心25m,2号点距竖井中心20m,3号点距竖井中心15m,4~6号点位埋设与1~3号点左右对称布置,7号点距竖井中心55m,位于右侧挖方坡顶上;南北方向埋设8~15号共8个观测点,9号点距竖井中心30m,10号点距竖井中心20m,11号点距竖井中心15m,9号、10号、11号点位埋设与14号、13号、12号点上下对称布置,8号点距竖井中心50m,位于竖井便道一侧,15号点距竖井中心60m,位于挖方坡顶上。具体测点布置如图9-99所示。

竖井内监控量测项目及频率　　　　　　　　　　　表9-19

围岩级别	测量项目	断面布设	测量频率	备注
V级	地质和支护状况观察	开挖后及初期支护后进行	施工员值班中随时观察	采用JSS30A数显收敛计（量测精度为0.01mm）进行水平收敛量测。采用测距仪进行单点位移量测，当隧道洞内水平收敛速度为0.1~0.2mm/d时，可以认为围岩基本稳定。收敛速度>5mm/d时，围岩处于急剧变化状态，应加强初期支护系统，对原有支护进行加固
V级	水平收敛	5~10m布设1个断面	2次/d	
V级	单点位移量测	布设1~2个断面，每断面布设3~7个点	1次/d	
Ⅳ级	地质和支护状况观察	开挖后及初期支护后进行	施工员值班中随时观察	
Ⅳ级	水平收敛	7.5m布设1个断面	2次/d	
Ⅳ级	单点位移量测	布设1~2个断面，每断面布设3~7个点	1次/d	
Ⅲ级	地质和支护状况观察	开挖后及初期支护后进行	施工员值班中随时观察	
Ⅲ级	水平收敛	10m布设1个断面	2次/d	
Ⅲ级	单点位移量测	布设1~2个断面，每断面布设3~7个点	1次/d	

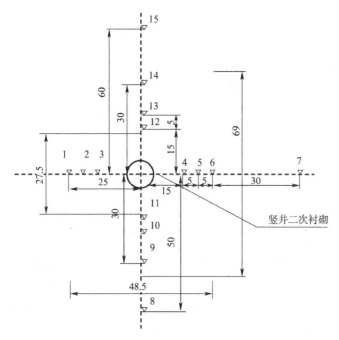

说明：
1. 尺寸单位：m。
2. 竖井口地表沉降和位移点埋设点号为：1~15号。
3. 横向1~6号在护井周围左右对称布置，7号在挖方边坡顶面距竖井中55m；纵向9~14号在护井周围上下对称布置，8号在下竖井便道一侧，距竖井中心50m，15号在竖井上方开挖坡顶，距竖井中心60m。
4. 观测时采用莱卡全站仪观测出三维坐标，根据三维坐标偏位确定点位是否移动。

图9-99　地表监测点布置图（尺寸单位：m）

测点点位采用ϕ20mm圆钢制作，测点布置如图9-100、图9-101所示。竖向钢筋端头应制作成球形，顶端锯出十字线，线深不小于1mm，线宽不能超过1.5mm。竖向钢筋长度为25cm，下部5cm处焊接长度为10cm的横向钢筋。

2)监测数据分析

本项目监控量测资料均采用计算机进行初步分析、处理。根据实测数据分析、绘制各种表格及曲线图,当曲线趋于平缓时回归出最终值,并提示结构物的安全性。

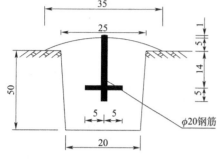

图9-100 测点布置图(尺寸单位:cm)

(1)监测人员按时向施工、监理、设计单位和建设单位提交监控量测周报和月报,同时对施工情况进行评价并提出施工建议,及时反馈指导信息,调整施工参数,保证安全施工。

(2)数据采集。通过相关仪器设备,取得现场监测数据,同时记录、搜集相关施工资料。本监测项目采用的仪器如水准仪需人工读数、记录,然后将实测数据输入计算机;全站仪则自动进行数据采集,并将量测值自动传输到数据库管理系统。

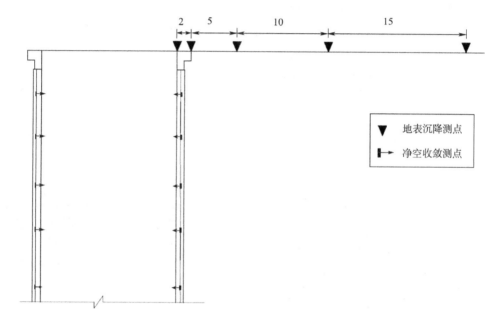

图9-101 竖井测点布置立面图(尺寸单位:m)

(3)数据整理。每次观测后应立即对原始观测数据进行校核和整理,包括原始观测值的检验、物理量的计算、填表制图、异常值的剔除、初步分析和整编等,并将检验过的数据输入计算机的数据库管理系统。

(4)数据分析。采用比较法、作图法和数学、物理模型,分析各监测物理量值的大小、变化规律、发展趋势,以便对工程的安全状态和应采取的措施进行评估决策。

绘制位移—时间曲线和位移—距离曲线,如图9-102所示。如果位移的变化随时间(或距开挖面的距离)而渐趋稳定,说明基坑处于稳定状态,支护系统是有效、可靠的,如图9-102中的正常曲线。在图9-102的反常曲线中,出现了反弯点,这说明位移出现反常的急骤增长现象,表明围岩和支护已呈不稳定状态,应立即采取相应的工程措施。

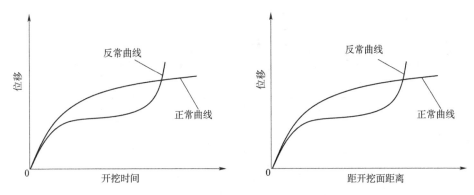

图 9-102 位移—时间曲线和位移—距离曲线

在取得足够的数据后,还应根据散点图的数据分布状况,选择合适的函数,对监测结果进行回归分析,以预测该测点可能出现的最大位移值,从而预测结构的安全状况。

(5)信息反馈。为确保监测结果的质量,加快信息反馈速度,全部监测数据均由计算机管理,每次监测必须有监测结果,及时上报监测周报表,并按期向有关单位提交监测月报,同时附上相应的测点位移时态曲线,对当月的施工情况进行评价并提出施工建议。

当各监测项目监测数值超过设计文件、规范、规程所定控制标准值的70%时,向有关单位和部门发出预警报告。通知施工单位采取相关措施,控制变形趋势的发展。并同时加强监测,随时掌握变形情况,直到变形趋于稳定。当监测数值达到控制标准值时,向有关单位和部门发出报警报告,施工单位在收到监测单位报送的报警报告后,应暂停施工,积极主动地与设计人员和驻地监理进行沟通,组织相关部门人员讨论、分析原因,制订处理方案及相应措施,并在最短时间内予以实施,确保工程安全。

(6)竖井监测数据汇总。按照监测方案及施工设计图纸的要求,施工单位及第三方监测单位对竖井施工过程实施跟班监测,竖井施工期间施工单位监测数据汇总见表9-20,具体监测数据见表9-21、表9-22。

竖井监控量测项目监测数据汇总表　　　　表9-20

监测项目	围岩级别	断面个数(个)	每个断面测点数量(个)	监测频率(次/d)	每个断面累计监测次数(次)	持续时间(月)	监测最终数据	监测结果判定
竖井收敛	Ⅴ级	5	4	2	120	5	小于0.1mm/d	围岩稳定
	Ⅳ级	5	4	2	120	5	小于0.1mm/d	围岩稳定
	Ⅲ级	14	4	2	120	5	小于0.1mm/d	围岩稳定
井壁单点位移	Ⅴ级	2	6	1	150	5	累计位移小于30mm	围岩稳定
	Ⅳ级	2	4	1	150	5	累计位移小于30mm	围岩稳定
	Ⅲ级	2	4	1	150	5	累计位移小于30mm	围岩稳定
竖井周边地表沉降	Ⅴ级	2	15	2	200	10	累计沉降小于50mm	整体稳定

竖井监测收敛项目月度汇总表　　　　　　　　　　　　　　　　　表 9-21

测线编号	量测时间（年-月-日）	监测数据（m）				监测间隔时间（d）	收敛速度（mm/d）	备注
		第1次	第2次	第3次	平均值			
3-6号	2019-3-12	16.35743	16.35552	16.35844	16.35713	0.0	0.00	初始
	2019-3-13	16.35633	16.35621	16.35646	16.35633	2.0	0.40	
	2019-3-14	16.35613	16.35625	16.35525	16.35588	2.0	0.23	
	2019-3-15	16.35541	16.35636	16.35524	16.35567	2.0	0.10	
	2019-3-16	16.35542	16.35536	16.35547	16.35542	2.0	0.13	
	2019-3-17	16.35519	16.35517	16.35533	16.35523	2.0	0.09	
	2019-3-18	16.35499	16.35486	16.35489	16.35491	2.0	0.16	
	2019-3-19	16.35478	16.35468	16.35477	16.35474	2.0	0.09	
	2019-3-20	16.35470	16.35474	16.35475	16.35473	2.0	0.01	
监测结果判定	初期变形微小，围岩稳定，在安全范围内，符合要求							

竖井监测地表沉降项目月度汇总表　　　　　　　　　　　　　　　　　表 9-22

测线编号	量测时间（年-月-日）	监测数据（m）				监测间隔时间（d）	沉降速度（mm/d）
		第1次	第2次	第3次	平均值		
1-1号	2019-5-2	273.256	273.256	273.256	273.256	1.0	0.00
	2019-5-4	273.255	273.255	273.255	273.255	2.0	0.50
	2019-5-6	273.254	273.255	273.253	273.254	2.0	0.50
	2019-5-8	273.254	273.254	273.253	273.254	2.0	0.17
	2019-5-10	273.253	273.253	273.253	273.253	2.0	0.33
	2019-5-12	273.253	273.252	273.252	273.252	2.0	0.33
	2019-5-14	273.252	273.252	273.252	273.252	2.0	0.17
	2019-5-16	273.252	273.251	273.251	273.251	2.0	0.33
	2019-5-18	273.251	273.251	273.251	273.251	2.0	0.17
	2019-5-20	273.251	273.251	273.250	273.251	2.0	0.17
	2019-5-22	273.250	273.250	273.250	273.250	2.0	0.33
	2019-5-24	273.250	273.250	273.249	273.250	2.0	0.17
	2019-5-26	273.249	273.249	273.249	273.249	2.0	0.33
	2019-5-28	273.249	273.249	273.248	273.249	2.0	0.17
	2019-5-30	273.248	273.248	273.248	273.248	2.0	0.33

3）监测注意事项

（1）监测组与监理工程师密切配合工作，及时向监理工程师报告情况和问题，并提供相关切实、可靠的数据和记录。

(2) 测点布置力求合理，应能反映出施工过程中结构的实际变形和应力情况及对周围环境的影响程度。

(3) 测试元件及监测仪器必须是正规厂家的合格产品，测试元件要有合格证，监测仪器要定期校核、标定。

(4) 测点埋设应达到设计要求的质量，并做到位置准确，安全稳固，设立醒目的保护标志。

(5) 监测工作由多年从事监测工作及有类似工程监测经验的工程师负责，小组其他成员为有监测工作经历的工程师或测工，并保证监测人员的相对固定，保证数据资料的连续性。

(6) 监测数据应及时整理分析，一般情况下，应每周报一次，特殊情况下，每天报送一次。监测报告应包括阶段变形值、变形速率、累计值，并绘制沉降槽曲线、历时曲线等，做必要的回归分析，并对监测结果进行评价。

(7) 监测数据均应在现场检查、室内复核后方可上报；如发现监测数据异常，应立即复测，并检查监测仪器、方法及计算过程，确认无误后，立即上报给施工、监理及建设单位主管，以便及时采取措施。

(8) 各监测项目在监测过程中必须严格遵守相应的测试实施细则。

(9) 雨季是基坑施工的不利季节，地下渗水比较严重。因此雨季在保证正常的监测频率的情况下，应加强一些薄弱环节项目的量测频率，如测斜、应力等，同时，应根据监测结果，对一些不利区域加强监测，以保证整个工程始终处于监控状态。

4) 监测点保护措施和修复措施

监测点的保护重点针对破坏后无法修复的测斜管和支撑轴力监测点导线，保护措施主要有3个方面：

(1) 明确标识，采用红漆醒目编号，红旗标志。

(2) 测斜管、水位管管顶砌筑方井，地表监测点钻孔埋置于地表以下，反力计导线引至防护栏边，固定在隐蔽不易破坏处。

(3) 加强与现场施工队伍的沟通，增强其对监测点保护重要性的认识，建议对破坏监测点的行为予以处罚，严格保护好监测点。发现位移和沉降测点破坏后在第一时间进行修复或重新埋设。

9.8 竖井设备安装

竖井溜渣孔施工、正向扩孔开挖、二次衬砌浇筑3个施工阶段使用的主要设备不同。

(1) 溜渣孔施工阶段主要的施工设备有反井钻机、钻杆、钻头、泥浆泵等。反井钻机安装流程为(图9-103~图9-114)：设备进场验收→钻机基坑开挖→钻机基础浇筑→反井钻机安装→液压系统安装→泥浆池施工→泥浆泵安装→钻杆安装→正常钻进。

(2) 竖井正向开挖阶段主要的施工设备有门式起重机、绞车、稳盘、封口盘、空压机、搅拌机等。竖井正向开挖设备安装流程为：场地硬化→门式起重机安装→空压机安装→搅拌站建设→稳盘加工、下吊→封口盘加工、安装、井架加工、安装→稳车定位、安装→滑轮组安装→稳盘吊装→罐笼安装→风水管、动力线安装→射流风机、风带安装。

图9-103 设备进场验收

图9-104 钻机基坑开挖　　　　　　图9-105 基础预留孔模板安装

图9-106 基础浇筑　　　　　　图9-107 基础验收

图9-108 钻机中心点定位　　　　　　图9-109 钻机安装

图 9-110　液压系统安装

图 9-111　循环泥浆池

图 9-112　泥浆泵安装

图 9-113　钻杆安装

①场地硬化如图 9-115 所示。

图 9-114　正常钻进

图 9-115　场地硬化

②门式起重机安装如图 9-116 ~ 图 9-123 所示。

图 9-116　构件进场

图 9-117　构件拼装

图 9-118　支撑腿吊装

图 9-119　支撑腿临时固定

图 9-120　主横梁吊装

图 9-121　天车安装

图 9-122　钢丝绳、吊钩安装

图 9-123　机械试吊

③空压机房、搅拌站建设如图 9-124、图 9-125 所示。

图 9-124　空压机房

图 9-125　搅拌站

④稳盘加工、下吊如图 9-126～图 9-129 所示。

图 9-126 稳盘骨架加工

图 9-127 稳盘面板安装

图 9-128 稳盘起吊

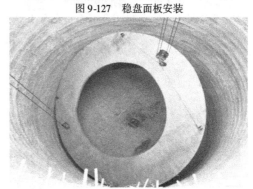

图 9-129 稳盘下吊至井底

⑤封口盘加工、安装如图 9-130~图 9-135 所示。

图 9-130 封口盘骨架

图 9-131 封口盘吊运至井口

图 9-132 封口盘固定

图 9-133 主梁锚固

图 9-134 下料孔护栏围护

图 9-135 封口盘下部封闭

⑥井架加工、安装如图 9-136~图 9-139 所示。

图 9-136 井架吊运至井口

图 9-137 支腿固定(1)

图 9-138 支腿固定(2)

图 9-139 罐笼用天轮安装

⑦稳车安装如图 9-140~图 9-145 所示。

图 9-140 稳车设备进场

图 9-141 稳车定向、地锚

图 9-142 稳车钢丝绳安装

图 9-143 罐笼绞车安装

图 9-144 操作平台试运行

图 9-145 绞车系统安装完毕

⑧滑轮组安装如图 9-146、图 9-147 所示。

图 9-146 稳盘定滑轮

图 9-147 风水管定滑轮

⑨稳盘吊装、罐笼安装如图 9-148～图 9-157 所示。

图 9-148 稳盘钢丝绳

图 9-149 稳盘吊装

图 9-150　吊点设置

图 9-151　稳盘围护

图 9-152　防锈处理

图 9-153　稳盘吊装完毕

图 9-154　罐笼地轮安装

图 9-155　罐笼防坠安全绳

图 9-156　孔口防护

图 9-157　人员上下井罐笼

⑩风水管、动力线、风机安装如图 9-158～图 9-163 所示。

图 9-158 供水钢管安装

图 9-159 供风钢管安装

图 9-160 风管、钢丝绳卡扣连接

图 9-161 井底设转换接头与软管连接

图 9-162 射流风机安装

图 9-163 风带用细钢丝绳固定

(3)竖井二次衬砌浇筑施工主要的设备有滑模系统、下料系统(绞车、稳盘、封口盘、滑轮组、门式起重机)。

第4篇
特长公路隧道及深大竖井技术研究

第10章 特长隧道施工通风技术研究

10.1 隧道施工通风方法概述

随着我国经济的发展,对道路交通的要求越来越高,公路建设不断向高等级、高速化发展。由于高等级公路对线形、纵坡的要求高,修建长大公路隧道的概率将不断增大。长大隧道的施工往往是控制工期的关键性工程,但普遍存在通风效果差、工期紧的特点,因此加强隧道通风方面的施工技术措施,对改善施工环境、缩短施工工期、控制工程成本有着重要的实际意义。

目前国内外主要的施工通风方式,按供风来源分有自然通风和机械通风两类。机械通风按风道的类型和风机安装位置,又分为风管式通风、巷道式通风、风道式通风3种。

1)自然通风

利用新鲜风流的扩散作用与工作面的空气混掺,逐渐使洞内的污浊空气排出,从而达到通风换气的目的。自然通风只在极短的隧道掘进中才有效,并且换气时间长,一般不采用。

2)机械通风

(1)风管式通风

风管式通风按风流经由管道输送方式的不同,分为压入式、抽出式、混合式3种。

①压入式通风。

采用通风机把新鲜空气经风管压入工作面,污浊空气沿隧道流出。新鲜风流从风筒出口流出以后,由于空气分子的径向运动,在风流边界上与炮烟等污浊空气相互混掺,发生动量交换,使风速逐渐降低,而射流断面逐渐扩大,在通风过程中炮烟及洞内有害气体随风流排出。

②抽出式通风。

通风机或局部扇风机经风管把工作面的污浊空气抽出,新鲜风流沿隧道流入。

③混合式通风。

混合式通风采用两路通风方式,一路为压入式通风,主要作用是送入新鲜空气,另一路为排风方式,主要作用是吸出污染空气,从而达到快速降尘的目的。

(2)巷道式通风

在两条平行隧道之间,每隔一段距离用联络横洞贯通,然后在两边工作面采用压入式通风。压入式风机安装在进风隧道内,污浊空气沿另一条平行隧道流出。

(3)风道式通风

利用隧道成洞部分隔出一条断面2~4m 的通风道,以减小风管长度,增大通风量。

10.2 马峦山隧道工程概况

10.2.1 隧道设计简介

马峦山隧道全长7900m,设计采用两端单独掘进,中间不设斜井。坪盐通道工程第4标段为马峦山隧道土建施工标,设计里程YK6+480~YK10+560,标段内路线全长为4080m。其中左线隧道长度3991.9m,右线隧道长度3993.5m,全洞(左右洞)Ⅴ级围岩段长度1008.4m,占暗洞比12.6%;Ⅳ级围岩段长度2043m,占暗洞比25.6%;Ⅲ级围岩段长度4675m,占暗洞比58.5%;Ⅱ级围岩段长度259m,占暗洞比3.2%。本隧道地质围岩情况主要为微风化粗粒花岗岩,岩石较破碎、坚硬,岩体为块状整体结构、大块状砌体结构,地下水渗水或滴水,围岩开挖后可能出现局部小坍塌,侧壁基本稳定。Ⅴ级围岩段采用双侧壁导坑法施工,并以小导管为超前支护;Ⅳ级围岩段采用交叉中壁法施工,并以小导管为超前支护(洞口段采用超前锚杆);Ⅲ级围岩段采用上下台阶钻爆法施工;Ⅱ级围岩段采用全断面钻爆法施工。

第4标段共设人行通道与变电室合建洞室4座,车行通道7处,人行通道4处,紧急停车带左右洞各4处,天然熔岩景观带左右洞各1处,送风加高段左右洞各1处。

暗挖隧道依据"新奥法"原理进行设计和施工,围岩自稳能力差,Ⅴ级、Ⅳ级围岩段暗挖施工应严格遵循"管超前、严注浆、短开挖、弱爆破、早封闭、勤量测"的原则施工,并尽早浇筑衬砌。衬砌施工首先现浇仰拱混凝土,拱墙采用模板台车整体浇筑。洞内出渣采用无轨式运输。

10.2.2 隧道建筑限界及内轮廓

建筑限界根据《城市道路工程设计规范》(CJJ 37—2012)进行设计,正洞主要设计指标包括:

(1)道路等级:城市快速路。
(2)设计速度:80km/h。
(3)车道宽度:3.5m+2×3.75m=11m。
(4)路缘带宽度:左右侧各0.5m。
(5)检修道宽度:左右侧各0.75m。
(6)限界高度:5.0m。
建筑限界外预留装修空间见图10-1。

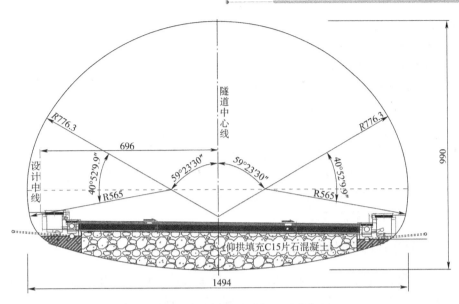

图 10-1　隧道建筑限界及内轮廓(尺寸单位:cm)

10.3　马峦山隧道通风方案的选择

根据隧道施工经验,长大隧道通风施工多采用顶部增加排烟竖井与洞内压入式结合通风排烟。本工程采用竖井排烟存在隧道埋深大,下穿东部华侨城风景区,竖井施工涉及征地难、施工时间长、投入大、费用高,施工中安全风险高等问题;通过压入式通风与隧道运营永久设备射流风机的提前安装,在施工过程中提前使用,进行通风排烟。因此,就后者方案进行设计。马峦山隧道为双洞双线六车道,断面的开挖高度 9.74m,开挖宽度 16.04m,开挖断面面积 132m²。钻爆法独头掘进,无轨运输。施工采用独头轴流通风机压入为主,中后期采用射流风机将洞内废气加速形成通路,排出洞外。

排烟方案比选:竖(斜)井排烟效果最佳,但第 4 标段无设计竖(斜)井;风机管道式抽排,管道长;射流风机辅助排烟,通过多种方法比选,决定采取射流风机来提高洞内排烟效果,它是通过悬挂在隧道内拱部的射流风机的运转,得到隧道内排烟所需的纵向风速。根据现场施工实际情况,隧道衬砌与开挖同时进行,衬砌模筑台车阻风面积大,且施工二次衬砌混凝土时水化热高,在台车附近温度高、风速低,使得洞内空气混浊,同时考虑施工临时用电功率,因此,隧道施工中后期在隧道左、右线二次衬砌台车附近安装移动射流风机,以加快洞内废气向洞外排出的速度。

10.3.1　隧道施工通风标准

(1)供给每人的新鲜空气不得少于 $3m^3/min$。
(2)内燃机械作业时所需供风量不小于 $4.5m^3/(min·kW)$。
(3)全断面开挖时风速不小于 0.15m/s。
(4)最大开挖(全断面开挖)面积 S 按 $132m^2$ 计算。

(5)全断面开挖爆破一次最大用药量 $A=350\text{kg}$（每循环进尺 3m）。
(6)有害气体最高允许浓度为：
①一氧化碳最高允许浓度为 30mg/m^3。
②二氧化碳按体积计算不得大于 0.5%。
③氮氧化物（换算成 NO_2）为 5mg/m^3 以下。
(7)隧道内气温不超过 28℃。
(8)隧道中氧气含量按体积计算不得小于 19.5%。
(9)粉尘最高容许浓度：空气中含有 10% 以上游离二氧化碳的粉尘应小于 2mg/m^3。
(10)爆破后通风时间按 $t=30\text{min}$ 计算。
(11)风管百米漏风率 $\beta=1.5\%$。

10.3.2 隧道通风量计算

施工通风所需风量按爆破排烟、同时工作的最多人数、内燃机械设备总功率分别计算，并按允许最小风速进行验算，以其中最大值为控制风量。本隧道断面面积为 132m^2，按隧道掘进长度达到 4000m 时进行风量计算。

1）通风量计算
(1)按洞内允许最小风速要求计算风量：

$$Q_{\text{风速}} = 60sv \tag{10-1}$$

式中：s——断面面积（m^2）；
v——允许最小风速，取 0.15m/s。
$Q_{\text{风速}} = 60sv = 60 \times 132\text{m}^2 \times 0.15\text{m/s} = 1188\text{m}^3/\text{s}$

(2)按洞内同时作业人数计算风量：

$$Q_{\text{人员}} = q \times m \times K \tag{10-2}$$

式中：$Q_{\text{人员}}$——同时作业人员所需风量（m^3/min）；
q——每人供应新风量，取 $3\text{m}^3/\text{min}$；
m——同时作业人数，按 60 人计；
K——风量备用系数，取 1.2。
$Q_{\text{人员}} = q \times m \times K = 3 \times 60 \times 1.2 = 216（\text{m}^3/\text{min}）$

(3)按开挖面爆破排烟计算需风量：

$$Q_{\text{烟}} = \frac{7.8}{t}\sqrt[3]{A(F \cdot L)^2} \tag{10-3}$$

式中：$Q_{\text{烟}}$——爆破排烟所需风量；
t——通风时间，取 30min；
A——一次爆破炸药消耗量，取 350kg；
F——开挖断面面积，取 132m^2；
L——通风区段长度，取 60m。

$Q_{\text{烟}} = \frac{7.8}{30}\sqrt[3]{350 \times (132 \times 60)^2} = 728（\text{m}^3/\text{min}）$

(4)按内燃机械作业计算所需风量:
$$Q_{内燃} = Q_0 \times \sum P \tag{10-4}$$
式中:Q_0——柴油机单位功率所需风量指标,1kW 的风量不小于 $4.5 \mathrm{m}^3/\min$;

$\sum P$——进洞内燃机械功率总数。

本隧道洞内在出渣时机械设备有 ZLC50 侧卸式装载机、挖掘机和自卸汽车。其中,装载机 2 台,最大功率 162kW,计算功率 145kW;PC200 挖掘机 1 台,功率 150kW,计算功率 120kW;3 台自卸汽车(满载车 1 台,空车 2 台),满载功率按 110kW、计算功率按满载的 90% 计算,即 99kW,空车计算功率按满载的 80% 计算,即 79kW。

$$Q_{内燃} = Q_0 \times \sum P = 4.5 \times (145 + 120 + 99 + 79 \times 2) = 2349 (\mathrm{m}^3/\min)$$

通过以上计算,隧道施工通风受机械设备作业所需风量控制,隧道洞内施工最大通风量为 $2573 \mathrm{m}^3/\min$。

2)风管漏风损失修正风量

风管直径为 1.8m,通风计算取最大通风长度 $L = 4000\mathrm{m}$,分别按隧道开挖 800m、1500m、2300m、3000m、4000m 计算。

风管百米漏风系数 β 为 1.5%,风机所需风量 $Q_{机}$ 为:

$$Q_{机} = \frac{Q_{需}}{A \times 60} \tag{10-5}$$

式中:$Q_{需}$——通过计算为 $2349\mathrm{m}^3/\min$;

A——$A = (1 - \beta)B$;

β——风管百米漏风系数,0.015;

B——$B = L/100$;

L——通风长度(m)。

(1)隧道开挖 800m

$$A = (1 - \beta)B = (1 - 0.015) \times 8 = 0.89$$

$$Q_{机800} = \frac{Q_{需}}{A \times 60} = \frac{2349}{0.89 \times 60} = 44 (\mathrm{m}^3/\mathrm{s})$$

(2)隧道开挖 1500m

$$A = (1 - \beta)B = (1 - 0.015) \times 15 = 0.80$$

$$Q_{机1500} = \frac{Q_{需}}{A \times 60} = \frac{2349}{0.80 \times 60} = 49 (\mathrm{m}^3/\mathrm{s})$$

(3)隧道开挖 2300m

$$A = (1 - \beta)B = (1 - 0.015) \times 23 = 0.71$$

$$Q_{机2300} = \frac{Q_{需}}{A \times 60} = \frac{2349}{0.71 \times 60} = 55 (\mathrm{m}^3/\mathrm{s})$$

(4)隧道开挖 3000m

$$A = (1 - \beta)B = (1 - 0.015) \times 30 = 0.64$$

$$Q_{机3000} = \frac{Q_{需}}{A \times 60} = \frac{2349}{0.64 \times 60} = 61 (\mathrm{m}^3/\mathrm{s})$$

(5)隧道开挖4000m

$$A = (1-\beta)B = (1-0.015) \times 40 = 0.55$$

$$Q_{机4000} = \frac{Q_{需}}{A \times 60} = \frac{2349}{0.55 \times 60} = 71(\text{m}^3/\text{s})$$

3)风压计算

$$\Delta h = R \cdot Q_2 \tag{10-6}$$

式中：R——风管的风阻；

Q_2——通过风管的风量。

$$R = \frac{6.5\alpha L_1}{d_1^5} \tag{10-7}$$

式中：L_1——风管长度；

α——风管的摩擦阻力系数，取0.002；

d_1——风管直径。

(1)隧道开挖800m

$$R_{800} = \frac{6.5\alpha L_1}{d_1^5} = \frac{6.5 \times 0.002 \times 800}{1.8^5} = 0.55$$

$$\Delta h = R \cdot Q_2$$

系统风压，为简化计算，取$H = 1.2 \cdot \Delta h$。

$$H = 1.2 \cdot \Delta h = 1.2 \times 1064.8 = 1277.76(\text{Pa})$$

(2)隧道开挖1500m

$$\Delta h = R \cdot Q_2$$

系统风压，为简化计算，取$H = 1.2 \cdot \Delta h$。

$$H = 1.2 \cdot \Delta h = 1.2 \times 2473.03 = 2967.64(\text{Pa})$$

(3)隧道开挖2300m

$$\Delta h = R \cdot Q_2$$

系统风压，为简化计算，取$H = 1.2 \cdot \Delta h$。

$$H = 1.2 \cdot \Delta h = 1.2 \times 4779.5 = 5735(\text{Pa})$$

(4)隧道开挖3000m

$$\Delta h = R \cdot Q_2$$

系统风压，为简化计算，取$H = 1.2 \cdot \Delta h$。

$$H = 1.2 \cdot \Delta h = 1.2 \times 7665.26 = 9198.31(\text{Pa})$$

(5)隧道开挖4000m

$$\Delta h = R \cdot Q_2$$

系统风压，为简化计算，取$H = 1.2 \cdot \Delta h$。

$$H = 1.2 \cdot \Delta h = 1.2 \times 13862.75 = 16635.3(\text{Pa})$$

10.3.3 通风方式的选择

隧道施工通风需要根据不同的通风长度选择不同的通风方式。常规的独头压入式通风，随着通风距离的延长,通风阻力不断增加,风机所要提供的风量及要克服的阻力越大,消耗的能量也越多。本隧道拟采用压入式通风+隧道建成后运营永久设备射流风机提前安装使用的通风组合方式进行通风排烟,施工时以独头轴流式通风机压入为主,中后期采用提前安装的运营射流风机,将洞内废气以接力的形式加速形成通路排出洞外。

10.3.4 通风设备的选择及配套

1) 风机的选择及配置

风机性能的主要参数是风量 Q、风压 H、风机轴功率 N 和效率等。选择轴流式风机时根据所需通风量、风管的漏风率和摩擦系数,以及最大送风距离,来计算风机出口风量、总阻力和风机的有效功率;再根据风机的全压效率、电动机的效率、传动效率,计算出电动机的输入功率;最后根据所需要的风机供风量、风压和功率确定备选的轴流式风机。SDF(C)型隧道施工专用轴流式风机技术性能参数见表10-1。

SDF(C)型隧道施工专用轴流式风机技术性能参数　　　表10-1

风机型号	速度	风量 (m³/min)	风压 (Pa)	高效风量 (m³/min)	转速 (r/min)	最高点功率 (kW)	最大配用电机功率(kW)
SDF(C)-No10	高速	770~1500	550~3500	1225	1480	71	37×2
	中速	640~1010	240~1600	825	980	21.9	12×2
	低速	420~760	140~880	619	750	9.3	6×2
SDF(C)-No11	高速	1015~1985	624~4150	1550	1480	107	55×2
	中速	690~1345	295~1900	1098	980	33.5	17×2
	低速	540~1006	160~1095	825	750	15	8×2
SDF(C)-No11.5	高速	1171~2285	727~4629	1865	1480	142.8	75×2
	中速	975~1536	317~2116	1255	980	44.0	24×2
	低速	639~1156	185~1164	941	750	18.7	12×2
SDF(C)-No12.5	高速	1550~2912	1378~5355	2385	1480	20.8	110×2
	中速	1052~1968	629~2445	1610	980	67.5	34×2
	低速	840~1475	355~1375	1208	750	28	16×2
SDF(C)-No13	高速	1695~3300	930~5920	2691	1480	259	132×2
	中速	1407~2219	406~2704	1813	980	81	45×2
	低速	923~1670	237~1487	1360	750	34	22×2
SDF(C)-No14	高速	2113~4116	1078~6860	3361	1480	360	185×2
	中速	1756~2771	470~3136	2263	980	117	60×2
	低速	1152~2085	274~1725	1698	750	50	30×2

通过对表10-1进行比选后,结合本隧道施工长度和上述计算结果进行分析,隧道施工通风拟订采用SDF(C)-No13型轴流式风机接力通风的方案。

在隧道施工到2300m时,设置安装风门,采用SDF(C)-No13型轴流式风机(设备参数见

表10-2)接力通风。

SDF(C)-No13型轴流式风机设备参数 表10-2

名称	型号	技术参数			
		速度	风压(Pa)	风量(m³/min)	功率(kW)
轴流式风机	SDF(C)-No13	高速	930~5920	1695~3300	132×2
		中速	406~2704	1407~2219	45×2
		低速	237~1487	923~1670	22×2
拉链式软风管	PVC,ϕ1800mm	平均百米漏风率0.015,摩阻系数0.002,每节长度20m			

SDF(C)-No13型轴流式风机功率为2×132kW,最高风压能到5920Pa(>5735Pa),最大风量可达3300m³/min>$Q_{机}$(2349m³/min)。因此,洞口风机选用SDF(C)-No13型轴流式风机,配以ϕ1.8m软质双抗(抗燃烧、抗静电)风管,每节长20m,具有风阻少、漏风少、强度高等优点。

根据以上条件,对国产通风机开展调查,通过比选,选用SDF(C)-No13低噪节能变级多速隧道专用通风机[简称"SDF(C)-No13隧道专用通风机"],该型风机具有风压高、噪声低、节能省电、出口风速大、风量大、易维修等特点,在隧道前期施工中使用1台,后期施工中采用2台组合串联通风,其各项性能指标完全满足上述条件。SDF(C)No13隧道专用通风机如图10-2所示。

2)风管的选择

风管的性能指标主要有风管的直径、百米漏风率、沿程阻力系数、局部阻力系数等。根据风管的直径、通风距离、百米漏风率、沿程阻力系数和局部阻力系数,计算沿程阻力和局部阻力。依据这些条件,选用了ϕ1.8m的WSRG型维伦塑胶通风软管,其属于胶质的柔性风管,节长10~200m,非常适用于长距离隧道,可有效减少接头个数,且该管的边缝采用高频热塑焊接新工艺,杜绝了传统缝纫方法制作的软管在针眼处漏风的现象,防止因长期风压撕毁接缝。拉链连接处采用内外双层风帘,以降低漏风率。洞内末端出风口100m范围内选用每节10m的环带加强型风管,其余风管选用每节长20m的拉链连接,以便于装卸与维护。隧道内风管安装效果见图10-3。该型风管具有轻质高强、阻燃、抗静电、漏风率低、风阻小、使用寿命长、易安装修补、安全环保等特点。质量指标应符合《橡胶或塑料涂覆织物 导风筒》(GB/T 9900—2008)的要求。

图10-2 SDF(C)-No13隧道专用通风机

图10-3 隧道内风管安装效果

10.3.5 运输方式的选择

现阶段隧道施工运输方式主要分为有轨运输和无轨运输两种。有轨运输一般采用电力牵引,而无轨运输采用自卸重载卡车。由于施工期间很难控制隧道铺轨平整度,加之电力机车长距离牵引难度大,而仰拱施作又需要设置仰拱栈桥,故本隧道采用更为灵活的无轨运输方式。

无轨运输方式对于隧道施工来说有它独特的优点,但也会带来很大的负面影响。由于隧道工作面是一个相对闭塞的空间,空气流动不畅,无法对流,无轨运输采用汽车运输,往往因为工作面的施工组织和出渣机械调度上存在的问题,使过多的自卸重载车辆同时进入洞内至开挖掌子面附近等待装运,由于工作面爆破后温度较高,等待出渣作业的自卸车大多因为要开启空调而处于启动状态,这不仅消耗和降低了洞内空气中极其有限的含氧量,同时造成了洞内温度的升高和增加了有害气体的浓度,对洞内通风提出更高的要求。

10.3.6 隧道施工过程中影响空气质量的不利因素

(1)爆破产生的有害气体。
(2)初期支护锚喷作业产生的烟尘。
(3)施工机械设备的尾气排放。
(4)施工机械设备作业行驶时卷起的扬尘。
(5)若隧道纵断面设计为"人字坡",导致难以排出洞内中部高程较大区域的污风。
(6)隧道施工过程中产生的有害气体,如一氧化碳(CO)、二氧化氮(NO_2)、二氧化硫(SO_2)及粉尘等。

10.4 马峦山隧道通风方案的实施

10.4.1 洞口处风机的安置

基座采用C25混凝土浇筑,面层(保护层)铺设 $\phi 8mm@10mm \times 10mm$ 单层钢筋网片,预埋4处风机支架基座钢板,风机基座使用I20b型钢焊接制作,吊车安装时,将风机底座与支架焊接牢固。安装要点如下:

(1)应架设在距离隧道洞口大于30m、高度5m左右的支架上,可防止洞内排出的污染空气回流,保证风机吸入新鲜空气。

(2)风机底座与支架接触面尽量保持在同一水平面上,安装时需使用水准仪测量底座高程,调整高度,焊接牢固,避免因风机倾斜工作时产生不规则震颤而影响风机的正常使用。

10.4.2 洞内通风管的安装与维护

1)通风管安装的总体要求

通风管的安装应平顺,接头严密,每100m平均漏风率不应大于1%。弯管平面轴线的弯曲半径不得小于通风管直径的3倍。通风管路安装完成后应调整至整个风路稳定,通风管直、无扭曲、无皱褶。

2)通风管的安装高度

隧道内通风管的安装高度如图10-4所示,通风管穿过二次衬砌台车如图10-5所示。

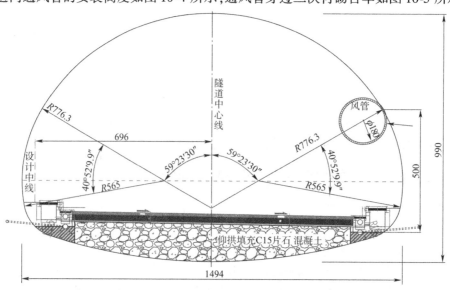

图10-4 风管安装高度(尺寸单位:cm)

3)风管的安装过程及要点

(1)风管安装台架(图10-6)由镀锌钢管加工制作,施工时移动方便灵活,与使用机械设备相比,在灵活性、经济性、安全性等方面占有绝对优势。

图10-5 通风管穿过二次衬砌台车

图10-6 通风管安装台架

(2)通风管的安装过程及安装要点。

①通风管安装施工人员借助安装台架顶部工作台面,沿着已经灌注完成的二次衬砌模板台车拱部模板与边墙模板的施工分界线,使用冲击钻间距1.0m左右按顺序钻出直径约14cm的预埋孔,如图10-7所示。施工要点:沿着二次衬砌台车顶模与边模的施工分界线按间距1.0m钻孔。

②预埋通风管弯钩膨胀螺栓如图10-8所示。

③安装完成后的弯钩膨胀螺栓如图10-9所示。

图10-7 通风管固定打孔

图10-8　通风管弯钩膨胀螺栓安装　　　　　　　　图10-9　弯钩膨胀螺栓

④将直径为14mm的HRB400级螺纹钢筋放置在弯钩螺栓内,如图10-10所示。

⑤用扎丝将钢筋与弯钩螺栓绑扎牢固,如图10-11所示。施工要点:切记要使用螺纹钢而不是钢丝绳。由于钢丝绳具有一定的挠度,在通风的瞬间,在强大的风压作用下,通风管会随着钢丝绳上下晃动,从而增加撕裂风管拉链的不利因素,而螺纹钢相比钢丝绳的稳定性要好,会大幅降低通风管拉链承受的拉力,避免损坏拉链而引起漏风。

图10-10　挂 φ14mm HRB400级螺纹钢筋　　　　　图10-11　扎丝绑扎固定

⑥连接风管,展开新风管,如图10-12所示。连接通风管内外层双层拉链如图10-13、图10-14所示。

⑦使用管钩将通风管挂在螺纹钢筋上,如图10-15所示。

⑧连接完成,准备送风,如图10-16所示。

⑨送风,通风时顺直通风管布置效果见图10-17。

通过以上措施安装的通风管达到了平、直、顺、稳、紧且牢固可靠、不弯曲、无褶皱,减少了通风阻力,通风效果接近于优。

 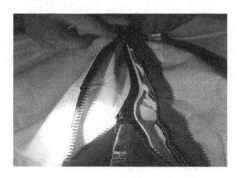

图10-12　风管连接　　　　　　　　　　图10-13　通风管内外层双层拉链连接

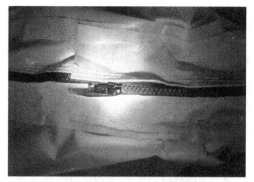
图 10-14　通风管内外层双层拉链连接

图 10-15　窗帘式风管挂钩安装

图 10-16　窗帘式安装通风管(可移动)

图 10-17　顺直通风管布置效果

10.4.3　洞内风管穿越二次衬砌模板台车、二次衬砌钢筋(防水布)施工台架时的保护措施

设计二次衬砌模板台车时,一定预先留出通风管穿过的位置,孔径稍大于通风管直径,以利于包裹穿越模板台车范围内的通风管,避免划伤通风管,见图 10-18。穿越钢筋台车保护见图 10-19。

图 10-18　穿越模板台车保护

图 10-19　穿越钢筋台车保护

10.4.4　通风效果

坪盐通道第 4 标段马峦山隧道地处深圳市盐田区,深圳地处亚热带地区,属于南亚热带季风气候,由于受海陆分布和地形等因素的影响,气候具有冬暖而时有阵寒,夏长而不酷热的特点。

雨量充沛,但季节分配不均,干湿季节明显。春秋季是季风转换季节,夏秋季有台风。根据深圳气象站资料,多年平均气温为22.2℃,1月最冷,月平均最低气温为14.0℃;7月最热,月平均最高气温为28.2℃;极端最低气温0.2℃,极端最高气温38.7℃。

隧道施工期间,组织技术人员对依照本方案实施的通风除尘效果进行了现场检验。首先,对刚实施爆破开挖作业的掌子面进行了现场实地影像资料的采集与现场实际温度的测试。现场爆破后1min,距离掌子面50m的图像见图10-20,粉尘弥漫,能见度为5m。爆破后1min,距离掌子面30m实测温度为摄氏38℃,通风前后温度对比见图10-21。

图10-20　爆破后1min,距离掌子面50m的能见度　　　　图10-21　通风前后温度变化(爆破后通风30min)

开启风机,掌子面爆破10min后,距掌子面20~50m范围内,炮烟明显减少。持续通风30min后,工作面附近100m范围内烟尘渐弱,能见度逐渐升高,工作面的环境条件完全满足施工需要。同一地点现场测试温度也随之下降了4℃左右,效果明显。

(1) 爆破后的排险工作

爆破施工完成后,首先进行开挖掌子面的排险工作,使用挖掘机与风炮机相互配合,采用机械排险的施工方法,该方法的显著优点是安全性高、时间短、效率快,如图10-22所示。

风炮机排险:使用炮机将掌子面拱顶、边墙等较高处的孤石、危石清除,消除安全隐患,同时将体积比较大的石块解体,以利于装载机装车,缩短出渣时间,见图10-23、图10-24。

图10-22　掌子面排险(爆破后通风30min)　　　　图10-23　风炮机排险(爆破后通风30min)(1)

(2) 出渣工作

使用2台柳工50侧翻装载机结合1台挖掘机进行出渣作业,爆破通风后,挖掘机爬升至爆破后岩石堆积体的顶部,首先进行隧道拱部的排险工作,清理危石、孤石,待拱部排险完成后,将上部围岩石块向下部推移,以利于装载机的装运。

由于在出渣作业中，掌子面的通风状况良好，排险、装运产生的灰尘，机械作业产生的尾气能及时排出，避免了掌子面因温度高、灰尘大、氧气稀薄、机械燃油燃烧不充分而影响机械的正常使用功率，对施工进度造成的不利影响，缩短了出渣时间（通常约4h、出渣量约900m^3、运距1.8km），保证了下道工序的正常开展。出渣现场情况如图10-25所示。

图10-24 风炮机排险（爆破后通风30min）(2)

图10-25 出渣现场情况（爆破后通风30min）

出渣车洞内出渣：能见度为150m左右，实测温度27℃，如图10-26所示。

图10-26 持续通风时洞内能见度和温度

（3）初期支护

初期支护喷射混凝土作业时会产生大量粉尘，喷射混凝土表面水化热高，从而使作业环境的温度与湿度非常大，如不采取有效的通风措施，不能及时将有害气体排出、降低作业面温度、改善作业环境，会对作业工人的健康造成危害，极大影响施工人员的工作情绪，影响正常的生产工作。实施通风方案后，通风效果良好，喷射作业时工作现场的能见度达到70m左右，现场实测温度为27℃，工人工作的积极性良好，没有产生不良情绪，每个工作班时平均为3.5~4.0h，避免了别的项目工地施工时，因工作环境恶劣得不到改善，工人消极怠工、出现负面影响而使施工进度滞后的情况发生。由此可见，一个地下暗挖隧道施工项目通风效果的好坏对整个项目的正常施工起着非常关键的作用。持续通风、喷射作业时，现场实测温度如图10-27所示。

（4）洞身开挖

进入洞身开挖工序，爆破班组施工人员开始作业，在持续通风的条件下，此时掌子面的空气状况良好，粉尘浓度在2mg/m^3以内，烟尘分布已相当稀薄，视线良好，能见度达到120m以上，不戴口罩也没有呛鼻现象，施工作业环境卫生指标均能达到规范标准。有了良好的工作环境，不会影响工人的工作热情，保证了施工进度。如果出现通风不利，致使粉尘、温度、湿度上升，工人会消耗过多的体力和精力，从而出现消极情绪，直接影响工序的质量和进度。持续通风时掌子面钻炮孔现场情况如图10-28所示。

图10-27 持续通风时测温　　　　　图10-28 持续通风时掌子面钻炮孔现场情况

良好的通风管理带来良好的作业环境、施工进度与施工质量,目前每个工作日单洞进尺均保持在两个循环/d、7m/d左右(全断面开挖),月进尺180~200m。光面爆破的成果,在坪盐通道各标段的检查评比中,多次受到了业主的好评。光面爆破效果见图10-29。

(5)二次衬砌钢筋施工

二次衬砌钢筋工作面见图10-30。通风管穿越钢筋与防水板施工台架见图10-31。能见度达到100m左右时,现场实测温度见图10-32。

图10-29 光面爆破效果　　　　　图10-30 二次衬砌钢筋工作面

图10-31 通风管穿越防水板施工台架　　　图10-32 洞内实测温度

10.5 马峦山隧道通风降温的辅助措施

10.5.1 雾化水帘门

采用镀锌无缝钢管加工制作,隧道内相距300m左右布设一道雾化水帘门,达到降温除尘的效果。坪盐通道第4标段马峦山左线隧道雾化水帘门见图10-33。坪盐通道第4标段马峦山右线隧道雾化水帘门见图10-34。

图10-33　左线隧道雾化水帘门

图10-34　右线隧道雾化水帘门

隧道内有害烟尘通过雾化水帘门的前后对比及实测温度如下：

（1）爆破后1min距离掌子面50m,能见度见图10-35。爆破后90s,距离掌子面30m处实测温度为38℃,见图10-36。

图10-35　爆破后1min距离掌子面50m能见度

图10-36　爆破后90s距掌子面30m处温度

（2）爆破后烟尘通过第一道雾化水帘门（距离掌子面60m）见图10-37。实测温度为35℃,下降了3℃,见图10-38。

图10-37　爆破后烟尘通过第一道雾化水帘门

图10-38　第一道雾化水帘门温度下降3℃

（3）爆破后烟尘通过第二道雾化水帘门（距离掌子面300m）见图10-39。实测温度为30℃,下降了5℃,见图10-40。

（4）爆破后烟尘通过第三道雾化水帘门（距离掌子面700m）时,烟尘浓度已大大降低,主要浮游于隧道拱顶部位向洞外扩散。该处视线接近良好,见图10-41。实测温度为27℃,下降了3℃,见图10-42。此时,温度接近洞内该地点平时温度。

（5）当持续通风超过1h时,洞内现场情况（距掌子面900m处）见图10-43。

图 10-39　爆破后烟尘通过第二道雾化水帘门　　图 10-40　第二道雾化水帘门温度下降 5℃

图 10-41　爆破后烟尘通过　　图 10-42　第三道雾化水帘门　　图 10-43　第三道雾化后距掌子面
　　第三道雾化水帘门　　　　　　温度下降 3℃　　　　　　　　900m 处现场效果

10.5.2　隧道内有害气体通过二次衬砌模板台车时的辅助措施

隧道二次衬砌与开挖爆破掘进施工同时进行,衬砌模板台车阻风面积大,二次衬砌模板台车附近安装移动射流风机,加快洞内废气向洞外的排出速度,以改善二次衬砌模板台车附近空气不佳的现象,见图 10-44。

10.5.3　隧道内洒水降温、降尘作业

配置的专用洒水车,每天定时定点进行洞内洒水作业,对降温降尘起到重要作用,见图 10-45。

10.5.4　洞内设置减速带

洞内间距 200m 左右设置一道减速带,用来限制出渣自卸重载卡车的行驶速度,能起到增加行车安全因素与减少粉尘产生的双重作用,见图 10-46。

图 10-44　二次衬砌台车加设　　图 10-45　洒水车降温降尘　　图 10-46　减速带强制降速
　　　射流风机

10.6　马峦山隧道通风管理

(1)必须配备专业风机操作员操作风机,并做好运转记录。上岗前必须进行专业培训,培训合格后方可上岗。变极多速风机必须按顺序启动。

(2)爆破后、喷射混凝土时采用洒水降尘,溶解部分 H_2S、氨等可溶性有害气体,降低粉尘的浓度,提高能见度。

(3)炮眼采用湿炮泥封堵,既可减少残跟,又可使污染在源头上得到治理。

(4)加强个人防护,做到个人防护用具的普遍化和正确使用。

(5)电工应定期检修保养风机,及时发现和解决故障,保证风机正常运转。

(6)为了保证风机能够正常启动和运转,必须为风机提供合适的供电设备。

(7)施工时应做到每天对洞内空气进行检测,防止有害气体超标。

10.7　马峦山隧道通风技术总结

长大隧道通风效果影响施工人员身体健康、机械的运行效率及机械的使用寿命,也是影响工期的重要因素。在总结以前施工经验的基础上,做到精心策划、注重细节、不断调整优化,获得良好的通风效果,有效保障了隧道的顺利施工。4000m 长的隧道比计划提前 2 个月贯通。本工程隧道施工通风成功之处主要在以下几点:

(1)以独头轴流式通风机压入为主,通风效果良好。对国产通风机展开调查,通过比选,选用 SDF(C)-No13.0 低噪节能变级多速隧道专用通风机,其风压完全可以满足 4000m 以上长度的隧道使用要求。在隧道前期施工中使用 1 台,后期施工中采用 2 台组合串联通风,它的各项性能指标完全满足本隧道通风要求。

(2)风管的选择与安装是影响漏风系数的关键因素。本工程选用的 $\phi1.8m$ WSRG 型维伦塑胶通风软管属于胶质的柔性通风管,节长为 10~200m,非常适合长距离隧道使用,可有效减少接头个数,且该通风管的边缝采用高频热塑焊接新工艺,杜绝了利用传统缝纫方法制作的软管在针眼处漏风的现象,防止因长期风压撕毁接缝。拉链连接处采用内外层双层拉链风帘,以降低漏风率。风机洞内末端出风口的 100m 范围内选用每节 10m 的环带加强型通风管,其余通风管选用每节长 20m 的拉链连接,以便于装卸与维护。通过测试,平均漏风率小于 0.015,有效保证掌子面风压。通风管安装的细节保证了通风管在反复开关风机时不被扯破,从而有效控制漏风率,保证了通风管的顺直,减小了风阻。

(3)雾化水帘门起到了很好的辅助降温除尘作用。雾化水帘门采用镀锌无缝钢管加工制作,水源采用洞内施工用水,通过洞外高山水池与洞内仰拱填充面的高差传递水压,由雾化喷头喷出水雾。隧道内相距 300m 左右布设一道雾化水帘门,达到降温除尘的效果。

第 11 章　深大竖井施工工法研究

11.1　深大竖井施工方法选择的依据

深大竖井施工具有工序繁杂、工作场地狭小、作业环境恶劣、安全风险大等特点,是特长隧道建设过程中危险性最高的工程。竖井施工方法在矿山行业已经有一百多年历史,技术较为成熟,而在高速公路施工中是近十几年才出现的。根据公路隧道竖井的特点借鉴煤矿竖井进行技术改进。

深大竖井施工设备多,提升设备多,门式起重机、绞车、稳车一般在 20 多台,均为竖向布置,断面空间小、井深大,属于高危工程,技术要求高,施工难度大,要有专用设备和专业性很强的施工技术。选择竖井施工方法时,应考虑竖井如下条件:

(1)竖井开挖断面尺寸。
(2)竖井开挖深度。
(3)工程地质条件。
(4)水文地质条件。
(5)竖井底部及顶部是否具备运输通道。
(6)竖井工期要求。
(7)竖井施工经济性。

11.2　马峦山隧道竖井工程概况

马峦山隧道长约 7.9km,在中间位置设置通风竖井一处,通风竖井位于上坪水库以北约 400m 处,位于第 4 标段北段靠近第 3、4 标段分界里程,线路里程 YK6+580~YK6+620 段线路西侧(右线线位上),深约 194m,其中 Ⅴ 级围岩段开挖直径为 17.4m、Ⅳ 级围岩段开挖直径为 17.2m,Ⅲ 级围岩段开挖直径为 16.8m,衬砌内径 15.0m。正洞左、右线隧道均设一送一排风道,风道与正洞衔接采用顶部送风侧墙排风。设计通风竖井内直径为 15m 加设十字内撑,中央电缆井内径 2.5m×2.5m。竖井示意如图 11-1 所示。

结构采用复合式衬砌,初期支护采用锚、网、喷联合支护形式,二次衬砌采用现浇钢筋混凝土并设置壁座。电缆井、十字撑钢筋混凝土设计厚度 40cm。竖井二次衬砌、竖井内撑、电缆竖井均为 C30、P8 混凝土。二次衬砌与初期支护之间采用塑料防水板+无纺布进行防水,竖向、环向均设置直径 5cm 的盲管进行排水。

11.2.1　工程地质条件

马峦山通风竖井设计在上坪水库以北约 400m 处,在线路里程 YK6+580~YK6+620 段西侧(右线线位上)设置,竖井底部高程约为271m,现场地势呈缓坡状,地表植被较发育,通风竖井平面位置见图11-2。

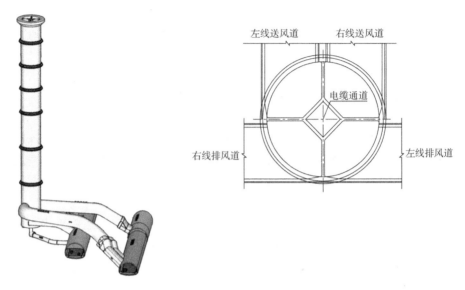

图11-1 竖井示意图

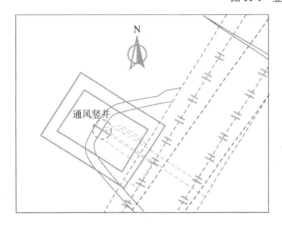

图11-2 通风竖井口平面位置

根据钻探结果,该段主要地层为地表植物层(0.0~2.0m)、强风化花岗岩(2.0~25.0m)、中等风化花岗岩(25~35m)、微风化花岗岩(35~196.45m)。钻探结果见图11-3、图11-4。

图11-3 钻孔岩芯破碎带

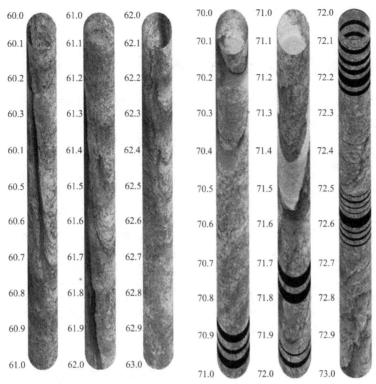

图11-4 钻孔破碎带孔内成像图(单位:m)

F8构造断裂带为名称为"深圳断裂带",是一条大断裂带,早期张性、晚期压扭断裂带,产状(倾向及倾角)为246∠82°,与马峦山隧道夹角为68°,宽2~5m,走向北西,倾向南,倾角约82°。其影响宽度在8~15m,延伸长度8km,宽80m,发育在花岗岩体内,断层带同向节理密集发育,地形为沟谷。

11.2.2 水文地质条件

钻孔深92m时,孔内出现涌水,涌水量约24m³/d,约半小时后涌水量降至约6.08m³/d。据此判断,该区地下水主要为构造裂隙水,具有一定承压性。

根据单孔抽水试验,场地下破碎带渗透系数约为0.47m/d,影响半径约为26m,采用承压转无压完整井裘布依理论公式预测竖井(基坑)涌水量。

$$Q = \frac{1.366K(2H-S)M}{\lg R_0 - \lg r_0} \tag{11-1}$$

式中:Q——基坑涌水量(m^3/d);
　　K——岩体的渗透系数,取0.47m/d;
　　H——水头高度,取170m;
　　M——含水层厚度,取20m;
　　S——基坑水位降深,取170m;
　　R_0——降水影响半径,取$R_0=1165m$;
　　r_0——基坑等效半径,取8.35m。

计算预测竖井基坑涌水量 $Q = 1915\text{m}^3/\text{d}$，该水量是在基坑未支护、未采取止水措施前提下的理论涌水量。

11.2.3 竖井围岩（侧壁）分级及基坑支护

根据场地工程地质及水文地质条件，竖井侧壁围岩分级及支护措施见表11-1，其中V级围岩段25m，Ⅳ级围岩段30m，Ⅲ级围岩段139m。

通风竖井侧壁围岩分级及支护措施　　　　　　表 11-1

深度范围(m)	围岩级别	工程地质条件	支护措施
0.0～25.0	Ⅴ	侧壁地层为残积土～强风化花岗岩，属松散结构，稳定性差	采用逆作法施工，采用格栅钢拱架+系统锚杆+内撑支护
25.0～35.0	Ⅳ	侧壁围岩中等风化花岗岩，或受F8断层影响的构造破碎带，岩体破碎，构造裂隙发育，地下水以滴水或现状流水为主	岩石不能自稳，侧壁易掉块，局部会出现小坍塌，需及时进行初期锚喷支护和格栅钢架支护
35.0～71.0	Ⅲ	侧壁围岩微风化花岗岩，岩体较破碎、坚硬，岩体为块状整体结构，地下水为渗水或滴水，侧壁基本稳定	喷射混凝土加系统锚杆及格栅钢架支护
71.0～91.0	Ⅳ	侧壁围岩中等风化花岗岩或受F8断层影响的构造破碎带，岩体破碎，构造裂隙发育，地下水以滴水或流水为主	岩石不能自稳，侧壁易掉块，局部会出现小坍塌，需及时进行初期锚喷支护和格栅钢架支护
91.0～194.0	Ⅲ	侧壁围岩微风化花岗岩，岩体较破碎、坚硬，岩体为块状整体结构，地下水为渗水或滴水，侧壁基本稳定	喷射混凝土加系统锚杆及格栅钢架支护

11.2.4 不良地质问题

根据地质勘察报告，地质构造断层F8与竖井相交，受断层F8的影响，竖井71.0～91.0m为构造破碎带。F8与隧洞在右线YK6+712相交，左线ZK6+751相交，成68°夹角。断裂视厚度约15m，宽2～5m，走向北西，倾向南，倾角约82°。F8-1为F8二级断裂，产状一致，与线路YK7+020、ZK7+054相交呈68°，其影响宽度在8～15m。本次勘察物探、钻探对其均有揭露，见图11-5、图11-6。

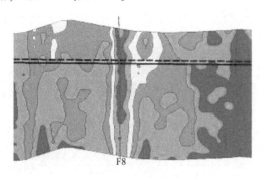

图11-5　大地电磁频率测深法揭露F8断层

图11-6　钻孔揭露F8断层

该断裂走向与隧道轴线呈68°夹角,断面陡,对竖井施工有一定影响,对断层影响宽度内围岩级别(糜棱岩、断层泥)影响大,围岩级别降低。侧壁围岩中等风化花岗岩,或受F8断层影响的构造破碎带,岩体破碎,构造裂隙发育,地下水以滴水或流水为主。围岩不能自稳,侧壁易掉块,局部会出现小坍塌,需及时进行初期锚喷支护和格栅钢架支护。

11.2.5 竖井结构设计

竖井为运营类通风竖井,内径15m加设十字内支撑。结构采用复合式衬砌,竖井施工可结合标段施工组织,选择采用"正井法"或"钻机反井正向扩大法"。

风道结构采用复合式衬砌,初期支护采用锚、网、喷联合支护形式,二次衬砌采用现浇钢筋混凝土,钻爆法施工,见表11-2。

通风竖井复合式衬砌支护参数表　　　表11-2

衬砌类型	初期支护						二次衬砌厚度(cm)	预留变形(cm)	超挖回填(cm)
	喷射混凝土面层		锚杆		格栅钢架				
	喷射混凝土厚度(cm)	钢筋网尺寸(mm)	长度(m)	间距(m)(环向×纵向)	总高度(cm)	间距(cm)			
竖井Ⅲ级衬砌	30	φ8@20×20 单层	3.5	1.5×1.0	24	100	55	5	5
竖井Ⅳ级衬砌	30	φ8@20×20 单层	3.5	1.0×0.75	24	75	70	8	5
竖井Ⅴ级衬砌	30	φ8@20×20 单层	3.5	1.0×0.5	24	50	80	10	5

(1)结构防排水措施:注重结构自防水,防排结合,排水与正洞统一考虑。通风竖井防水措施:在初期支护与衬砌之间全长范围铺设无纺布缓冲层和防水板;模筑衬砌采用防水混凝土,抗渗等级P8;环向施工缝采用钢板腻子止水带;二次衬砌预留注浆孔进行二次注浆,确保初期支护与衬砌间密贴。

(2)通风竖井排水措施:沿环向、竖向设软式透水管,竖向透水管通过电缆隧道接入正洞清水盲沟,通风竖井、风道、电缆通道渗漏水均排入正洞内清水盲沟。

11.2.6 竖井施工条件及工期

马峦山隧道中间位置设通风竖井一处,位于第4标段北段靠近第3、4标段分界里程,线路里程YK6+580～YK6+620段线路西侧,竖井距第4标段隧道右线洞口3854m。

竖井施工前,首先进行地面风机房管养道路施工,利用管养道路运输设备至井口,并进行导孔施工。如通风竖井采用"反井法"施工,可先行施工导孔,正洞开挖至竖井位置后,利用正洞和风道安装反井钻头,进行扩孔和竖井钻爆法施工,利用风道和正洞进行竖井出渣运输。

施工工期策划,从隧道盐田端洞口开挖至竖井位置约需42个月,隧道开挖到竖井位置后至隧道全面完工约18个月。竖井若采用反井法施工,工期约18个月,因此,反井法施工不影响总工期。

11.3 正井施工法与反井施工法比选

竖井掘进方法分正井施工法(简称"正井法")和反井施工法(简称"反井法")两大类。两种工法对比见表11-3。

正井法与反井法对比　　　　　　　　　　　　　　表11-3

序号	施工方法	正 井 法	反 井 法
1	开挖方式	自上而下全断开挖	先小导孔自上而下钻孔,然后自下而反向扩大形成溜渣孔,再自上而下扩大至全断面
2	出渣运输	采用机械方式提升至井口出渣,提升高度大,利用山顶便道运输	通过溜渣孔自由落至井底出渣通道,装车外运,隧道内运输
3	衬砌方式	可分段衬砌(衬砌跟随开挖深度分段施工),也可采用开挖到底后自下而上衬砌至顶	自下而上衬砌到顶
4	施工通风	需机械通风,从山顶压入	利用溜渣孔烟筒效应
5	竖井工期	长	短
6	与隧道工序	竖井与正洞同期施工	竖井依赖正洞贯通
7	施工安全	差	好
8	优点	(1)适用于任何地质条件; (2)因工程实例较多,施工技术成熟	(1)施工设备较少,机械化程度较高; (2)施工人员少,劳动强度低,作业安全; (3)施工速度快,效率高; (4)有利于环保,对自然环境破坏少
9	缺点	(1)工艺工序复杂; (2)由于采用起吊高空作业,存在诸多安全隐患,安全管理要求高; (3)对自然环境影响大; (4)施工进度慢,出渣效率低	(1)Ⅳ级围岩及以下地质条件时,不适合采用反井法施工; (2)施工难度大; (3)只有主洞施工到竖井处,才能开始竖井施工

两种工法在我国公路隧道竖井施工中均有成功案例,在竖井施工方法选择中,要根据实际工程地质条件、施工设备、运输条件、施工计划及工期要求等各种施工因素综合选择适宜的施工方法。马峦山隧道竖井正井法与反井法适应性分析见表11-4。

马峦山隧道竖井正井法与反井法适应性分析　　　　　　表11-4

序号	影响因素	特 点	正 井 法	反 井 法
1	开挖断面	直径16.8m、17.2m、17.4m	渣量提升大,不大适合	适合
2	开挖深度	194m	不大适合	适合
3	围岩工程地质条件	井口25m为Ⅴ级围岩段,25~35m和71~91m为Ⅳ级围岩段,其余为Ⅲ级围岩段	适合	适合

续上表

序号	影响因素	特　　点	正 井 法	反 井 法
4	围岩水文地质条件	钻孔深92m时,孔内出现涌水,涌水量约24m³/d,约30min后降至约6m³/d,构造裂隙水,具有一定承压性	适合	适合
5	底部及顶部是否具备运输通道	(1)顶部:需修设专用管养路通往竖井口,且要借用东部华侨城景区专用道路。(2)底部:隧道开挖至竖井具备运输条件	超大量渣土运输难度大	方便
6	竖井工期要求	隧道及竖井总工期48个月	与隧道同时开工,可满足要求	满足要求
7	竖井施工经济性	—	5万m³渣土平均提升100m,工期长,成本太高	经济性好
8	安全管理要求	深圳市政府对施工安全管理要求高	安全性较差,不适合	安全性较好,适合

经过以上对比,马峦山隧道竖井选择反井法施工。

11.4　三种反井法比选

反井法包括吊罐反井法、爬罐反井法、机械反井法三种。

(1)吊罐反井法

吊罐反井法是反井法的一种,从下向上反向掘进开挖孔,矿山竖井广泛采用,如图11-7所示。在进行吊罐反掘前应首先进行溜井吊罐孔施工,溜井吊罐孔作为提升吊罐和通信电缆孔,用于确保井内与井上联系与操作的方便。吊罐反井法施工溜井的提升设施采用简易提升系统,即采用凿井绞车作提升机安装于竖井顶部。所吊罐笼是作为人员的操作平台。

(2)爬罐反井法(图11-8)

爬罐反井法掘进时,首先开凿爬罐的避炮硐室,随后用普通方法将天井上掘3～5m,以便安装导轨,每节导轨用两根胀壳式锚杆固定在天井顶帮上。待完成准备工作后,主爬罐沿导轨上升至工作面,在爬罐顶面工作台上进行凿岩、装药、连线、接长导轨等作业,同时在下部平巷用铲斗式装岩机出渣。工作时靠辅助爬罐上下联络,爆破前将爬罐下降避炮,爆破后借助导轨内的压气、水管进行通风,然后爬罐又升入工作面进行下一循环掘进作业。该方法的特点是:爬罐升降不靠绞车提升,所以不需要钻凿中心孔,掘进天井的高度和角度不受严格限制,适应性强,只要围岩稳固,就可以掘进各种条件的天井。

(3)机械反井法(图11-9)

机械反井法分为两个步骤,一是施工导孔,反井机械置于竖井顶部,自上而下钻进导向孔。导向孔直径一般为216～270mm。自钻杆中心而压入的泥浆液,携带破碎的岩渣通过钻杆与导向孔间的环形空间从井口排出。导孔和下部隧洞贯通后,完成导孔钻进。

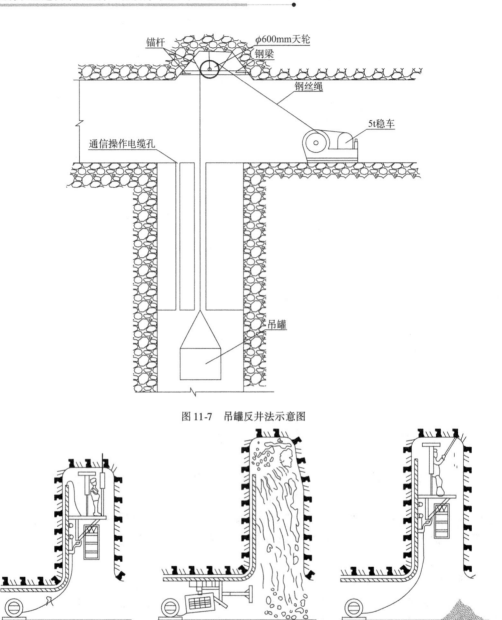

图 11-7 吊罐反井法示意图

a) 打爆破孔   b) 爆破   c) 下一循环打孔

图 11-8 爬罐反井法示意图

二是扩孔。在下部隧洞拆掉导孔钻头,连接好扩孔钻头,开始自下而上的扩孔钻进工序。扩大后的井筒直径一般为 1~2m。扩孔钻进时破碎下来的岩屑靠自重落到下水平,由装载机或其他装载设备运出。

马峦山隧道竖井开挖直径达 17m,需要直径 3m 以上的溜渣孔,以保证施工进度和降低堵孔概率。围岩为硬度达 150MPa 的花岗岩,根据当前的反井钻机的能力,机械反井法一次成孔难以达到直径 2m 以上。因此,竖井反井施工先采用机械反井法成孔至直径 1.4m,然后用吊罐反井法成孔至 3.0m,作为溜渣孔。三种反井法对比见表 11-5。

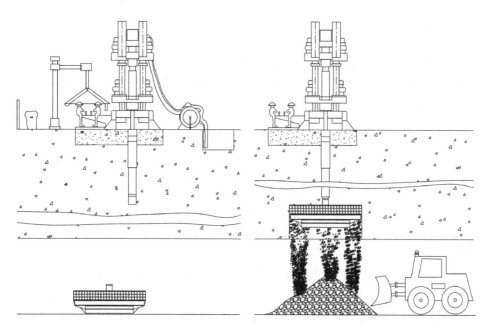

图 11-9 机械反井法

三种反井法对比 表 11-5

施工方法	吊罐反井法	爬罐反井法	机械反井法
优点	可利用反井出渣、通风及排水,成本低,施工工期短	可利用反井出渣、通风及排水,成本低,施工工期短,可减少倒孔施工的费用和时间	可利用反井出渣、通风及排水,施工费用低,施工工期短,安全性好
缺点	地质差时安全性差	技术要求高,地质差时安全性差	钻井设备费用较高
适应范围	深度较浅,地质较好	深度较浅,地质较好(现已很少采用)	深度小于 600m,成井直径小于 2.5m(基于钻井设备)

11.5 堵孔难题解决方案

我国在公路隧道竖井施工中,绝大部分采用反井法,先施工溜渣孔,再刷大成井。目前绝大多数竖井直径在 10m 以内,通常采用机械反井钻机施工直径 1.4～2.0m 溜渣孔,再利用溜渣孔刷大成井的凿井工艺,即先由下向上施工溜渣孔,再由上向下爆破刷大井筒,出渣、排水、通风等影响施工速度的主要工序由下口完成,这样增加了平行作业机会,简化了挖井设备布置,减少了施工干扰,提高了掘进工效。采用反井钻机施工溜渣孔,安全且施工速度快,但是,在利用溜渣孔扩大成井的凿井工艺中,经常会发生溜渣孔堵塞事故,致使工期延长、工程造价增加,造成不必要的经济损失,应予以足够的重视。

反井法开挖过程中经常发生堵孔,国内的大多数公路隧道竖井发生过堵孔现象,深度越大的竖井越容易发生堵孔,疏通堵孔难度极大,处理过程中容易发生安全事故,处理堵孔时间需要 3～12 个月。

11.5.1 溜渣孔堵孔原因分析

1）溜渣孔直径选择不合理

一般来讲，溜渣孔直径越大，扩井时越不容易发生堵塞，但直径增大工程造价提高，施工速度降低。有时由于受到反井钻机、地质条件等的限制，施工出的溜渣孔直径偏小，正向扩井时易发生堵塞。

2）工程地质和水文地质条件差

工程地质和水文地质条件是影响溜渣孔孔壁稳定的重要因素。断层、节理、裂隙等岩层，力学性质较差的软层、泥岩、页岩等，遇水膨胀或易风化的岩层，含水丰富岩层，在这些地层中施工溜渣孔，随着溜渣孔暴露时间的增加和扩井时爆破的影响，容易发生片帮、塌孔，造成溜渣孔堵塞。

3）钻孔施工质量的影响

施工的溜渣孔孔斜、孔壁粗糙度等影响扩井溜渣效果，直径成为溜渣孔堵塞的重要影响因素。采用反井钻机施工溜渣孔，机械破岩形成的孔壁比普通人工法施工光滑，溜渣阻力较小，但井斜过大也容易发生堵塞。

4）扩井施工工艺和管理的影响

扩井施工工艺不合理或管理不善，也容易发生溜渣孔堵塞。常见的情况有：

(1) 炮眼间距过大或打眼过深，使爆破出来的岩石块度太大。

(2) 扩井施工速度太慢，岩石暴露时间过长，溜渣孔失稳，孔壁坍塌。

(3) 下口出渣不及时，渣石存留在溜渣孔内时间太长。

11.5.2 预防堵孔有效措施

通过上述分析可知，溜渣孔堵塞的原因主要有溜渣孔径、地质和施工等因素，因此，为防止发生溜渣孔堵塞事故，应从以下几方面着手：

1）合理选择溜渣孔直径

溜渣孔直径要根据地质条件、扩井直径和施工管理水平确定。岩石坚硬、扩井直径大，溜渣孔直径要大一些；反之可小一些。根据《反井钻机钻孔塌孔预防及处理技术》及实践经验，溜渣孔直径选择见表11-6。

溜渣孔直径选择　　　　　表11-6

扩井最大开挖直径（m）	反井钻机施工的溜渣孔直径(m)	
	坚硬岩石（抗压强度>10MPa）	较软岩石（抗压强度<10MPa）
<5	1.2~1.4	1.0
5~8	1.4~1.8	1.2~1.5
>8	1.8~2.0	1.5~1.8

马峦山隧道竖井开挖直径16.8~17.4m，但直径超过15m深大竖井无施工经验。经过对国内在建的类似竖井，如"十堰至房县高速公路第9合同标段1号、2号竖井""云南新平彝族傣族自治县戛洒矿山竖井""四川锦浪跷水电站引水隧洞斜井"的学习、考察基础上，溜渣孔直

径设计应大于3.0m才能较好预防堵孔。

2）工程地质和水文地质条件分析评估

能否利用溜渣孔扩大成井的凿井方法，首先要考虑地质因素，通过对岩体的力学性质、围岩地压及采动压力分析，估算溜渣孔周围岩体受力分布，判定在较大的地应力作用下，溜渣孔孔壁是否可保持稳定；其次，考虑在施工期间围岩在水、风、爆破振动及溜渣作用下，松动圈是否增大、有无塌方的可能。如果不存在以上问题，即可采用这种扩井方法。若工程穿过的地层只有裂隙、小断层、溶洞等局部的地质问题，可考虑采用注浆等方法对地层进行预加固，增强溜渣孔的稳定性。

分析马峦山隧道竖井地质勘察报告，竖井位置主要地层为地表植物层（深0~2.0m）、强风化花岗岩（深2.0~25.0m）、中等风化花岗岩（深25.0~35.0m）、微风化花岗岩（深35.0~196.45m），其中深71.0~91.0m为构造破碎带（F8）。

F8构造断裂带是一条大断裂带，名称为"深圳断裂带"，其影响宽度为8~15m，延伸长度8km，宽80m，发育于花岗岩体内，断层带同向节理密集发育，地形为沟谷。该断裂走向与隧道轴线成68°夹角，断面陡，对竖井施工有较大影响，断层影响宽度内围岩级别影响范围内的围岩级别会降低，岩体破碎，构造裂隙发育，地下水以滴水或现状流水为主。围岩不能自稳，易掉块，局部会出现小坍塌，需及时施作初期喷锚支护和格栅钢架支护。

地下水有一定影响。钻孔深92m时，孔内出现涌水，涌水量约24m³/d，约30min后涌水量降至约6.08m³/d。据此判断，该区地下水主要为构造裂隙水，具有一定承压性。根据单孔抽水试验，计算预测竖井基坑涌水量$Q=1915m^3/d$。

经分析评估，马峦山隧道竖井所在地质及地下水条件总体适合反井法开挖，在井深71.0~91.0m、F8构造破碎带，对反井法开挖有一定影响，需采取预注浆等措施加固处理，以防止塌孔、堵孔。

3）预防堵孔施工管理

预防堵孔施工管理包括溜渣孔和扩井施工两个施工工序，应抓好以下几项工作：

(1) 利用反井钻机施工溜渣孔时，应尽量减小偏斜。
(2) 合理设计扩井时炮眼的间距和眼深，防止爆破形成的岩石块度过大。
(3) 爆破前用孔塞先堵住溜渣孔，以防止爆破瞬间溜渣孔被堵塞。
(4) 加快扩井施工进度，减小岩石暴露时间。
(5) 下口出渣要及时，岩石不能堆积在溜渣孔内。

马峦山隧道竖井施工过程中，反井钻成孔偏斜控制很好，底部偏斜约1m，偏斜率约0.5%。扩井施工做了详细的专项施工组织设计，并请相关专家评审，做好孔塞等预防堵孔措施。

11.6 深大竖井反井法研究

马峦山隧道竖井深度超过150m，开挖直径超过15m，如此深大竖井国内没有案例可以参考。经过近两年的学习和方案讨论,形成一个5个步骤的施工方案。此方案在国内公路隧道竖井反井法4个步骤基础上,增加一道吊罐法刷孔工序,将机械反井法形成的 $\phi1.4m$ 孔刷大成 $\phi3.0m$ 孔作为溜渣孔。

钻机反井正向扩大法施工工序:①地面钻机自上而下钻导向孔至井底风道;②更换刀盘后反向自下而上扩孔形成直径1.4m的溜渣孔;③再自下而上钻爆法刷孔至直径3.0m;④再自上而下采用钻爆法开挖并施作初期支护;⑤采用滑模法现浇井身衬砌结构。

11.6.1 施工步骤

(1)步骤1:利用山顶风机管养机房的平台,钻孔机正向(上往下)钻孔,成孔 $\phi250mm$,钻杆 $\phi200mm$,钻杆与步骤2的反井钻机共用,如图11-10a)所示。

(2)步骤2:从正洞隧道内安装反井扩大钻头,反向(下往上)提升扩孔,成孔 $\phi1400mm$,钻渣落到孔底隧道内,从隧道外运,如图11-10b)所示。

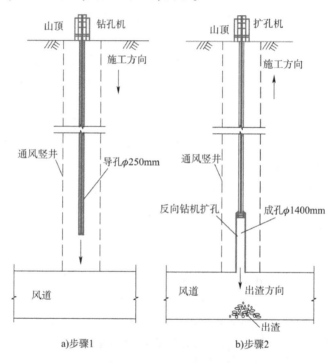

图11-10 竖井施工步骤1、2

(3)步骤3:采用钻爆法反向扩挖至 $\phi3000mm$。顶部井口安装提升井架,人员乘罐笼下至孔内径向钻水平炮孔,炮孔深750mm,爆破形成 $\phi3000mm$ 的溜渣孔,石渣落到孔底隧道内,从隧道外运,如图11-11a)所示。

(4)步骤4:从井口地面形如正向(从上至下)钻爆法开挖初次衬砌,初次衬砌成井直径16.2~17.4mm;石渣落到孔底隧道内,从隧道外运;初次衬砌用格栅钢架、喷射混凝土材料从井口地面吊入,如图11-11b)所示。

(5)步骤5:从井底到井口,由下至上滑模法施工二次衬砌,二次衬砌内径15000mm,井内隔墙和电缆井同时采用滑模施工,如图11-12所示。

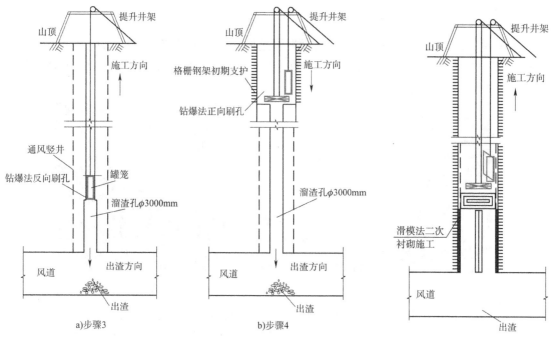

图 11-11 竖井施工步骤 3、4　　　　　图 11-12 竖井施工步骤 5

11.6.2 导孔钻进施工

钻机拟选用 $\phi1.4m$ AT1500 反井钻机（图 11-13）。导孔钻进过程中由于钻杆直径为 200mm，而钻头直径为 250mm，见图 11-14，钻头钻进后钻杆周围有 50mm 的空隙，在开孔后及钻进过程中需要合理配备稳定钻杆。稳定钻杆壁装有 4 根稳定耐磨条，钻进过程中强制控制导孔钻进方向，利用导孔孔壁对稳定钻杆的束缚作用，将前端一定范围内的钻杆强制摆正，使这段范围内的钻杆钻进方向与设计钻孔轴线一致，从而控制导孔钻进方向。钻杆见图 11-15。

图 11-13 直径 1.4m AT1500 反井钻机

图 11-14 LM-250 型钻头

实施情况：导孔钻进至 25m 时出现塌孔埋钻头现象，停止钻进，采取注 1∶1 水泥浆加固孔壁，待水泥浆液凝固后继续钻孔，此后导孔钻进顺利，28d 完成导孔施工。

11.6.3 反向提升扩孔钻进

导孔钻完成后,将导孔钻头拆卸,通过右洞送风巷道水平巷道井底在接上 $\phi1.4m$ 的扩孔钻头,见图 11-16,再由下向上扩孔直到地面形成出渣通道。扩孔钻进过程中要及时清理扩孔破碎下来的岩屑,防止下口被堵塞。

图 11-15 LM-200 型钻杆　　　　图 11-16 反孔钻进 $\phi1.4m$ 钻头

实施情况:反向提升扩孔 70m 时出现钻头脱落现象,原因是花岗岩抗压强度太高,扭矩过大。钻杆重新放落到底部隧道内换钻头,提升继续反向扩孔,此后扩孔顺利,35d 完成扩孔施工。

11.6.4 反向钻爆法刷孔

在竖井施工步骤 3 中,采用钻爆法反向刷挖至 $\phi3.0m$,顶部井口安装提升井架,人员乘罐笼下至孔内径向钻水平炮孔、装炸药。采用罐笼上下(图 11-17),钻孔作业时用螺栓固定在孔壁上,见图 11-18。

图 11-17 人员上下用罐笼　　　　图 11-18 钻孔时螺栓固定

反向钻爆法刷孔先钻炮孔,待装药炮孔全部钻完后,再分次装药爆破,爆破循环进尺按照 2~3m 控制,石渣溜入井底,用装载机装车外运。

在施工前进行现场爆破试验,来确认刷孔爆破孔间距、钻孔个数及装药数量。以爆破效果保证成形轮廓较圆顺为准,不得在溜渣孔周边存在大于20cm的凸起块石,以防止后期正井开挖溜渣使用时导致卡孔。φ3m溜渣孔扩挖爆破设计如图11-19所示。

实施情况:φ1.4m反向钻孔完成后,通过视频拍摄的方式发现井深70～90m处塌孔严重,从孔底向上刷孔时存在较大的安全问题,因此改变施工方案,停止反向钻爆法刷孔工序,改用φ1.4m作为溜渣孔。

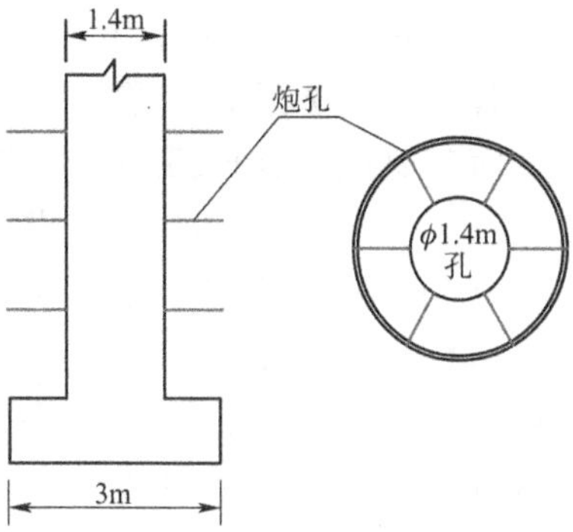

图11-19 φ3m溜渣孔扩挖爆破设计图

11.6.5 正向爆破开挖

采用全断面爆破开挖,支护采取"边掘进、边支护、环环紧跟"的方法,不同的围岩级别循环进尺按照1.0～1.5m控制,钢筋网片、锚杆、格栅拱架等均采用先在厂棚加工好送达工作面安装,喷射混凝土采用湿喷工艺,喷射混凝土采用溜槽送入喷射机进料斗完成喷射作业。正向爆破开挖示意见图11-20。

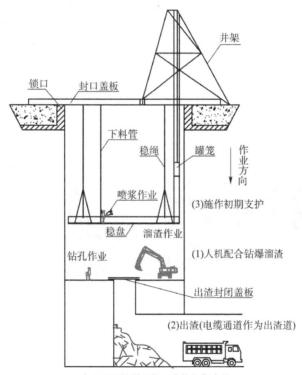

图11-20 正向爆破开挖示意图

1)全断面正向开挖工艺流程

全断面正向开挖流程:测量放样→全断面钻孔→装药爆破→清渣→打锚杆→安装格栅拱架→挂网、喷射混凝土支护。

（1）测量放线：在井口承重横梁工字钢上用仪器放出竖井中心点，在工字钢顶面做摇臂轮，摇臂放钢丝、垂球到掌子面，测量人员以此为圆心放线到掌子面。

（2）钻孔：采用人工配合液压钻机按爆破设计竖向钻孔。

（3）装药：炮孔采用间隔装 $\phi32mm$ 药卷，非电毫秒雷管由内层向外层依次引爆。

（4）爆破：采用微秒毫差分段位爆破，导爆索引到井口，爆破工在安全位置引爆。

（5）出渣：爆破后，门式起重机将挖掘机吊至工作面，由挖掘机将石渣移向已成形的溜渣孔进行清渣，溜渣至井底部。对于挖掘机无法清理的部分，人工进入开挖面进行清理，竖井底部洞渣采用装载机和自卸汽车清运至洞外弃渣场。清渣过程中进行喷水，降低粉尘浓度，减少空气污染。清渣完毕后立即采用钢板井盖盖住溜渣孔。在打锚杆、钻孔、安装拱架、喷射混凝土作业过程中禁止掀开溜渣孔盖板。

2）人员、设备、材料作业通道设置

正向开挖作业时，大型设备、材料采用门式起重机（图11-21）运输，人员乘坐罐笼提升绞车进入掌子面作业。

作业人员主要利用尺寸 $1.3m\times1.13m\times2.6m$（长×宽×高）罐笼进入工作面。绞车提升系统（图11-22）由绞车、井架、罐笼、稳车组成。每次上下不超过4人，速度控制在 $2m/s$。物料进入工作面主要借助门式起重机提升系统，该系统包括门

图11-21　孔口40t门式起重机提升机

式起重机、物料盘等，速度控制在 $3m/s$。人员上下罐笼及井架见图11-23。

图11-22　绞车提升系统

图11-23　人员上下罐笼及井架

卷扬机主要控制提升速度，实现制动、电控等功能。稳车确保罐笼在上下提升期间不发生偏离、旋转、倾覆等。

（1）拱架、钢筋、小型材料等放置在吊盘中，用门式起重机吊至工作面。

（2）液压钻机、混凝土喷射机采用钢丝绳捆绑吊装，门式起重机提升下放。

（3）清渣挖掘机用稳绳固定提升。以小松 PC200-8M0 液压挖掘机参数为例，工作质量为 20150kg，尺寸为 $9495mm\times2800mm\times3190mm$（长×宽×高）。挖掘机采用2组钢丝绳进行捆绑吊装。

（4）混凝土由吊桶盛装，由门式起重机吊送至井底。

(5) 施工用风、水、电等顺井壁挂设。电与风、水分开布设,用电采用 TN-S 三相五线制。风管采用 30cm 钢管,水管采用 10cm 钢管,通风采用 100cm 布风筒。井口机械、施工通道、管线布置见图 11-24、图 11-25。

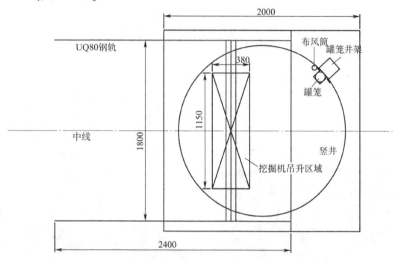

图 11-24　井口机械、施工通道、管线平面布置图(尺寸单位:mm)

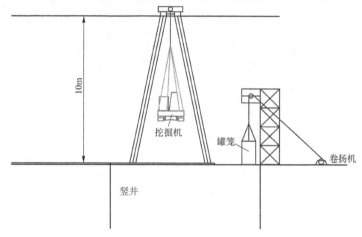

图 11-25　井口机械、施工通道、管线布置立面图

3) 正向全断面开挖施工工艺

正向开挖采用钻爆法施工,采用光面爆破,炮孔由人工配合液压凿岩钻机施工。爆破时周边眼间距为 0.4m,辅助眼间距为 0.6m,周边眼与辅助眼排距为 0.8m,内圈眼间距也采用为 0.6m。断面打孔数量约 198 个,在Ⅲ级、Ⅳ级、Ⅴ级围岩段每循环进尺控制在 1.0~1.5m,3 种不同围岩级别的爆破设计参数见图 9-44~图 9-46。

爆破采用微差分段控制爆破,起爆顺序自内圈眼向周边眼逐层分段起爆。周边眼严格控制药量,防止出现大的超挖和欠挖。爆破要严格控制药量和炮眼间距,控制爆破后的石块最大直径不能超过 70cm,防止因石块块度过大导致堵塞溜渣孔。

4) 出渣运输

爆破后,提升系统将挖掘机调至工作面,利用挖掘机向已成形的溜渣孔清渣,溜渣至井底部。挖掘机无法清理的部分,人工进入开挖面进行清理,洞渣在竖井底部采用装载机和自卸汽车运至洞外弃渣场,运输过程中进行喷水,降低粉尘浓度,减少空气污染。

5)溜渣孔防止堵孔措施

溜渣孔堵孔预防措施重点从爆破及排渣两个环节着手,施工作业时应做好以下工作:

(1)根据围岩情况,动态调节爆破参数。通过试爆优化炮眼深度、间距、装药量,确保爆破后渣石最大粒径不大于溜渣孔直径的1/3。

(2)为了防止爆破瞬间堵孔,制作一个孔塞,爆破前先塞住溜渣孔,孔塞见图11-26、图11-27。

图11-26 孔塞(钢管内浇混凝土)　　图11-27 改进后孔塞(由汽车轮胎制作)

(3)注意控制排渣进度。排渣时先对石渣进行筛选,体积较大的应排除在一边,采用破碎机破碎后排入溜渣孔。排渣速度不宜过快,以控制石渣在溜渣孔井身的体积量,防止溢满堵孔。

(4)排渣过程中,利用视频监控和人员监控的方式,观察底部储渣室情况,并保持与排渣作业的人员的沟通。如出现孔底无石渣落下,或者储渣室即将堆满的情况,应立即要求停止排渣。

(5)每循环作业前应用摄像机对孔内壁进行检查,预防孔壁坍塌对施工造成安全隐患和堵孔风险。

(6)一定要做到第一时间发现堵孔,溜渣孔堵塞量越小,长度越短,处理的难度和风险就越低。

实施情况:因未能实施竖井施工步骤3,直接采用φ1.4m孔作为溜渣孔,扩挖前30m发生两次堵孔:第一次堵孔仅孔口堵塞约5m;第二次扩挖到30m时发生严重堵孔,从底部一直堵到开挖工作面,堵塞长度约140m。采取上下结合方法处理,耗时2.5个月清通。开挖至85m深时,为确保F8断裂带塌孔位置70~90m开挖安全,对塌孔灌注素混凝土填充处理,填充混凝土500m³。

采取多种有效措施预防堵孔,后160m开挖顺利,从锁口圈梁完成正向扩挖起算,至扩挖贯通共耗时10个月,比原计划多5个月。

11.6.6 滑模法施工井身二次衬砌及隔墙混凝土

竖井正向扩挖成井后,综合考虑到施工的安全、质量、工期等因素,施工时采用滑模法,由井底向井口同时施工二次衬砌和横向支撑、电缆井钢筋混凝土。

竖井滑模施工工艺流程为:滑模组装→测量放线→调试定位→防水板挂设及钢筋安装→混凝土浇筑→下循环模板滑升。

(1)滑模组装:滑模组装在竖井底联络通道内进行,竖井的滑模由钢管承重支架、井面封闭钢桁架平台、安全盘、滑升操作上平台、混凝土修饰下平台等组成。滑模系统安装见图11-28。

(2)测量放线:在竖井井身放出竖井的轴线、边线、模板上围圈边线及高程,放线后经有关人员检查验收无误后可进行模板组装。

(3)调试定位:模板组装完成,经复测验收合格后,进行试运行,并进行精确定位,接上油路进行耐压、排气、爬升等检测,检测合格后方可投入使用。

(4)防水板挂设:借助滑模顶面平台,作业人员站在梯子上挂设竖向透水管及环向分离式防水板,防水板用热合爬焊机焊接,每次挂设高度6m。

(5)钢筋安装:在井顶外钢筋加工场下料,加工成半成品运至用门式起重机吊入工作面进行二次衬砌钢筋安装,横隔板钢筋与衬砌钢筋同时施工。

(6)混凝土浇筑:混凝土从井口顺井壁安装的下料管经减速器后,进入作业面,下料管最后12m采用软管,便于作业人员移动将混凝土直接放入与下料管相距较远的部位;采用振动棒插入式振捣,混凝土浇筑分层厚度不超过30cm。滑模混凝土浇筑见图11-29。

图11-28 滑模系统安装

图11-29 滑模混凝土浇筑

滑模施工前必须提前做好井口提升系统、井内供电、供水、施工照明系统的布设及滑模液压系统的调试等工作,并完成操作盘和分料管的承重及抗冲击能力试验测试。

(1)钢筋绑扎、爬杆延长

模体组装调试后,按施工图进行钢筋绑扎、焊接。滑升施工中,钢筋绑扎要求横平竖直,间距符合设计要求,同一断面上接头错开50%,焊接质量满足规范要求,利用提升架焊钢管控制钢筋保护层。爬杆在同一水平内接头不超过1/4,因此第一套爬杆有4种以上长度规格(1.5m、3.0m、4.5m、6.0m等),错开布置。正常滑升时,每根爬杆长6.0m(爬杆规格为$\phi48mm \times 5.0mm$),表面平整无锈。当千斤顶滑升距爬杆顶端小于350mm时,接长爬杆,接头一端采用角磨机打磨成坡口,对接下部、接头对齐、焊接牢固、焊接完后,再用角磨机磨平。

(2)混凝土运输及入仓

滑模施工衬砌混凝土由JS500型拌和站集中提供。混凝土拌和完成后,混凝土搅拌运输车运输至井口,从井口下料管输送。在每根管的两端用法兰盘螺栓连接,中间每间隔12m设置减速器一个,下料至操作盘上方的分料器,再经移动式溜槽送入模板内。

(3)混凝土浇筑

混凝土由JS500型拌和站按试验室配合比进行拌和,滑模施工时要求混凝土对称均匀下料,采用插入式振捣器振捣,振捣器不得直接振动爬杆及模板,振捣器插入深度不超过下层混凝土内50mm,模板滑升时停止振捣。

(4)模板滑升

施工进入正常浇筑和滑升时,尽量保持连续施工,并设专人观察和分析混凝土表面情况,根据现场条件确定合理的滑升速度和分层浇筑厚度。

滑升过程中设专人检查千斤顶,观察爬杆上的压痕和受力状态是否正常,检查滑模中心线及操作盘的水平度。

(5)表面修整及养护

表面修整是关系到结构外表和保护层质量的工序。滑模提升后,用抹子在混凝土表面作原浆压平、修补,如表面平整亦可不做修整。为使已浇筑的混凝土具有适宜的硬化条件,减少裂缝,在辅助盘上设洒水管对混凝土进行养护。

(6)停滑措施及施工缝处理

滑模施工要求连续进行,意外停滑时立即启动"停滑紧急处理措施"。混凝土停止浇筑后,每隔0.5~1h,滑升1~2个行程,每行程30cm,保证混凝土与模板不发生黏结(一般4h左右)。由于其他原因致使滑模停滑,在混凝土表面预先施作连接钢筋和止水措施,然后在复工前将混凝土表面残渣除掉,用水冲净,先浇一层骨料减半的混凝土,再浇筑原配合比混凝土。

(7)滑模中线控制

为保证结构中心不发生偏移,利用地面全站仪定出中心点,钢丝绳悬挂60kg垂球进行中心辅助控制;同时在井口平台梁下部井壁固定激光指向仪进行滑模位置控制。井口固定观测点,经常进行复核。利用千斤顶的同步器和水准仪进行滑模水平控制。

(8)滑模拆除

滑模滑升接近井口位置时,拆除井口平台,继续进行施工。当混凝土浇筑到设计高程,将模体滑空,利用吊车配合悬吊将模体整体拆除。模体拆除时应注意以下事项:

①必须在现场工长的统一指挥下进行。

②操作人员必须佩戴安全帽及安全带。

③拆卸的滑模部件要经过严格检查,捆绑牢固后下放。

拆模后的竖井见图11-30。

实施情况:按照预定方案实施,从滑模设备安装起算至井口,共耗时5个月。

图11-30 拆模后的竖井

11.6.7 溜渣孔堵孔预防措施

1)堵孔预防措施

溜渣孔堵孔预防措施重点从爆破及排渣两个环节着手,施工作业时应做好以下工作:

(1)根据围岩情况,动态调节爆破参数。通过试爆优化炮眼深度、间距、装药量,确保爆破后渣石最大粒径不大于溜渣孔直径的1/3。

(2)通过微差爆破,增加内圈眼与辅助眼起爆时间差,减少爆破抛石的堵孔风险。

(3)注意控制排渣进度。排渣时先对石渣进行筛选,体积较大的应排除在一边,采用破碎机破碎后排入溜渣孔。排渣速度不宜过快,以控制石渣在溜渣孔井身的体积量,防止溢满堵孔。

(4)排渣过程中,利用视频监控和人员监控的方式,观察底部储渣室情况,并保持与排渣作业的人员的沟通。如出现孔底无石渣落下,或者储渣室即将堆满的情况,应立即要求停止排渣。

(5)每循环作业前应用摄像机对孔内壁进行检查,预防孔壁坍塌对施工造成安全隐患和堵孔风险。

(6)一定要做到第一时间发现堵孔,溜渣孔堵塞量越小、长度越短,处理的难度和风险就越低。

2)处理预案

马峦山隧道竖井采用"反井法"施工,溜渣孔施工完成后,开始进行竖井井身正向全断面开挖支护作业。溜渣孔作为竖井施工的通风、排水通道,同时也作为爆破后石渣的溜渣通道,在爆破块石粒径较大时,或井壁坍塌时,存在堵孔的可能性。为避免堵孔,施工中应以预防为主,加强施工过程中的技术控制,降低堵孔可能性;同时编制导孔疏通处理预案,为顺利施工提供技术指导。

溜渣孔堵孔处理时,应根据堵孔位置、堵塞长度、竖井地质情况等因素综合确定堵孔处理措施。对堵孔一定要做到第一时间发现,溜渣孔堵塞量越小、长度越短,处理的难度和风险就越低。

溜渣孔堵孔后,根据处理措施不同,一般分为孔口钻孔处理方式和孔底顶管处理方式。

(1)孔口钻孔处理方式

孔口钻孔处理方式,即在溜渣孔口采用凿岩钻机在堵孔渣体内施作引孔,引孔成孔后,利用高压水在孔底反复冲刷孔内石渣,将石渣逐步剥离落下。孔内石渣难以剥离的,可利用钢丝绳将炸药送至孔底引爆爆破,将孔内石渣爆破排除。孔口钻孔处理堵孔时,因溜渣孔内石渣为堵塞的松散石方,钻机作业时难以形成有效的护壁,钻机作业时阻力增大,钻进深度有限,施工时可沿钻杆施工泥浆护壁,以增加钻机钻进深度。根据以往经验,在此地质条件下,凿岩钻机最大钻进深度为40~60m。

(2)孔底顶管处理方式

当溜渣孔堵塞位置较深、长度较长,凿岩钻机无法穿透时,应采用孔底顶管处理方式。

孔底顶管处理方式即在竖井底部由人工配合机械将钢管逐根串联竖立顶升至溜渣孔堵渣底部,钢管顶部设置定滑轮,利用绳索将炸药拉升至溜渣孔底部引爆爆破,将堵塞的石渣爆破排除。

孔底顶管处理时,受管材挠度、设备顶升力、井壁完整性等因素的影响,顶升高度不同,一般顶升高度可达80m,施工时应根据实际情况选择。

11.7 马峦山隧道竖井 $\phi1.4m$ 溜渣孔堵孔处理

马峦山隧道通风竖井 $\phi1.4m$ 溜渣孔堵孔后,经现场勘测,堵塞部位在深 31~157m 段,堵塞长度126m,堵塞段较长。综合分析现场实际情况和两种堵孔处理方式的特点后,决定采用孔口钻孔处理和孔底顶管处理两种方式相结合进行处理。

11.7.1 孔口钻孔处理

溜渣孔堵孔后,孔内堵塞物为爆破后的松散石渣,因此宜选用大扭矩凿岩钻机。钻机就位前,做好场地平整和必要的安全警示设施。钻机就位调试完成后即可开始钻孔作业。钻孔作业时,溜渣孔孔口采用钢板或者钢筋网片覆盖,中间预留钻机施工孔,防止作业人员落入孔内。因溜渣孔内岩层松散不稳定、不均质,因此要注意观察钻机运行状况,及时调整钻进压力和扭矩。因钻机要穿透松散破碎的岩层,钻进过程无法形成有效护壁,易出现卡钻情况,钻机时可采用制浆机向钻孔内注入泥浆,以增强孔壁的稳定性,增加钻进深度。钻机钻进至最大深度后,根据情况配合孔底顶管处理。

11.7.2 孔底托管爆破法处理堵孔

(1)物资、设备、人员准备

孔底托管爆破法工料机,见表11-7。

孔底托管爆破法工料机   表11-7

序号	项目	数量	单位	规格、型号	备注
1	工人	7	个		
2	挖掘机	1	台	PC200	
3	装载机	1	台	ZL50	
4	钢管	100	m	$\phi150mm$,一节6m	法兰连接
5	捆绑带	10	m		
6	绳索	200	m		

(2)施工准备

孔底托管处理应在溜渣孔内填充物稳定后作业。作业前,应将电缆通道内杂物清理干净,确保通行畅通,照明充足。

装载机铲斗内焊接安装一小型工作平台,工作平台长度、宽度同装载机铲斗,高度2m以内,平台周边设置护栏,护栏高度1.2m。

钢管采用长度 $L=6m$ 的 $\phi150mm$ 无缝管材,两端采用法兰盘焊接牢固,用于顶端的钢管顶部焊接定滑轮,绳索通过钢管内后穿过滑轮备用。

(3)钢管顶升施工

钢管顶升前,装载机在电缆通道内近溜渣孔底部位置待机,挖掘机在风道内近溜渣孔底部位置待机。

托管作业由2名工人将钢管移至孔底附近,并用捆绑带将钢管与挖掘机臂连接固定。挖掘机将钢管提升转移至溜渣孔内;工人重复将钢管依次移动立起,与前一节钢管对接;上下两节钢管对接后,由装载机作业平台上的2名工人相互配合安装连接螺栓,紧固后,将捆绑带下移至最后一节钢管上固定。挖掘机提升钢管距地面6m时,工人重复以上步骤,直至钢管顶升至溜渣孔堵孔段底部。

钢管安装时,利用ϕ1.4m溜渣孔的空间,将钢管倾斜导入,确保立杆时工人不位于溜渣孔范围内作业。人工立升钢管及安装法兰螺栓作业应迅速,若遇不利因素影响,应立即暂停作业,待排除干扰,重新调整后再作业,最大限度减少立杆作业时间。挖掘机和装载机内的作业人员及作业面距地面保持一定高度,以有效避免落石弹射造成的伤害。

钢管安装时应保证定滑轮位于顶端,同时应保持绳索穿过管体和定滑轮。钢管与挖掘机机臂应采用捆绑带,以扭8字样式连接绑扎牢固。

马峦山隧道通风竖井溜渣孔堵孔处理见图11-31。

(4)孔底排渣

钢管顶升就位后,挖掘机托举钢管顶刺堵塞的石渣,将石渣慢慢排除。如果遇孔内有较大石块,或石渣堵塞密实,不能脱落的情况,可利用绳索将炸药提升至堵渣段底部引爆,用爆破的方式将溜渣孔内堵塞的石渣排除。

(5)检查

爆破后,待岩体稳定后应对排渣效果进行检查。如果堵渣未能清除干净,应根据现场情况,确定采用孔口钻孔处理或者孔底顶管处理,重复操作,直至溜渣孔内石渣全部清除。

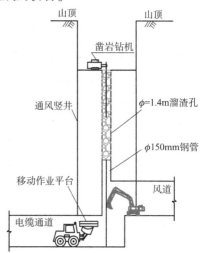

图11-31 马峦山隧道通风竖井溜渣孔堵孔处理示意图

11.7.3 安全保证措施

(1)钢管顶升作业应在堵孔稳定期进行,作业前应将电缆通道内杂物清理干净,确保通行畅通、照明充足、视线良好。

(2)所有作业人员必须佩戴安全帽、反光衣等安全防护用品。

(3)现场应安排安全员值班,并监控安全风险。作业时如有异常响声,应立即撤离人员、设备,停止作业。

(4)挖掘机、装载机应有专人统一指挥。

(5)作业时严禁人员、设备在ϕ1.4m溜渣孔范围内作业。

(6)挖掘机托举钢管排渣时,电缆通道内人员、设备应全部清场撤离。

(7)爆破作业应严格遵守隧道爆破操作流程和规范。爆破后不得立即靠近溜渣孔孔底检查,应待现场情况稳定后靠近排查。

(8)现场排查应配合使用红外测距仪,摄像机等设备,最大限度减小人员在孔底停留时间。

(9)凿岩钻机孔口钻孔作业时,溜渣孔应采用钢板或者钢筋网片覆盖,中间预留钻机孔位,防止作业人员落入井内。

11.8 深大竖井施工工法总结

马峦山隧道竖井采用反井法进行施工比传统的正井施工方法具有显著优点,有效解决了井内出渣难的问题,大幅提高了竖井施工效率,有效保障了施工安全。由反井钻机完成的溜渣孔既能作为扩井时的通风、溜渣通道,又能作为爆破自由面,提高了爆破效果、节约了大量爆破器材、加快了施工进度,改善了作业面的通风环境、减小了排炮烟的时间;爆破下来的岩渣通过溜渣孔,直接落到下部的隧道中进行装载,不需要岩渣提升设备,减少了施工安全风险,提高了施工效率,不必增加施工出渣便道,降低施工对周围环境的影响。竖井计划工期16个月,实际工期20个月,超出计划4个月。深大竖井施工工法可归纳总结为以下几点:

(1)溜渣孔出渣安全性大幅度提高,整个过程未发生安全事故。若采用正井法开挖,渣土垂直提升时渣土人员在井底的安全保障难度巨大,而采用反井法施工很好避免大量渣土垂直提升问题。当前深圳市政府各监管部门高度重视安全问题,监管极其严格,正井法施工的安全风险评估可能无法通过,若勉强通过,实施过程中也可能经常叫停。

(2)反井法施工效率高。若采用正井法开挖,渣土垂直吊装量4.5万 m^3,平均吊装深度100m,按照深圳市相关施工安全管理规定,吊装重物下严禁站人,每次提升渣土时施工人员必须撤离到地面,工效很低,工期为反井法2倍以上。

(3)对断层破碎带的影响估计不足,未能按照原方案实施吊罐法把溜渣孔刷至 $\phi3000mm$,导致正向扩挖时堵孔。若提前对断层破碎带位置20m长度范围内进行预注浆加固处理,可以有效防止塌孔,可缩短工期3~4个月,也可避免处理堵孔时的安全风险。

(4)发明托管爆破法处理堵孔。堵孔发生后,采取各种方法,如顶部大扭矩套管凿岩钻机钻孔、孔底炸药爆破等,均未能有效清通。经反复实践,采用底部顶托 $\phi150mm$ 钢管,节节加高至所堵孔下部,使用滑轮运送炸药至钢管顶部,爆炸气流振动疏通堵孔。托管高度可达100m以上。

(5)发明预防堵孔利器——轮胎孔塞。经历第二次堵孔后,采取有效措施预防堵孔。爆破瞬间,抛起的石块自由落下时,溜渣孔很容易被堵塞。起初制作一个实心钢筒预先放入溜渣孔内,以防止石块堵塞溜渣孔,但是孔塞顶部十字钢架和吊耳很容易被炸烂,孔塞经过2~3次爆破后需焊接修复,且实心钢筒太重,爆破后被卡死很难拉出。后采用废旧轮胎制作孔塞,长期使用不易损坏,轻便好用,很好地解决了爆破瞬间堵孔的问题。在溜渣过程中,对孔底实时视频监控,即时传输给井口施工人员和扒渣操作人员,防止溜渣过程中堵孔。

第12章 深大竖井施工设备系统研究

12.1 深大竖井施工设备配套原则

竖井爆破开挖反井法施工过程中,由地面垂直向下爆破扩挖时,需采用人工或机械凿岩爆破的方法进行竖井掘进,渣土从溜渣孔溜至孔底,从主隧道运至洞外。扩挖过程中爆破安全防护、人员上下安全、爆破开挖机械设备材料吊装安全是竖井扩挖的安全重难点。当竖井开挖达到一定深度后,施工装置的设置合理性大大影响施工效率。施工设备配套原则如下:

(1)根据竖井直径、深度等条件,机械配套能力应和生产能力相适应。随着井深和生产能力的增加,各项设备能力相应提高,以保证工期。

(2)各施工设备之间的能力与性能应相互匹配,机械化水平相协调,充分发挥设备的综合能力。

(3)马峦山隧道竖井开挖直径16.8~17.4m,深度194m,深圳市政府安全管理部门对竖井施工安全极其重视,施工设备的使用应完全符合深圳市安全管理规定。施工设备除满足性能要求外,应安全可靠,生产厂家须具备相应生产资质。

12.2 深大竖井关键施工设备的选择

12.2.1 反井钻机

反井钻机的钻进原理为:液压马达驱动动力水龙头,动力水龙头将扭矩传递给钻具系统,带动钻具旋转,滚刀在钻压下深入井底做纯滚动及微量滑移。滚动时产生冲击挤压和剪切能量来破碎岩石。导孔钻井时,破碎的岩屑沿钻杆外壁环形空间由洗井液提升至地面(竖井顶面);扩孔时,破碎下来的岩屑,靠自重落到水平隧洞。钻进成孔分两个步骤进行:①将钻机安装在竖井顶面钻孔位置上,由上向下先钻出一个直径为250mm的导孔,直至钻透到竖井底部联络通道;②将导孔钻头在竖井底部卸下,换上扩孔钻头,再由下向上提拉钻进,一次一根地卸下钻杆,直到竖井顶面为止。

反井钻机的选择依据主要在于三个方面:①反井成孔直径;②反井深度;③地层岩性。马峦山隧道竖井施工初步方案:反井钻机成孔直径为1.4m,反井深度194m,主要地层为地表植物层(深0~2.0m)、强风化花岗岩(深2.0~25.0m)、中等风化花岗岩(深25~35m)、微风化花岗岩(深35~196.45m)。

国内应用较多的反井钻机有AT、ZFY和LM三大系列。根据马峦山隧道围岩特征,选择国内技术成熟的AT系列反井钻机。AT系列反井钻机包含AT1000(深度150m,孔径1m)、AT1500(深度200m,孔径1.5m)、AT2000(深度400m,孔径2m)、AT3000(深度200m,孔径3m)。

AT系列反井钻机在吸收国内外反井(天井)钻机的经验,以及我国竖井钻井技术成果的基础上研制开发,技术上处于国内领先水平,达到了20世纪90年代国外同类机型的先进水平。

AT系列反井钻机(包括AT1200、AT1400、AT1800、AT2500)已通过国家"煤矿矿用产品安全标志"认证,并取得了国家矿用产品安全标志中心颁发的证书。产品已先后在煤矿、金属矿山、水利水电工程等得到广泛应用,深受广大用户的好评,取得了良好的经济效益和社会效益。

1)AT系列反井钻机的结构和工作原理

(1)AT系列反井钻机(图12-1)的结构

AT系列反井钻机一般包括两大部分,即主机和钻具。

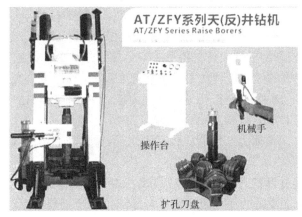

图12-1 AT系列反井钻机

①主机:包括机架、液压泵站及操作控制系统。机架为框式结构,内部装有动力水龙头,动力水龙头在液压油缸的作用下,沿框架内的滑轨上下移动,液压泵站及操作控制系统用于驱动钻机运转,控制钻机工况,以实现不同条件、不同钻井工艺要求。

②钻具:包括开孔钻杆、稳定钻杆、普通钻杆、导孔钻头和扩孔钻头。

(2)AT系列反井钻机工作原理

钻机的主传动通过动力水龙头传递给钻具系统,带动导孔钻头或扩孔钻头旋转。导孔钻头上的牙轮或扩孔钻头上的滚刀在钻压的作用下对岩石冲击、挤压和剪切,使岩石破碎。导孔钻进时破碎的岩屑被正循环的清水或泥浆排出孔外,扩孔时的岩屑直接落到下水平巷道中,由装卸机械装入运输工具或运输车辆,运离落渣地点。导孔由上水平向下水平钻进,扩孔由下水平向上水平提拉。

AT系列反井钻机主要用于矿山井下钻孔和扩大通风井、充填井、管道井等,也可用于矿山地下掘进大断面天井和溜井。其中,AT2000型和ZFY 1500型反井牙轮钻机分别获省部级一、二等奖。ZFY、AT系列反井钻机均采用全液压驱动,各种钻进参数可无级调整,抗冲击性能好,工作平稳,结构紧凑,安装简单方便。

该系列钻机主要结构特点及技术优越性如下:

(1)钻机采用向下钻导向孔、向上扩孔、全断面切割、直接成井的钻进方式,天井能直接钻通,扩孔刀头从上水平取出。

(2)整套设备采用全液压驱动控制系列,各钻进参数(轴压、转数和扭矩等)可根据岩石情况和钻进深度无级调整,抗冲击性好,工作平衡。

（3）采用双油缸推进系统、推进力大，平衡性好。

（4）回转系统采用NJM-2/4FB型低速大扭矩液压马达、普通直齿轮变速器和具有轴向浮动、万向摆角机构的机头。

（5）主机、泵站和钻杆车均采用轨轮移动方式，搬运较方便。

（6）液压系统采用主、副泵双回路系统，使回转系统和推进系统互不干涉。设有用于深井钻进的减压钻进系统，能实现提着钻杆钻进的特殊功能。

（7）配备接卸杆机械手，可从地面直接提取钻杆送至钻机轴线，减轻了劳动强度。

（8）配备了防卡杆控制机构，能大幅降低抱钻故障率。

反井钻机主要技术参数见表12-1。

反井钻机主要技术参数表 表12-1

钻机型号	ZFY1.2/150（AT1200）	ZFY1.4/200（AT1400）	ZFY1.5/250（AT1500）	ZFY1.8/250（AT1800）	ZFY2.0/200（AT2000）	ZFY2.5/200（AT2500）	ZFY3.0/200（AT3000）	ZFY3.5/400（AT3500）
导孔直径（mm）	244	216	250	250	250	270	270	311
扩孔直径（m）	1.2	1.4	1.5	1.8	2.0	2.5	3.0	3.5
钻孔深度（m）	150	200	200250	250	250	200	200	400
出轴转速（r/min）	5~33	5~33	5~33	5~33	5~33	5~33	5~33	5~21
额定扭矩（kN·m）	15	20	18	25	25	42	60	75
最大扭矩（kN·m）	30	40	35	40	50	105	120	150
最大推力（kN）	350	350	700	700	700	15000	15020	2000
扩孔最大拉力（kN）	850	850	1250	1250	1250	2500	2500	3000
钻孔倾角（°）	60~90	60~90	60~90	60~90	60~90	60~90	60~90	60~90
主机质量（t）	6	7.2	7.5	7.5	8	10.5	11.5	12.5
主机运搬尺寸（长×宽×高,mm）	2290×1110×1430	2950×1370×1700	2670×1380×1560	2670×1380×1560	2700×1400×1600	3000×1450×1650	3000×1480×1650	3000×1750×1750

续上表

钻机型号	ZFY1.2/150 (AT1200)	ZFY1.4/200 (AT1400)	ZFY1.5/250 (AT1500)	ZFY1.8/250 (AT1800)	ZFY2.0/200 (AT2000)	ZFY2.5/200 (AT2500)	ZFY3.0/200 (AT3000)	ZFY3.5/400 (AT3500)
主机工作尺寸(长×宽×高,mm)	2977×1422×3277	3230×1770×3448	3350×1650×3940	3350×1650×3448	3350×1650×3980	3350×1720×3950	3350×1750×4000	4850×1900×5250
钻杆直径×有效长度(mm)	φ176×1000、φ182×1000	φ182×1000	φ200×1000	φ200×1000	φ200×1000	φ200×1000、φ230×1000	φ230×1000	φ254×1000
钻孔偏斜率(%)	≤1	≤1	≤1	≤1	≤1	≤1	≤1	≤1
电机功率(kW)	68	86	86	86	93.5	128.5	168.5	168.5
驱动方式	全液压驱动							
适应岩性	岩石单向抗压强度≤1600MPa							

通过以上参数对比选择,本工程选择 AT1500 反井钻机,见图 12-2。

AT1500 反井钻机主要用于地下矿山和其他工程的岩层中,正向钻进 φ250mm 的导向孔并反向扩 φ1500mm 的通风井、充填井或者管道井等。钻进深度 300m,钻进倾角 60°~90°。

2) 钻头、钻杆配置

钻头、钻杆见图 12-3~图 12-5。

导孔钻进过程中由于钻杆直径为 200mm,而钻头直径为 250mm,钻头钻进后钻杆周围有 50mm 的空隙,在开孔后及钻进过程中需要合理配备稳

图 12-2 AT1500 反井钻机

定钻杆。为稳定钻杆,杆壁装有 4 根稳定耐磨条,钻进过程中强制控制导孔钻进方向,利用导孔孔壁对稳定钻杆的束缚作用,将前端一定范围内的钻杆强制摆正,使这段范围内的钻杆钻进方向与设计钻孔轴线一致,从而控制导孔钻进方向。如钻进过程中遭遇软弱围岩或不利地质条件,需要对导孔周边裂隙进行灌浆固结。

12.2.2 主提升设备选择

竖井主提升设备有提升井架和门式起重机两种方式,国内竖井施工大多参照矿山工程选用竖井提升井架。矿山提升井架(图 12-6)有成熟的配套设备,有利于保证安全。在公路和市政工程中,将门式起重机(图 12-7)作为主提升设备较为常用。

图 12-3　LM-250 型导孔钻头

图 12-4　LM-200 型钻杆

图 12-5　LM-200 型扩孔钻头

图 12-6　矿山提升井架

图 12-7　门式起重机

马峦山竖井顶部内径17.4m，矿山提升井架底部跨距一般在15m以内，大于15m时需要厂家定制。因此，考虑设备的通用性，选择门式起重机，以便于安全检测、验收。

竖井施工用最大吊重挖掘机选用PC200挖掘机，质量为20t。选择MG25/5T-18m双主梁门式起重机,性能参数见表12-2。

MG25/5T-18m 双主梁门式起重机性能参数　　　　　　　　　　　表12-2

序号	项　目		主起升机构	副起升机构
1	起重量(t)		25	5
2	工作级别		M5	M5
3	起升速度(m/min)		0.7~7	12~12
4	起升高度(m)		200+6	200+6
5	钢丝绳	型号	6X(19)W-24-155-I	6X(19)W-13.5-155-I
		支数	4	4
		工作拉力(kN)	52	12.8
6	卷筒直径(mm)		1000×4000	550×4000
7	电动机	型号	YZP250M-8	YZR180L-6
		功率(kW)	37	17
		转速(r/min)	752	946
8	减速器	型号	ZQD1000-Ⅱ-4CA	ZQD500-Ⅱ-4CA
		速比	141.3	65.54
9	制动器	型号	YWZ-400/90	YWZ-300/45
		制动力矩(N·m)	2×1600	2×630
		推动器型号	YT1-90Z/8	YT145Z/6
10	限位开关		LX7-1	LX7-1

12.2.3 人员上下罐笼

经对比,选择矿山专用罐笼(图12-8),用于人员上下竖井。罐笼为人员专用乘用设备,罐笼内设防坠器,配有主吊、副吊2套稳车系统,确保乘用安全。最大载质量2.5t,可乘5~6人。

a)罐笼　　　　　　　　　　　　　b)罐笼铭牌

图12-8 人员上下罐笼

BF0511防坠器由缓冲器、连接器、抓捕器、传动部件、拉紧装置等组成。缓冲器安装在井架缓冲平台上,利用摩擦阻力做功来吸收下坠容器的能量;连接器使缓冲钢丝绳和制动绳连接;抓捕器及传动部件安装在提升容器上,随提升容器上下运行;拉紧装置安装在井底制动绳固定梁上,并设有可断螺栓来防止产生二次抓捕。当提升容器上下运行出现提升钢丝绳断绳或松绳时,抓捕器中的楔子在驱动弹簧和拨块的作用下上移,抓捕制动绳,使断松绳后的容器悬挂在制动钢丝绳上,不会出现坠井事故。人员上下罐笼系统如图12-9所示。

罐笼主要用于人员上下,相当于工作人员电梯。罐笼及人员最大质量为2t。采用5t卷扬机,卷盘盘绳过程需保证罐笼竖直上下,且盘绳紧密。

图12-9 人员上下罐笼系统

12.2.4 稳盘系统

稳盘系统中由井口提升系统(图12-10)负责施工过程中各种设备的升降。井口提升系统主要由门式起重机、绞车及相关配套设施组成。安全装置配套设施包括:锁口盘(图12-11)1副,通过地锚钢筋与竖井锁扣圈梁锚固,用于井口封闭,并提供稳车钢丝绳转向支点;稳盘1副,稳盘由绞车提升至竖井底作业面高2~3m位置。稳盘通过罐笼副吊的钢丝绳与罐笼相连接。作业时,人员乘罐笼下至稳盘,再通过稳盘上的临时爬梯进入井底作业面作业。必要时,稳盘也可为竖井初期支护作业平台。

图12-10 井口提升系统

图12-11 锁口盘

(1)井内稳盘

升内升降稳盘见图12-12,稳盘提升绞车见图12-13。

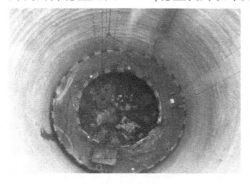

图12-12 井内升降稳盘

图12-13 稳盘提升绞车

稳盘作为爆破开挖施工作业平台,对作业人员提供较好的作业环境,同时可以存放临时材料,方便施工。稳盘是一种由 H 型钢、工字钢和钢板拼装焊接而成的大型钢结构,半开口圆形框架,钢板上方设置有 4 个吊装环,绞车用钢丝绳吊起。稳盘结构见图 12-14。

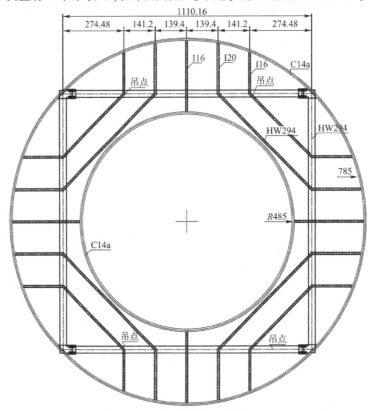

图 12-14　稳盘结构图(尺寸单位:cm)

(2)井口锁口盘(图 12-15)

锁口盘主要用于竖井洞口封闭,为风管、水管、下料管(以下简称风水料管)提供支撑,为塔架提供支撑。锁口盘荷载分别为:塔架荷载、风水料管荷载、稳盘荷载(定滑轮支点 2 个)、临时操作人员荷载。锁口盘采用型钢桁架结构。

12.2.5　二次衬砌施工设备

1)翻模、爬模和滑模比选

竖井二次衬砌采用长条形筒式结构,从上至下基本一致。模板上下通用,钢模板可以重复使用,常用的模板施工方法有液压翻模、爬模和滑模 3 种,现简单介绍如下。

(1)翻模:是指三角架翻模,由传统滑模演变而来。该种方法所使用的模板下部用架杆支成三角架作支撑。翻升模板设备由三节大块钢模板与支架、钢管脚手架工作平台组合而成。模板高度:施工时第一节模板支立于基顶,第二节模板支立于第一节段模板上。当第二节混凝土强度达到 3MPa 以上,第一节混凝土强度达到 10MPa 以上时,拆除第一节模板并将模板表面清理干净、涂上脱模剂后,用起重机和手动葫芦将其翻升至第二节模板上,第三节模板置于第一节模板上。此时全部施工荷载由已硬化并具有一定强度的墩身混凝土传至基顶。依此循环,形成接升脚手架→钢筋接长绑扎→拆模、清理模板→翻升模板、组拼模板→中线与高程测量→灌注混凝土和养护的循环作业,直至达到设计高度。翻模施工如图12-16所示。

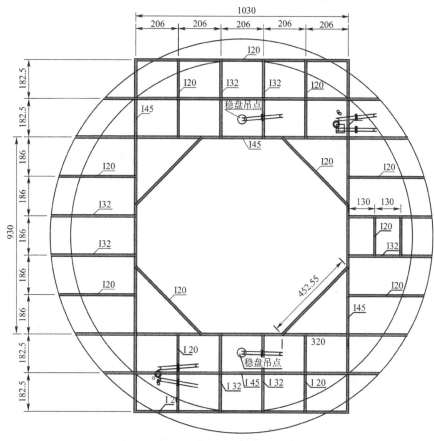

图12-15 井口锁口盘(尺寸单位:cm)

(2)爬模:由爬升模板、爬架和爬升设备三部分组成。上升时,模板已脱开混凝土,此时混凝土强度已大于1.2MPa,模板不与混凝土摩擦。爬升模板是依附在建筑结构上,随着结构施工而逐层上升的一种模板,当结构凝土达到拆模强度而脱模后,模板不落地,依靠机械设备和支承体将模板和爬模装置向上爬升一层,定位紧固,反复循环施工。爬模施工如图12-17所示。

(3)滑模:滑模一般是固定尺寸的定型模板,由牵引设备牵引,在模板与混凝土保持接触互相摩擦的情况下逐步整体上升。滑模上升时,模板高度范围内上部的混凝土刚浇灌,下部的混凝土接近初凝状态,而刚脱模的混凝土强度仅为0.2~0.4MPa。主要以液压千斤顶为滑升动力,在成组千斤顶的同步作用下带动1m多高的工具式模板或滑框沿着刚成形的混凝土表面或模板表面滑动,混凝土由模板的上口分层向套槽内浇灌,每层一般不超过30cm厚,当模板内最外层的混凝土达到一定强度后,模板套槽依靠提升机具的作

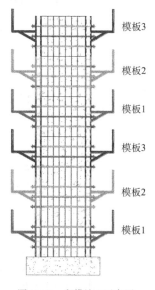

图12-16 翻模施工示意图

用,沿着已浇筑的混凝土表面滑动或者滑框沿着模板外表面滑动,向上再滑动约30cm,如此连续循环作业,直至达到设计高度,完成整个施工。

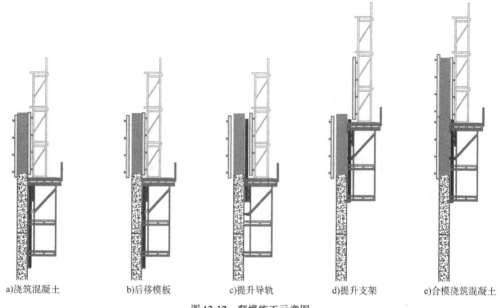

a)浇筑混凝土　　b)后移模板　　c)提升导轨　　d)提升支架　　e)合模浇筑混凝土

图12-17　爬模施工示意图

翻模法、爬模法和滑模法的特点见表12-3。

翻模法、爬模法和滑模法的特点　　　　　　　　　　　　　　　表12-3

项　目	翻　模　法	爬　模　法	滑　模　法
模板提升方法	三角架翻模施工工艺由传统滑模演变而来。翻升模板设备由三节大块钢模板与支架、钢管脚手架工作平台组合而成,一节一节往上翻	爬升模板是依附在建筑结构上,随着结构施工而逐层上升的一种模板,依靠机械设备和支承体将模板和爬模装置向上爬升一层,反复循环施工	滑模一般是固定尺寸的定型模板,由牵引设备牵引,在模板与混凝土保持接触互相摩擦的情况下逐步整体上升
优缺点	(1)设水平施工缝,连续性差。 (2)逐节翻升,日均进度0.5~2m。 (3)常规方法脱模,混凝土表面容易控制。 (4)模板及支架需逐节吊装,人员高空作业多,安全性差。 (5)井内需要较大的吊装空间	(1)设水平施工缝,连续性差。 (2)逐段爬升,日平均速度1~2m。 (3)常规方法脱模,混凝土表面容易控制。 (4)施工作业在固定、封闭的工作盘上进行,作业过程中只向上整体爬升,作业工人均在工作平台上作业,安全性高。 (5)井内需要一定的退模空间,以便混凝土面与模板之间安装爬升导轨	(1)不设水平施工缝,连续性好。 (2)进度快,日平均进度2~4m。 (3)混凝土表面平整度高,表面处理工作量小且可以及时处置。 (4)滑模施工采用"软脱模"工艺,混凝土表面粗糙度较差。 (5)施工作业在固定、封闭的工作盘上进行,过程中只向上整体爬升,作业工人均在工作平台上作业,安全性高。 (6)成本相对较低
本工程竖井适合度	不适合。竖井为内模,而翻模需要较大吊装空间,在狭小的竖井内难以实施	不太适合。本工程竖井中央为2.5m×2.5m电缆井,在如此小的空间内退模、安装导轨难度很大	工艺上完全适合,且施工速度快、安全性高、经济效益好

2) 滑模系统装置

详见第9.6.1节。

12.3 反井法施工设备配套方案

竖井反井法施工采用机械,提高施工效率,以满足合同工期要求。按照设备配套、数量足够的原则,配置主要施工机械设备及附属小型机械设备,形成机械化流水施工作业。反井法竖井开挖、支护,以及竖井衬砌(滑模)的主要配套设备分别见表12-4、表12-5。

反井法竖井开挖、支护设备　　　　　　表12-4

序号	机械名称	型号、规格	台数	生产能力	用途
1	反孔钻机	AT1500	1	正向 $\phi 250mm$、反井 $\phi 1400mm$	$\phi 250mm$导孔、$\phi 1400mm$反井
2	双主梁门式起重机	MG25/5T-18m	1	25t	挖掘机、钢架等吊装
3	矿用井架及罐笼	Ⅳ型	1	防坠型	人员上下,配3台绞车
4	稳盘	$\phi 14m$	1		配绞车2台,井内升降
5	锁口盘	15t	1		孔口安全防护
6	滑模	6m	1		衬砌施工
7	绞车	3~6t	3		提升风、水、电
8	装载机	$2.2m^3$	2		地面装载材料
9	拌和站	Js500	1		喷射混凝土拌和
10	湿喷机	TK-600	2		
11	液压钻机		2		中央炮孔打设
12	反铲挖掘机	$1.2m^3$	2		井内扒渣
13	空压机	132SCF-8D	4		供高压风钻
14	吊篮	10t	1		
15	钢筋切断机		1		
16	钢筋弯曲机		1		
17	弯拱机		1		
18	钢筋套丝机		1		
19	电焊机	500A	5		
20	爬焊机		4		
21	通风机	132	2		竖井内通风
22	自卸汽车	$15m^3$	6		
23	安装变压器	800kW	1		
24	发电机	250kW	1		备用

竖井衬砌(滑模)施工设备　　　　　　表12-5

序号	机械名称	型号规格	台数	生产能力	用途
1	滑模系统	直径15m	1		
2	液压控制台	YKT-56型	1		滑模顶升
3	液压千斤顶	QYD-100楔块式	55	3台备用	滑模顶升
4	双主梁门式起重机	MG25/5T-18m	1	25t	挖掘机、钢架等吊装
5	矿用井架及罐笼	Ⅳ型	1	防坠型	人员上下,配置3台绞车
6	稳盘	φ14m	1		配置2台绞车,井内升降
7	锁口盘	15t	1		孔口安全防护
8	绞车	3～6t	4		提升风、水、电
9	卷扬机	3t	3		
10	吊盘	20t	1		
11	装载机	2.2m³	2		地面装载材料
12	钢筋切断机		1		
13	钢筋弯曲机		1		
14	弯拱机		1		
15	钢筋套丝机		1		
16	电焊机	500A	5		
17	爬焊机		4		
18	通风机	132	2		竖井内通风
19	自卸汽车	15m³	6		
20	安装变压器	800kW	1		
21	发电机	250kW	1		备用
22	卷扬机	3t	3		
23	安装变压器	800kW	1		

12.4　系统装置安全验算

12.4.1　稳盘和吊罐系统

竖井施工吊装系统由起重设备(钢丝绳)、塔架、井字架、稳盘、风水料管和锁口盘组成。按照功能区划分为稳盘系统、罐笼系统和风水料管系统,由下至上计算荷载,并计算荷载作用于结构的强度、刚度和稳定性,计算部位的先后顺序为:首先计算稳盘结构、稳盘起重设备,再计算罐笼起重设备,最后计算风水料管起重设备和锁口盘。计算主要依据包括:

(1)《煤矿安全规程》(国家安全监管总局[2016]第87号令)。

(2)《路桥施工计算手册》(2001年,人民交通出版社出版)。

(3)《建筑施工高处作业安全技术规范》(JGJ 80—2016)。
(4)《建筑施工模板安全技术规范》(JGJ 162—2008)。

12.4.2 稳盘系统计算

1)稳盘系统结构

稳盘作为初期支护施工作业平台,可为作业人员提供较好的作业环境,同时可以存放临时材料,方便施工。稳盘内径 $r=4.85\mathrm{m}$,外径 $R=7.85\mathrm{m}$,面积 $S=\pi(R^2-r^2)=119.69\mathrm{m}^2$。稳盘结构如图 12-18 所示。

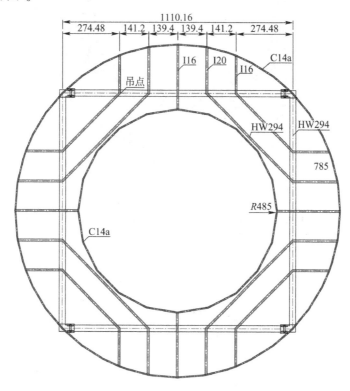

图 12-18 稳盘结构图(尺寸单位:cm)

2)稳盘荷载计算

(1)施工人员、料具运输堆放荷载:$P_1=1.0\mathrm{kPa}$[根据《建筑施工模板安全技术规范》(JGJ 162—2008)第 4.1.2 节]。

(2)施工材料荷载:经过对施工过程中的稳盘材料统计,计划按照安装拱架、锚杆、钢筋网及喷射混凝土等要求,存放施工一榀拱架所需的主要材料;依据设计图,初期支护施工过程中每延米材料用量最大值的断面为 V 级围岩断面;其中,每延米材料用量 3713kg。材料存放区域为图 12-19 中阴影部分,面积 $S=28.395\mathrm{m}^2$,则 $P_2=0.5\times37.13/28.395=0.65(\mathrm{kPa})$。

(3)工作冲击荷载:稳盘上不进行混凝土浇筑、倾倒及振捣施工,故不按照《建筑施工模板安全技术规范》(JGJ 162—2008)和《路桥施工计算手册》进行冲击荷载取值,参考《液压电梯制造与安装安全规范》(GB 21240—2007)附录 G 冲击系数取值,取冲击系数 $k=1.2$。

(4)总荷载:$P_{1总}=k\times P_1=1.2\times1.0=1.2(\mathrm{kPa})$,$P_{2总}=k\times P_2=1.2\times0.65=0.78(\mathrm{kPa})$。

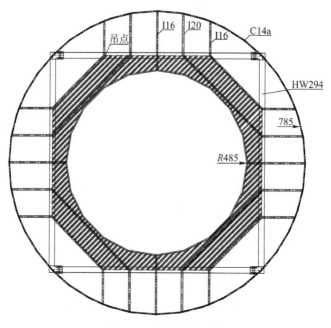

图 12-19　材料存放区域

3）稳盘结构数值模拟计算

利用 midas Civil 软件建模，进行稳盘受力分析。稳盘数值模型如图 12-20 所示，模型共计 120 个节点、268 个单元。

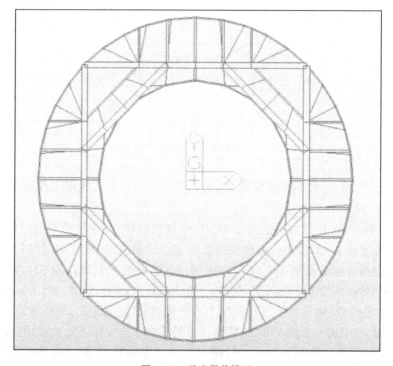

图 12-20　稳盘数值模型

(1)稳盘应力云图如图 12-21 所示。

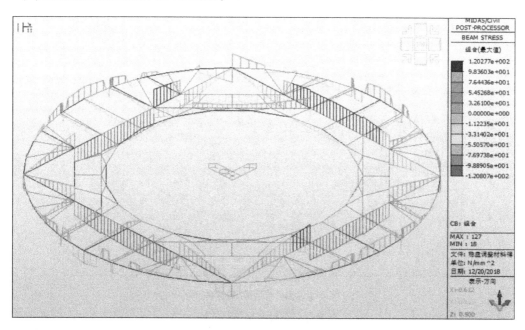

图 12-21　稳盘应力云图($\sigma_{max}=120.28\text{MPa},\sigma_{min}=-120.81\text{MPa}$)

由图可知,稳盘最大应力值(绝对值)为 120.81MPa(<145MPa),故满足要求。

(2)稳盘挠度云图如图 12-22 所示。

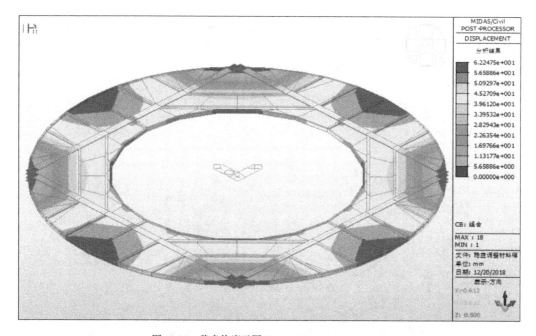

图 12-22　稳盘挠度云图($\delta_{max}=62.2\text{mm},\delta_{min}=0\text{mm}$)

由图可知,稳盘最大挠度值为 62.2mm <15700/250 = 62.8(mm)[根据《路桥施工计算手册》第 1.3.1 节表 8.11],故满足要求。

(3)稳盘屈曲分析结果如图12-23所示,稳盘荷载统计结果见表12-6。

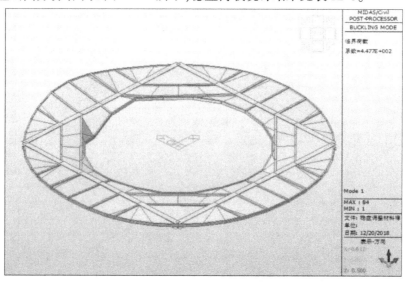

图12-23　稳盘屈曲分析结果(临界系数为447.7)

稳盘荷载统计结果(单位:kN)　　　　　　　　　　表12-6

荷载名称	集中	梁单元	楼板	压力	自重	合计
施工材料	0	0	0	-29.08	0	-29.08
自重	0	0	0	0	-92.71	-92.71
临时人机	0	0	0	-146.5	0	-146.5

由表可知,外力荷载 $146.5+29.08=175.58(\mathrm{kN})$、稳盘自重92.71kN,则稳定系数 $\eta = \dfrac{92.71+447.7\times175.58}{92.71+175.58}=293.34$,满足要求。

(4)稳盘钢丝绳计算。稳盘支点竖向反力计算结果如图12-24所示。

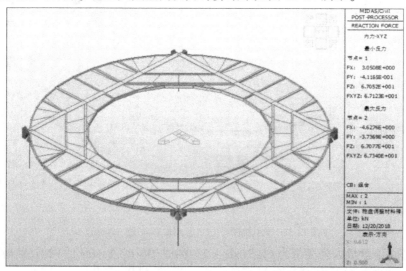

图12-24　稳盘支点竖向反力($F_{z\max}=67.08\mathrm{kN}$,$F_{z\min}=67.05\mathrm{kN}$)

由图可知,钢丝绳竖向荷载最大值为67.08kN;吊点由1根主钢丝绳连接4根吊点钢丝绳,最大竖直角为25°,如图12-25、图12-26所示。

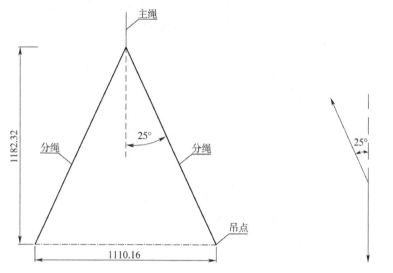

图12-25 吊点钢丝绳布置图(尺寸单位:mm)　　图12-26 分绳计算分力示意图

①分钢丝绳拉力:$F_1 = 67.08/\cos25° = 74.01(kN)$。
②主钢丝绳拉力:$F_2 = 2 \times F_1 \times \cos25° = 2 \times 67.08 = 134.16(kN)$。
③钢丝绳安全系数为9(根据《煤矿安全规程》第四百零八条表9)。
④$F_2 \times 9 = 134.16 \times 9 = 1207.44(kN)$,$6 \times 36ws + FC$类公称抗拉强度1770kPa、直径50mm纤维芯钢丝绳最小破断拉力为1460kN,线质量为9.28kg/m。
⑤钢丝绳入井长度最长为196m,钢丝绳自重$F_3 = 196 \times 928/100/100 = 18.19(kN)$。

主钢丝绳拉力容许值为$F = (F_2 + F_3) \times 9 = 1207.44 + 18.19 \times 9 = 1371.15(kN) < 1460kN$,故满足要求。因此,采用$6 \times 36ws + FC$类公称抗拉强度1770MPa、直径50mm纤维芯钢丝绳作为稳盘吊绳。

(5)吊点计算。
吊点采用直径8cm钢棒(面积$S_g = 0.0064m^2$)、双拼2cm厚钢板,钢棒与钢板接触面积$S_{gb} = \pi \times 0.08 \times 0.5 \times 0.04 = 0.005(m^2)$。由以上计算结果可知分钢丝绳拉力为74.01kN。吊点受拉合力$F_d = 74.01 \times \cos25° \times \cos52.5° = 121.07(kN)$。钢棒剪应力$\tau = F_d/S_g = 121.07/0.0064 = 18917.55(kPa) \approx 18.92MPa < 145MPa$,满足要求。钢板正应力$\sigma = F_d/S_{gb} = 121.07/0.005 = 24214.46(kPa) \approx 24.21MPa < 145MPa$,满足要求。

12.4.3 罐笼吊装系统计算

1)罐笼钢丝绳计算

罐笼主要用于人员上下(可携带小重量工具),相当于工作人员电梯。罐笼及人员最大质量为2t。采用5t卷扬机,卷盘盘绳过程需保证罐笼竖直上下,且盘绳紧密。

(1)钢丝绳安全系数:根据《路桥施工计算手册》附表3-36,安全系数取14。

(2) 提升系统的安全制动:根据《煤矿安全规程》第四百二十七条,提升系统的安全制动减速度控制要求见表9-13。

计算 A_c:取 $g = 10\text{m/s}^2$,$\theta = 10°$,$f = 0.015$,则 $A_c = 10 \times (\sin 10° + 0.015 \times \cos 10°) = 0.159\text{m/s}^2$,取罐笼及工人总质量为2t,则运行状态下的荷载 $F_1 = (A_c + g) \times 2 = 10.159 \times 2 = 20.32(\text{kN})$。

$F_1 \times 14 = 20.318 \times 14 = 284.45(\text{kN})$,钢丝绳 $6 \times 36\text{ws} + \text{FC}$ 类公称抗拉强度1770MPa、直径24mm 纤维芯钢丝绳最小破断拉力为336kN,根据《钢丝绳通用技术条件》(GB/T 20118—2017)表19,线质量为2.14kg/m。

钢丝绳入井长度最长为196m,钢丝绳自重 $F_2 = 196 \times 214/100/100 = 4.19(\text{kN})$。主钢丝绳拉力容许值为 $F = (F_1 + F_2) \times 9 = 284.45 + 4.19 \times 9 = 322.20(\text{kN}) < 336\text{kN}$,故满足要求。

2) 塔架计算

设计罐笼吊装承载塔架用于罐笼吊运,塔架基本结构形式为K形组合结构。

(1) 塔架荷载计算。塔架结构如图12-27所示。

① 罐笼提升荷载 $F_1 = 20.32\text{kN}$。

② 罐笼吊运钢丝绳自重 $F_2 = 4.19\text{kN}$。

③ 稳绳自重:稳绳选用 $6 \times 36\text{ws} + \text{FC}$ 类公称抗拉强度1770MPa、直径24mm 纤维芯钢丝绳,考虑稳绳进入竖井最长为196m,井塔高10m,稳绳总长为 $196 \times 2 + 10 = 402(\text{m})$,则稳绳自重 $F_3 = 402 \times 214/100/100 = 6.09(\text{kN})$。

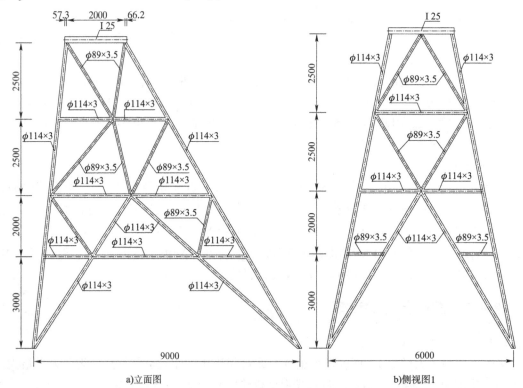

图 12-27

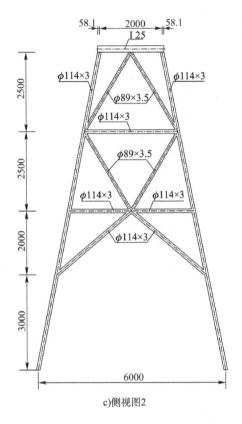

c)侧视图2

图 12-27　塔架结构图(尺寸单位：mm)

（2）建立井塔数值模型。塔架模型如图 12-28 所示，模型共计 37 个节点，82 个单元。

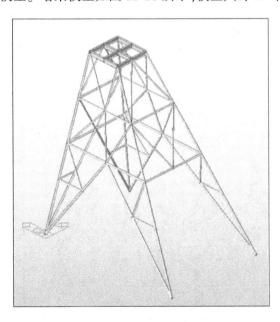

图 12-28　塔架数值模型

(3)塔架应力云图如图12-29所示。

由图可知,塔架最大应力值(绝对值)为52.41MPa＜145MPa,满足要求。

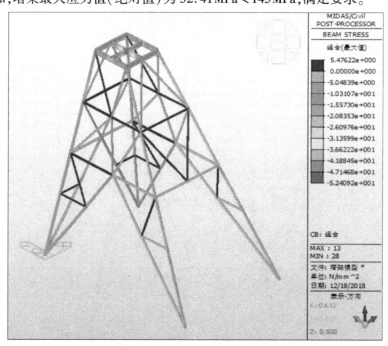

图12-29 塔架应力云图($\sigma_{max}=5.48\text{MPa}, \sigma_{min}=-52.41\text{MPa}$)

(4)塔架挠度云图如图12-30所示。

由图可知,塔架最大挠度值为$1.35\text{mm}＜2000/250=8.0(\text{mm})$,满足要求。

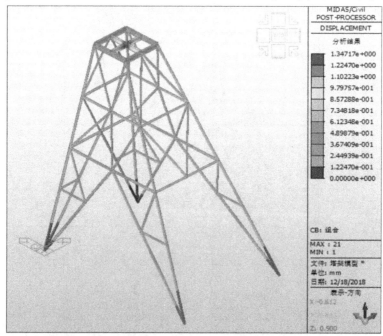

图12-30 塔架挠度云图($\delta_{max}=1.35\text{mm}, \delta_{min}=0\text{mm}$)

(5)塔架屈曲分析结果见图12-31,塔架荷载统计结果见表12-7。

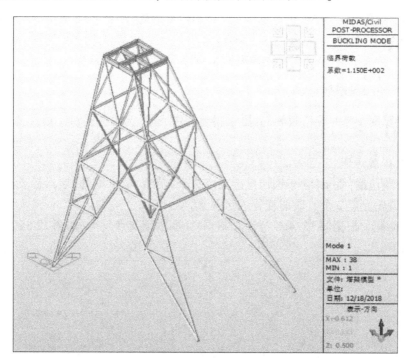

图12-31 塔架屈曲分析结果(临界系数为115)

塔架荷载统计结果(单位:kN)　　　　表12-7

荷 载	集 中	梁单元	楼 板	压 力	自 重	合 计
外荷载	-33.63	0	0	0	0	-33.63
自重	0	0	0	0	-19.97	-19.97

由表可知,塔架自重19.97kN,压力荷载33.63kN,计算稳定系数 $\eta = \dfrac{19.97 + 115 \times 33.63}{19.97 + 33.63} =$ 72.53,满足要求。

12.4.4　风水料管系统荷载计算

为满足竖井施工过程的供料、供压和供水要求,采用钢丝绳扣吊方式进行风水料管的稳定。管节在洞口进行节段拼装,以满足安全要求。

(1)管节自重:计算管节入竖井最大深度为190m,管节选用$\phi 219$mm$\times 3.5$mm钢管(线质量为21.209kg/m),入井料管及风管总计荷载 $F_1 = 190 \times 2 \times 21.209/100 = 80.59 (\text{kN})$。

(2)混凝土材料荷载:根据工程需要管内计算存混凝土0.2m^3,重度25kN/m^3,则混凝土荷载 $F_2 = 0.2 \times 25 = 5(\text{kN})$。

根据《路桥施工计算手册》附表3-36、《煤矿安全规程》第四百零八条表9,取安全系数为5,则钢丝绳吊钢管荷载容许值为: $F_0 = 5 \times (F_1 + F_2) = 5 \times (80.59 + 5) = 427.95(\text{kN})$。

选用6×36ws + FC类公称抗拉强度1670MPa、直径30mm纤维芯钢丝绳,最小破断拉力为

496kN,钢丝绳线质量342kg/100m。扣吊钢丝绳总长190m,则钢丝绳自重荷载为 $F_3 = 190 \times 342/100/100 = 6.498(kN)$,即钢丝绳吊自重荷载容许值为 $F_4 = 5 \times F_3 = 5 \times 6.498 = 32.49(kN)$。$F_4 + F_0 = 32.49 + 427.95 = 460.44(kN) < 496kN$,满足要求。吊装采用10t稳车,起吊总荷载为 $F_1 + F_2 + F_3 = 80.59 + 5 + 6.498 = 92.088(kN)$,即9.2t<10t,满足要求。

12.4.5 锁口盘系统计算

锁口盘主要用于竖井洞口封闭,为风水料管提供支撑,为塔架提供支撑。锁口盘采用型钢桁架结构。

1) 锁口盘荷载统计

锁口盘荷载包括:塔架(立于锁口盘上支点2个)荷载、风水料管(定滑轮支点2个)荷载、稳盘荷载(定滑轮支点2个)、临时操作人员荷载。

(1)塔架荷载。根据第12.4.3节计算结果,提取塔架支点反力,如图12-32所示。塔架支点反力见表12-8。

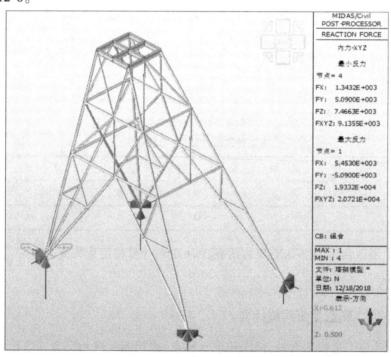

图12-32 塔架支点反力云图(单位:kN)

塔架支点反力(单位:kN)   表12-8

反力方向	x	y	z
最大值	5.45	−5.09	19.33
最小值	1.34	5.09	9.13

为保证施工安全可靠,计算过程采用最大荷载进行计算。

(2)风水料管荷载。根据第12.4.4节计算结果,风水料管竖向荷载为 $F_{z1} = 92.088kN$,通过定滑轮转向,水平荷载 $F_{x1} = 92.088$ kN。

(3)稳盘荷载。稳盘主钢丝绳竖向荷载 $F_{z2} = 134.16$ kN,通过定滑轮转向,水平荷载 $F_{x2} = 134.16$ kN。

(4)施工人员、料具运输堆放荷载 $P_1 = 1.0$ kPa[根据《建筑施工模板安全技术规范》(JGJ 162—2008)第4.1.2节]。

2)锁口盘结构计算

利用 midas Civil 软件建模,进行锁口盘受力分析。锁口盘数值模型如图 12-33 所示,模型共计 88 个节点、190 个单元。

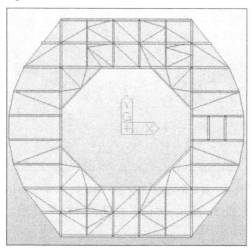

图 12-33 锁口盘数值模型

(1)锁口盘应力云图如图 12-34 所示。

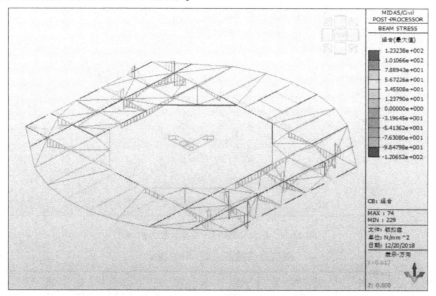

图 12-34 锁口盘应力云图($\sigma_{max} = 123.24$ MPa,$\sigma_{min} = -120.65$ MPa)

由图可知,锁口盘最大应力值(绝对值)为 123.24MPa < 145MPa,满足要求。

(2)锁口盘挠度云图如图 12-35 所示。

由图可知,锁口盘最大挠度值(绝对值)为 16.24mm < 16100/250 = 64.4(mm),满足要求。

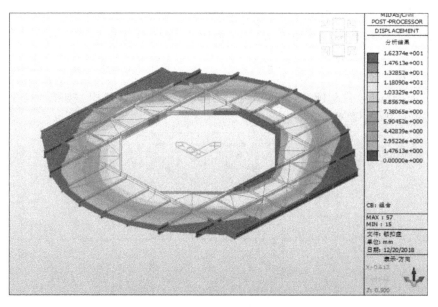

图 12-35　锁口盘挠度云图($\delta_{max} = 0$mm, $\delta_{min} = -16.24$mm)

(3)屈曲分析结果如图 12-36 所示,锁口盘荷载统计结果见表 12-9。

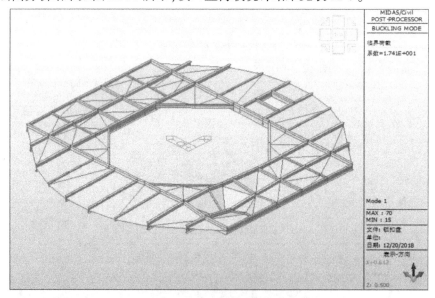

图 12-36　屈曲分析结果(临界系数为 17.4)

锁口盘荷载汇总表(单位:kN)　　　　　表 12-9

荷载名称	集中	梁单元	楼板	压力	自重	合计
风水料管	-1.841×10^5	0	0	0	0	-1.841×10^5
稳盘	-2.683×10^5	0	0	0	0	-2.683×10^5

续上表

荷载名称	集中	梁单元	楼板	压力	自重	合计
塔架	-3.866×10^4	0	0	0	0	-3.866×10^4
临时	0	0	0	-1.350×10^5	0	-1.350×10^5
自重	0	0	0	0	-1.548×10^5	-1.548×10^5

由表可知，锁口盘荷载 $F = 184.1 + 268.3 + 38.7 + 135.0 = 626.1(kN)$，自重 $G = 154.8kN$，计算稳定系数 $\eta = \dfrac{154.8 + 626.1 \times 17.4}{154.8 + 626.1} = 61.08$，满足要求。

12.4.6 锚碇基础计算

根据稳车及绞车荷载值，设置混凝土重力式锚碇基础。设计基础长 26m、宽 4m、深 1.5m，基础采用 C20 混凝土浇筑。

1）荷载计算

根据第 12.4.1 节计算结果，稳车及绞车荷载分别为稳盘稳车荷载 $F_2 = 134.16kN$，罐笼吊运绞车荷载 $F_1 = 20.32kN$，风水料管吊运稳车荷载 $F = (F_4 + F_0)/5 = 460.29/5 = 92.06(kN)$。

2）锚碇基础验算

考虑结构安全，对地锚稳定性进行验算。采取分块化验算，将地锚分成 7 块区域，每块区域混凝土自重为 $G = 25(kN/m^3) \times 26m \times 1.5m \times 4m/7 = 557.14kN$。根据钢丝绳走线情况选择验算的危险工况：稳盘稳车荷载 $F_2 = 134.16kN$（竖直角 88.44°）和罐笼吊运绞车荷载 $F_1 = 20.32kN$（竖直角 66.86°）。锚碇及绞车稳车立面布置如图 12-37 所示。

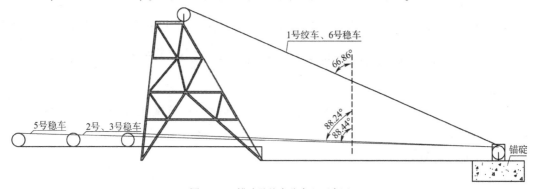

图 12-37 锚碇及绞车稳车立面布置

根据《路桥施工计算手册》附表 15-35，混凝土锚碇考虑自重平衡拉力，不考虑土压力，计算过程如下：

（1）工况 1：稳盘稳车锚碇验算，计算图式如图 12-38 所示。

$$Gb \geq kF_2 L \tag{12-1}$$

即：

$$\dfrac{Gb}{F_2 L} \geq k$$

式中：G——混凝土锚碇自重；
  k——稳定系数，$k \geq 1.4$；

F_2——稳盘稳车钢丝绳拉力。

(2)工况2:罐笼吊运绞车锚碇验算,计算图式如图12-39所示。

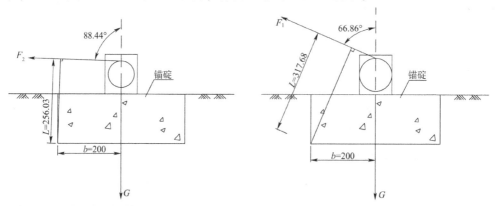

图12-38 稳盘稳车锚碇计算图式(尺寸单位:cm)　　图12-39 稳盘稳车锚碇计算图式(尺寸单位:cm)

$Gb = 557.14\text{kN} \times 2\text{m} = 1114.28\text{kN} \cdot \text{m}, F_1L = 20.32\text{kN} \times 3.18\text{m} = 64.62\text{kN} \cdot \text{m}, \dfrac{Gb}{F_1L} = \dfrac{1114.28}{64.62} = 17.24 > 1.4$,满足 $k \geqslant 1.4$ 的要求。

12.4.7 绞车及稳车锚杆计算

绞车及稳车采用锚杆进行锚固,4根锚杆布置在绞车及稳车的4个脚点。采用锚杆锚固具有简易灵活的特性,使得绞车和稳车的固定、安装灵活性更高。

1)荷载计算

根据第12.4.2节和第12.4.3节计算结果,稳车及绞车荷载分别为:稳盘稳车荷载 $F_2 = 134.16\text{kN}$,罐笼吊运绞车荷载 $F_1 = 20.32\text{kN}$;风水料管吊运稳车荷载 $F = \dfrac{F_4 + F_0}{5} = \dfrac{460.29}{5} = 92.06(\text{kN})$。

2)锚杆验算

考虑结构安全,锚杆计算根据钢丝绳走线情况选择验算危险工况:稳盘稳车荷载 $F_2 = 134.16\text{kN}$(竖直角88.44°)和罐笼吊运绞车荷载 $F_1 = 20.32\text{kN}$(竖直角66.86°)。

(1)工况1:稳盘稳车锚杆验算

①抗拔力计算。

稳盘稳车锚杆抗拔力计算图式如图12-40所示。根据《岩土锚杆(索)技术规程》(CECS 22—2005),锚杆杆体的截面面积为:

$$A_s \geqslant \dfrac{K_t N_t}{f_{yk}} \tag{12-2}$$

式中:A_s——锚杆杆体截面面积(m^2);

K_t——锚杆杆体抗拉安全系数,按《岩土锚杆(索)技术规程》(CECS 22—2005)表7.3.2取值,取 $K_t = 1.8$;

N_t——锚杆轴向拉力设计值(kN);

f_{yk}——钢筋的抗拉强度标准值(MPa),采用Ⅱ级钢时,$f_{yk} = 335\text{MPa}$。

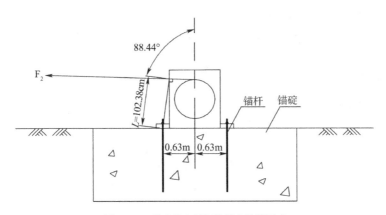

图 12-40 稳盘稳车锚杆抗拔力计算图式

根据前脚点的弯矩平衡可知，$N_t \times d = F_2 \times L$，$L = 1.02\text{m}$，$d = 1.26\text{m}$，则 $N_t = F_2 \times \dfrac{L}{d} = 134.16 \times \dfrac{1.02}{1.26} = 108.61(\text{kN})$。拉力由 2 根锚杆分担，考虑不均匀系数为 0.8，则单根锚杆拉力 $N_{t1} = 0.8 \times 108.61 = 86.89(\text{kN})$。

$$\frac{K_t N_t}{f_{yk}} = \frac{1.8 \times 86.89}{335000} = 0.00046686(\text{m}^2) = 446.86\text{mm}^2$$

则钢筋截面面积 $A_s = 466.86\text{mm}^2$，选取 $\phi 25\text{mm}$ 钢筋，其截面面积 $A = 490.9\text{mm}^2$，满足要求。

②抗剪力计算。

锚杆抗剪荷载 $Q = F_2 \times \sin 88.44° = 134.16 \times \sin 88.44° = 134.11(\text{kN})$。剪力由 4 根锚杆承担，考虑不均匀分配系数为 0.65，则单根锚杆所受剪力 $Q_i = Q \times 0.65/4 = 0.65 \times 134.11/4 = 21.79(\text{kN})$。则锚杆所受剪应力值 $\sigma = Q_i/A = 1000 \times 21.79/490.9 = 44.39(\text{MPa}) < 145\text{MPa}$，满足要求。

③锚固长度计算。

根据《岩土锚杆(索)技术规程》(CECS 22—2005)第 7.5 节进行锚固长度计算：

$$L_a \geqslant \frac{K N_t}{\pi D f_{mg} \psi} \tag{12-3}$$

式中：L_a——锚杆锚固长度(m)；

K——锚杆锚固体的抗拔安全系数，取 $K = 2.2$；

N_t——锚杆轴向拉力设计值(kN)，$N_t = 86.89\text{kN}$；

f_{mg}——锚固段注浆体与地层之间的黏结强度标准值(kPa)，取 $f_{mg} = 80\text{kPa}$；

D——锚杆锚固段钻孔直径(mm)，$D = 30\text{mm}$；

ψ——锚固长度对黏结强度的影响系数，取 $\psi = 1$。

$\dfrac{K N_t}{\pi D f_{mg} \psi} = \dfrac{2.2 \times 86.89}{\pi \times 30 \times 80 \times 1} = 0.025(\text{m})$，设计锚杆锚深 $0.3\text{m} > 0.025\text{m}$，满足要求。

(2) 工况 2：罐笼吊运绞车锚杆验算

①抗拔力计算。

罐笼吊运绞车锚杆抗拔力计算图式见图 12-41。根据前脚点的弯矩平衡可知，$N_t \times d = F_1 \times$

L,$L=1.3\mathrm{m}$,$d=1.26\mathrm{m}$;则 $N_\mathrm{t}=F_1\times L/d=20.32\times1.3/1.26=20.97(\mathrm{kN})$。

$K_\mathrm{t}N_\mathrm{t}/f_\mathrm{yk}=1.8\times20.97/335000=0.00011265(\mathrm{m}^2)=112.65\mathrm{mm}^2<583.58\mathrm{mm}^2$,锚杆抗拔力满足要求。

②抗剪力计算。

锚杆抗剪荷载 $Q=F_1\times\sin66.86°=20.32\times\sin66.86°=18.69(\mathrm{kN})<134.11\mathrm{kN}$,锚杆抗拔剪满足要求。

③锚固长度计算。

由以上各种工况计算可知,锚杆锚深 0.3m 满足要求。

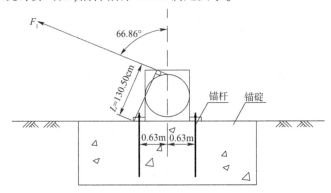

图 12-41　罐笼吊运绞车锚杆抗拔力计算图式

12.4.8　绞车及稳车滑轮焊接计算

吊运设备钢丝绳通过定滑轮进行转向,定滑轮与工字钢采用机械连接(定滑轮出厂自配螺栓);对工字钢与稳盘焊接进行焊缝强度验算。

焊缝剪切应力为:

$$\tau\geqslant\frac{N_\mathrm{t}}{S_\mathrm{t}} \tag{12-4}$$

式中:S_t——焊缝截面面积(m^2);

N_t——焊缝剪切应力(kN)。

由以上计算和设计可知,滑轮荷载最大为稳盘吊点,计算最危险荷载点外力 $F=F_2+F_3=134.16+18.19=152.35(\mathrm{kN})$。忽略竖向分离产生的摩擦作用(偏安全考虑)进行验算。设计焊缝长度 10cm,焊缝宽度大于 5mm。工字钢与稳盘连接焊缝布置如图 12-42 所示。

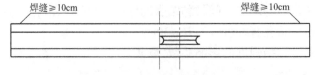

图 12-42　工字钢与稳盘连接焊缝布置

$\tau=\dfrac{152.35}{4\times0.1\times0.005}=76000(\mathrm{kPa})=76\mathrm{MPa}<145\mathrm{MPa}$,满足要求。

焊缝焊接要求:焊缝长度不得小于 10cm,焊缝宽度不得小于 5mm,焊缝焊条选用 E5016 焊条。

12.4.9 滑升模板系统计算

1）计算说明

马峦山隧道通风竖井深约194m，最大开挖直径17.4m。竖井内直径为15m加设十字内撑，中央电缆井边长3.3m。结构采用复合式衬砌，初期支护采用锚网喷联合支护形式，二次衬砌采用现浇钢筋混凝土并设置壁座。电缆井、十字撑钢筋混凝土厚度40cm。竖井二次衬砌、竖井内撑、电缆竖井均采用C30、P8混凝土。二次衬砌与初期支护之间采用塑料防水板+无纺布进行防水，竖向、环向均设置直径5cm的盲管进行排水。

滑升模板系统主要由模板系统、操作平台系统和液压提升系统三部分组成。滑升模板系统安装总成图如图12-43所示，滑升模板系统各组成构件尺寸、质量统计见表9-11。

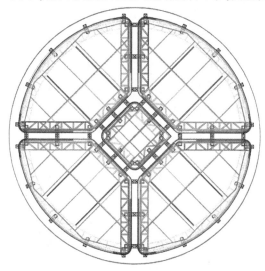

图12-43 滑升模板系统安装总成示意图

2）计算主要依据

(1)《水工建筑物滑动模板施工技术规范》(DL/T 5400—2016)。
(2)《水电水利工程斜井竖井施工规范》(DL/T 5407—2009)。
(3)《液压滑动模板施工安全技术规程》(JGJ 65—2013)。
(4)《钢结构设计标准》(GB 50017—2017)。
(5)《煤矿安全规程》(国家安全监管总局〔2016〕第87号令)。
(6)《路桥施工计算手册》(2001年，人民交通出版社)。
(7)《建筑施工高处作业安全技术规范》(JGJ 80—2016)。
(8)《建筑施工模板安全技术规范》(JGJ 162—2008)。

3）模板系统计算

根据表9-11可知，模板(含围檩)共计72块，模板竖筋均匀布置，围檩高度固定。因此，取模板Ⅰ进行承载力计算。模板Ⅰ结构如图12-44所示。

(1)荷载计算

根据《水工建筑物滑动模板施工技术规范》(DL/T 5400—2016)第6.4.5条，设计荷载计算如下：

①模体自重 G:模板质量为 136.04kg,取 $g=10N/kg$,则自重为 $G=136.04\times10/1000=1.3604(kN)$。

②施工荷载 F_1:模板不承受机具、设备和施工人员荷载。

③钢模板与混凝土的摩阻力 F_2:查《水工建筑物滑动模板施工技术规范》(DL/T 5400—2016)附录 A,取标准值为 $F_2=3kN/m^2$。

④新浇筑混凝土对模板的正压力 F_3:按流态混凝土对模板的侧压力计算,查《水工建筑物滑动模板施工技术规范》(DL/T 5400—2016)附表 A 第 A.3 条可知,浇筑高度为 80cm 左右的混凝土侧压力分布如图 12-45 所示,其合力取 5kN/m,合力作用点约在 $2/5H_p$ 处。

混凝土侧压力计算图示如图 12-46 所示。

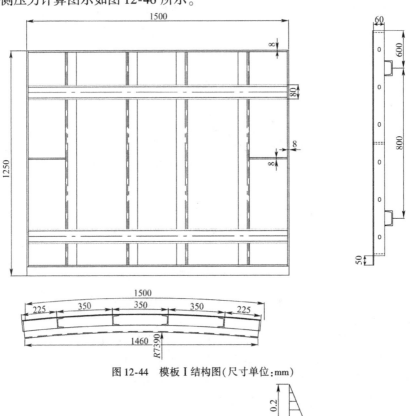

图 12-44 模板 I 结构图(尺寸单位:mm)

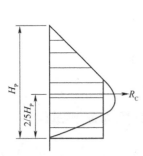

图 12-45 混凝土侧压力分布示意图
H_p-混凝土与模板的接触高度;
R_c-侧压力合力

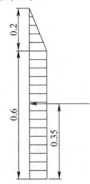

图 12-46 混凝土侧压力计算图示(尺寸单位:m)

新浇筑混凝土高度为 20cm,则有:
$P_0 = \rho g h = 25 \times 0 = 0$
$P_{20} = \rho g h = 25 \times 0.2 = 5 (\text{kN/m}^2)$
$P_合$的作用点位置为$\frac{0.5 \times 0.2 \times (0.2/3 + 0.6) + 0.5 \times 0.6 \times 0.3}{0.5 \times 0.2 + 0.5 \times 0.6} = 0.35(\text{m})$,接近于 $0.8 \times 2/5 = 0.32\text{m}$。

⑤混凝土调坡、收分时的附加压力 F_4:根据《水工建筑物滑动模板施工技术规范》(DL/T 5400—2016)附表 A 第 A.4 条,按 $F_4 = 5\text{kPa}$ 计算。

(2)承载力计算

利用 midas Civil 软件建模,进行模板受力分析。模板(含围檩)数值模型如图 12-47 所示,模型共计 108 个节点、175 个单元(梁单元 100、板单元 75)。

①模板应力计算结果。

根据图 12-48 可知,模板最大应力值(绝对值)为 0.99MPa < 215MPa[根据《钢结构设计标准》(GB 50017—2017)第 4.4.3 节表 4.4.3],满足要求。

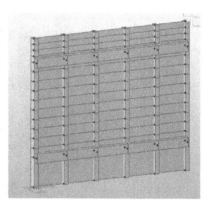

图 12-47 模板(含围檩)数值模型

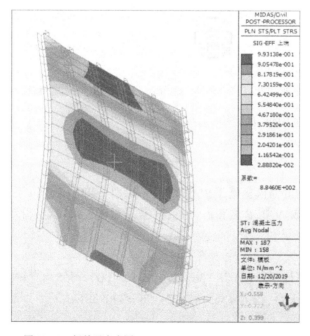

图 12-48 板单元应力图($\sigma_{max} = 0.99\text{MPa}, \sigma_{min} = 0.03\text{MPa}$)

根据图 12-49 可知,模板最大应力值(绝对值)为 7.78MPa < 215MPa[根据《钢结构设计标准》(GB 50017—2017)第 4.4.3 节表 4.4.3],满足要求。

②模板及围檩挠度结果。

根据图 12-50 可知,模板最大挠度值为 0.08mm < 80/800 = 0.1(mm)[根据《水工建筑物

滑动模板施工技术规范》(DL/T 5400—2016)第6.4.5条],满足要求。

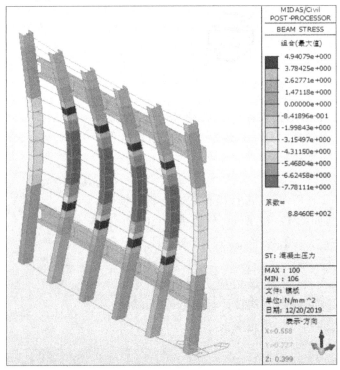

图 12-49 模板应力图($\sigma_{max} = 4.94\text{MPa}, \sigma_{min} = -7.78\text{MPa}$)

③屈曲分析结果(图12-51)。

根据荷载统计结果,外力荷载6.265kN,模板自重1.268kN,计算稳定系数 $\eta = \dfrac{1.268 + 6.265 \times 1250}{1.268 + 6.265} = 1039.76$,满足要求。

4)操作平台系统

(1)荷载计算

根据《水工建筑物滑动模板施工技术规范》(DL/T 5400—2016)第6.3.3条,计算提升力时取 A、B、C 项之和,或 A、B、F 之和最大值;根据第6.2.3条规定,滑动模板装置设计荷载的分类及取值如下。

①滑动模板自重 G。

滑模系统自重(不计千斤顶)$G_1 = 36542.17 \times 10/1000 = 365.42(\text{kN})$,千斤顶重 $G_2 = 48 \times 52 \times 10/1000 = 24.96(\text{kN})$,得 $G = 365.42 + 24.96 = 390.38(\text{kN})$。

②施工荷载。

根据《水工建筑物滑动模板施工技术规范》(DL/T 5400—2016)附表A第A.2.1条计算平台桁架取标准值2.0kN/m^2,$F_1 = 2.0 \times \pi \times 15 = 94.25(\text{kN})$。

③模板与混凝土之间的摩阻力 F_2。

根据《水工建筑物滑动模板施工技术规范》(DL/T 5400—2016)附表A中的第A.6条,可知滑动摩擦系数取0.2。根据本节计算可知混凝土单位宽度侧压力最大值为3.5kN,得:$F_2 = $

$3.5\text{kN} \times 0.2 \times (\pi \times 15 + 3.3 \times 8) = 51.47(\text{kN})$。

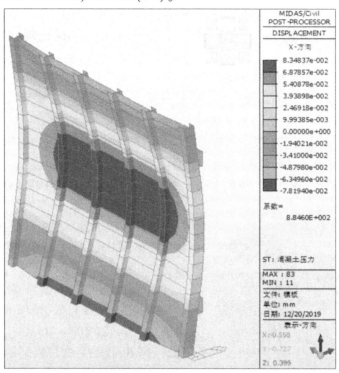

图 12-50　模板挠度值($\delta_{max} = 0.08\text{mm}, \delta_{min} = -0.08\text{mm}$)

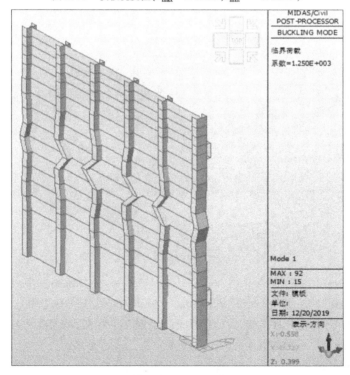

图 12-51　屈曲分析模态(临界系数为 1250)

④模体与轨道或垫板之间的摩擦力：本模板无轨道，本项不计。
⑤混凝土对模板的侧压力及倾倒混凝土时对模板的冲击力 F_3。
根据《水工建筑物滑动模板施工技术规范》(DL/T 5400—2016)附表 A 中的第 A.7 条，冲击力荷载标准值为 2kN，混凝土侧压力为 3.5kN，$F_3 = 3.5 + 2 = 5.5(kN)$。
⑥模板调坡、收分时产生的附加压力 F_4。
根据《水工建筑物滑动模板施工技术规范》(DL/T 5400—2016)附表 A 第 A.4 条，取标准值 5kPa，得 $F_4 = 5kPa \times \pi \times 15 = 235.62kN$。
⑦操作平台上的垂直运输设备运行时的附加荷载：操作平台上无垂直运输设备此项不计。
⑧风荷载：竖井内无风荷载影响，此项不计。
⑨荷载汇总：$F_合 = G + F_1 + F_2 + F_3 + F_4 = 390.38 + 94.25 + 51.47 + 235.62 = 771.72(kN)$。

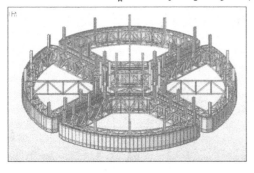

图 12-52　操作平台数值模型

(2) 承载力计算
设计操作平台采用桁架结构。建立操作平台数值模型，如图 12-52 所示，模型共计 2697 个节点、5822 个单元。
①操作平台应力计算结果。
根据图 12-53 可知，操作平台最大应力值（绝对值）为 214.21MPa < 215MPa[根据《钢结构设计标准》(GB 50017—2017) 第 4.4.3 节表 4.4.3]，满足要求。

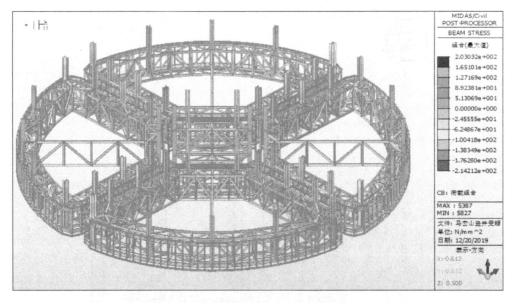

图 12-53　操作平台正应力云图($\sigma_{max} = 203.03MPa, \sigma_{min} = -214.21MPa$)

根据图 12-54 可知，操作平台最大剪应力值（绝对值）为 52.45MPa < 125MPa[根据《钢结构设计标准》(GB 50017—2017) 第 4.4.3 节表 4.4.3]，满足要求。
②操作平台挠度结果。
根据图 12-55 可知，操作平台最大挠度值为 0.69mm < 2700/500 = 5.4(mm)[根据《水工

建筑物滑动模板施工技术规范》(DL/T 5400—2016)第6.4.5条],满足要求。

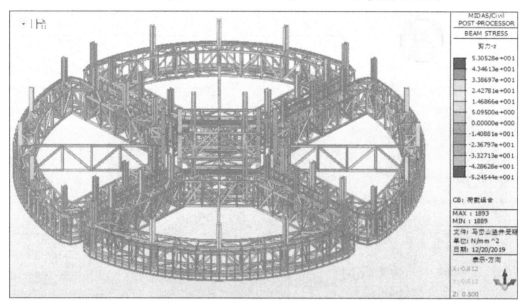

图12-54 操作平台剪应力云图($\tau_{max} = 53.05\text{MPa}, \tau_{min} = -52.45\text{MPa}$)

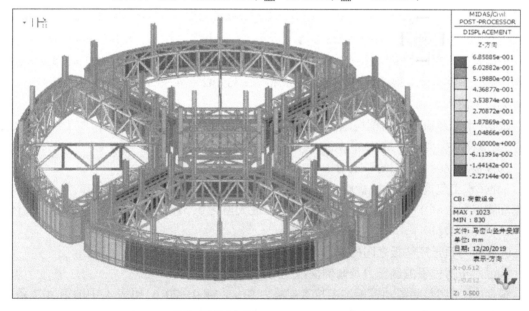

图12-55 操作平台挠度云图($\delta_{max} = 0.69\text{mm}, \delta_{min} = -0.23\text{mm}$)

③屈曲分析结果如图12-56所示。根据操作平台荷载统计结果,外力荷载80.46kN,操作平台自重365.42kN,计算稳定系数 $\eta = \dfrac{365.42 + 80.46 \times 5.3}{365.42 + 80.46} = 1.78$,满足要求。

5)液压提升系统

(1)荷载计算

根据《水工建筑物滑动模板施工技术规范》(DL/T 5400—2016)第6.3.3条,提升力为A、

B、C项之和与A、B、F项之和的较大值;根据第6.2.3条规定,滑动模板装置设计荷载的分类及取值如下。

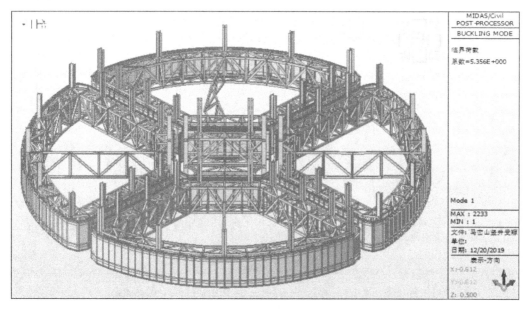

图12-56 屈曲分析模态(临界系数为5.3)

①滑动模板自重G。

根据表12-12可知,滑模系统自重(不计千斤顶)为$G_1=36542.17\times10/1000=365.42(kN)$,千斤顶重$G_2=48\times52\times10/1000=24.96(kN)$,得$G=365.42+24.96=390.38(kN)$。

②施工荷载F_1。

根据《水工建筑物滑动模板施工技术规范》(DL/T 5400—2016)附表A中的第A.2.1条计算,支撑杆取标准值$1.5kN/m^2$,$F_1=1.5\times\pi\times15=70.69(kN)$。

③模板与混凝土之间的摩阻力F_2。

根据《水工建筑物滑动模板施工技术规范》(DL/T 5400—2016)附表A中的第A.6条,可知滑动摩擦系数取0.2,混凝土单位宽度侧压力最大值为3.5kN。$F_2=3.5\times0.2\times(\pi\times15+3.3\times8)=51.47(kN)$。

④模体与轨道或垫板之间的摩擦力:本模板无轨道本项不计。

⑤混凝土对模板的侧压力及倾倒混凝土时对模板的冲击力F_3。

根据《水工建筑物滑动模板施工技术规范》(DL/T 5400—2016)附表A中的第A.7条,冲击力荷载标准值为2kN,混凝土侧压力为3.5kN,得$F_3=3.5+2=5.5(kN)$。

⑥模板调坡、收分时产生的附加压力F_4。

根据《水工建筑物滑动模板施工技术规范》(DL/T 5400—2016)附表A中的第A.4条,取标准值5kPa,得$F_4=5\times\pi\times15=235.62(kN)$。

⑦操作平台上的垂直运输设备运行时的附加荷载:操作平台上无垂直运输设备此项不计。

⑧风荷载:竖井内无风荷载影响,此项不计。

⑨荷载汇总:$F_合=G+F_1+F_2+F_3+F_4=390.38+70.69+51.47+235.62=748.16(kN)$。

(2)千斤顶计算

建立滑模系统结构数值模型如图 12-57 所示,模型共计 2697 个节点、5822 个单元。

模型反力计算结果如图 12-58 所示。

由图可知,反力最大值(绝对值)为 24.75kN <100kN(QYD-100 楔块式液压千斤顶额定起升重量为 100kN),满足要求。

(3)支撑杆计算

①支撑杆承载能力。

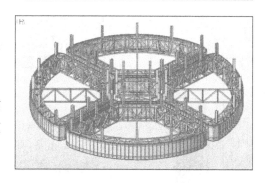

图 12-57　滑模系统结构数值模型

爬杆采用材料为 Q235、ϕ48mm×3.5mm 钢管。根据《路桥施工计算手册》第 2.5.3 节,支撑杆承载能力计算采用轴心受压构件计算和临界荷载计算两种方法。

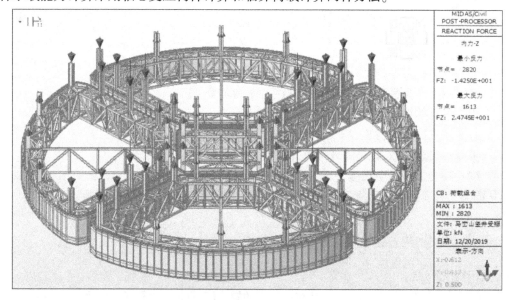

图 12-58　模型反力计算结果(F_{max} = 24.75, F_{min} = -14.25kN)

a. 按轴心受压构件计算。

根据《路桥施工计算手册》第 2.5.3 节,每根支撑杆的承载力 N 按下式计算:

$$N \leqslant \varphi A f \tag{12-5}$$

式中:N——每根支撑杆承载能力;

A——支撑杆横截面面积,$A = 0.0489 \text{cm}^2$;

f——钢材抗压强度设计值;

φ——支撑杆受压稳定系数,根据 $\lambda = L_0/i$ 查表得到;

L_0——计算长度,$L_0 = 0.7L$,L 为千斤顶上卡头至新浇筑混凝土底面距离;

i——回转半径,对于圆截面 $i = d/4$,d 为支撑杆直径。

下面计算各参数:

a)f:根据《钢结构设计标准》(GB 50017—2017)第 7.2.1 节中的表 7.2.1-1 轴心受压构件截面分类,可知本支撑杆为 b 类(对 x 轴和对 y 轴)。

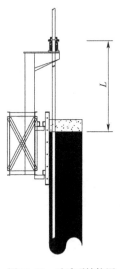

图12-59 千斤顶结构图

b) φ:查《钢结构设计标准》(GB 50017—2017)表4.4.1,Q235钢材屈服强度设计值为$f=215\mathrm{MPa}$(直径>40mm)。

c) L:按照最危险工况即提升架完全滑出混凝土面,提升架高度为200cm,千斤顶高37.4cm,则$L=200+37.4=237.4(\mathrm{cm})$,如图12-59所示。

d) $L_0=0.7L=0.7\times237.5=166.18(\mathrm{cm})$。

e) $d=4.8\mathrm{cm}$,则$i=4.8/4=1.2\mathrm{cm}$,得$\lambda=166.18/1.2=134.48$。

f) 查《钢结构设计标准》(GB 50017—2017)附录D,得$\varphi=0.525$。
则$N\leq\varphi Af=0.525\times0.000489\times205\times10^6=52628.6(\mathrm{N})=52.6\mathrm{kN}$。

b. 按临界荷载计算。

根据《路桥施工计算手册》第2.5.3节,每根支撑杆的允许承载力$[P]$按下式计算:

$$[P]=\frac{\alpha\times40EI}{K_1(L_0+95)^2} \tag{12-6}$$

式中:$[P]$——每根支撑杆承载能力;
  α——工作条件系数,一般整体式刚性平台取0.7;
  E——支撑杆弹性模量,$E=2.1\times10^4\mathrm{kN/cm^2}$;
  I——支撑杆惯性矩,$I=12.18\mathrm{cm^4}$;
  K——安全系数,取值不小于2,取2;
  L_0——支撑杆脱空长度。

从混凝土上表面到千斤顶下卡头,按最危险工况,千斤顶卡头间距6cm,则$L_0=237.4-6=231.4(\mathrm{cm})$。

则$[P]=\dfrac{0.7\times40\times2.1\times10^4\times12.18}{2\times(231.4+95)^2}=33.6(\mathrm{kN})$。

c. 计算结果。

取按轴心受压构件计算和按临界荷载计算中的较小值,每根支撑杆承载能力$[P]=33.6\mathrm{kN}$。

②支撑杆需要数量。

根据《路桥施工计算手册》第2.5.3节,需要支撑杆数量按下式计算:

$$n=\frac{F}{K_2\times N_0} \tag{12-7}$$

式中:n——滑模需要支撑杆的数量;
  F——滑模系统分别处于滑升状态时或浇筑状态时作用于支撑杆的最大值,根据第12.4.9节操作平台系统计算结果对比可知,$F=771.37\mathrm{kN}$;
  K_2——工作条件系数,用液压千斤顶时取$K_2=0.8$;
  N_0——每根支撑杆的承载能力,$N_0=33.6\mathrm{kN}$。

则需要支撑杆数量为:$n=771.37/(0.8\times33.6)=28.70$(根),取整$n=29$根,小于设计52根,满足要求。

综上所述,滑模系统强度、刚度、稳定性均满足马峦山隧道通风竖井二次衬砌滑模工程实际使用要求。

参 考 文 献

[1] 罗忠.竖井开挖施工系统:202021544519.9[P].2020-07-27.
[2] 吕中玉.竖井反井施工方法:202010731843.4[P].2020-07-28.
[3] 罗刚.中国10km以上超长公路隧道统计[J].隧道建设,2019,39(8):1380-1383.
[4] 孙立成.复杂地质条件高压富水华蓥山隧道施工关键技术[M].北京:人民交通出版社股份有限公司,2019.
[5] 李思标,郭宝德,王贵法,等.中孔吊罐反井施工煤仓技术[J].煤炭科学技术,2007,35(2):34-35,40.
[6] 骆驰.华蓥山特长公路隧道通风竖井设计与施工[J].隧道建设,2012,32(3):355-360,371.
[7] 刘建镛.隧道深通风竖井反井法施工经验[J].福建建筑,2015(11):84-87,60.
[8] 李红辉.竖井提升改绞时井架的设计[J].中国矿山工程,2012,40(6):13-17,26.
[9] 仝金璞.竖井施工设备配备技术[J].隧道建设,2005,25(6).
[10] 朱胥仁.浅谈深大竖井施工技术[J].企业技术开发,2019,38(1):59-62.
[11] 冷希乔,严金秀,韩瑀萱.公路隧道深大竖井设计及施工方法探讨[J].公路,2019,64(8):221-225.
[12] 黄景如.吊罐反井法施工工艺的改进[J].探矿工程,1994,52(4):2.
[13] 孔繁军.大直径1500m深竖井施工技术难点与对策分析[J].中国探矿工程,2015,44(1):35-36,59.
[14] 赵洪仓.超深竖井施工技术简介[J].科技信息,2011,11.
[15] 毛磊,李俊均,李小青.钻爆法开挖支护机械化施工与管理技术[M].武汉:华中科技大学出版社,2019.
[16] 杜峰.隧道工程设计施工风险评估与实践[M].北京:中国建材工业出版社,2017.
[17] 赵前进,李平,王庆建,等.铁路双线隧道带仰拱一次开挖及成套工装施工技术研究[M].北京:中国建材工业出版社,2019.
[18] 王东杰.公路隧道施工[M].北京:中国电力出版社,2010.
[19] 湖南路桥建设集团有限责任公司.隧道工程施工工艺标准[M].长沙:中南大学出版社,2019.
[20] 关宝树.隧道工程施工要点集[M].北京:人民交通出版社,2011.
[21] 杨永敏,吴树东,周士杰.公路隧道工程施工安全技术与风险控制[M].北京:中国铁道出版社,2016.
[22] 王勇,贾飞宇.公路隧道施工技术[M].北京:中国物资出版社,2011.
[23] 肖广智.不良、特殊地质条件隧道施工技术及实例(三)[M].北京:人民交通出版社股份有限公司,2016.